THÉATRE COMPLET

DE

EUGÈNE LABICHE

AVEC UNE PRÉFACE

PAR

ÉMILE AUGIER

V

LA CAGNOTTE
LA PERLE DE LA CANEBIÈRE
LE PREMIER PAS
UN GROS MOT — LE CHOIX D'UN GENDRE
LES 37 SOUS DE M. MONTAUDOIN

PARIS
CALMANN LÉVY, ÉDITEUR
ANCIENNE MAISON MICHEL LÉVY FRÈRES
3, RUE AUBER, 3

1892

Droits de reproduction et de traduction réservés.

THÉATRE COMPLET

DE

EUGÈNE LABICHE

V

ÉMILE COLIN. — IMPRIMERIE DE LAGNY

LA CAGNOTTE

COMÉDIE-VAUDEVILLE
EN CINQ ACTES

Représentée pour la première fois sur le théâtre du PALAIS-ROYAL.
le 22 février 1864.

COLLABORATEUR : M. A. DELACOUR

PERSONNES

	ACTEURS qui ont créé les rôles
CHAMPBOURCY, rentier.	MM. Geoffroy.
COLLADAN, riche fermier.	Brasseur.
CORDENBOIS, pharmacien.	Lhéritier.
SYLVAIN, fils de Colladan.	Lassouche.
FÉLIX RENAUDIER, jeune notaire.	Gaston.
BAUCANTIN, percepteur.	Kalekaire.
COCAREL.	René-Luguet.
BÉCHUT.	Pellerin.
LÉONIDA, sœur de Champbourcy.	Mmes Thierret.
BLANCHE, fille de Champbourcy.	Damain.
BENJAMIN, garçon de café.	MM. Fizelier.
JOSEPH, domestique de Cocarel.	Chambly.
TRICOCHE, épicier.	Félicien.
MADAME CHALAMEL, fruitière.	Mme Blanche.
DEUXIÈME GARÇON DE CAFÉ.	MM. Paul.
TROISIÈME GARÇON DE CAFÉ.	Mosny.
UN GARDIEN.	Ferdinand.

De nos jours. Le premier acte, à la Ferté-sous-Jouarre. Les actes
suivants, à Paris.

LA CAGNOTTE

ACTE PREMIER.

A la Ferté-sous-Jouarre.— Un salon de province.— Portes au fond, à droite et à gauche. — Tables, chaises, lampes, etc.; cheminée au premier plan à droite, table de jeu à gauche, guéridon à droite, chaises couvertes de housses, secrétaire, table, etc.

SCÈNE PREMIÈRE.

CHAMPBOURCY, COLLADAN, CORDENBOIS, FÉLIX RENAUDIER, BAUCANTIN, LÉONIDA, BLANCHE.

Au lever du rideau, Champbourcy, Colladan, Cordenbois et Félix sont assis à gauche autour d'une table éclairée par une lampe et jouent à la bouillotte. Blanche et Léonida sont assises à droite, auprès d'un guéridon éclairé par une lampe; elles travaillent. Baucantin occupe le milieu de la scène et lit un journal.

BLANCHE, à Léonida.

Ma tante, vous ne faites donc pas votre partie de bouillotte ce soir?

LÉONIDA.

J'attends que le quart d'heure soit fini...

FÉLIX, à Léonida.

C'est moi qui sors... Dans cinq minutes je vous cède la place.

BAUCANTIN, montrant le journal

Parbleu! voilà une singulière annonce.

TOUS.

Quoi donc?

BAUCANTIN, lisant.

« Une demoiselle d'une beauté sévère, mais chez qui la majesté n'exclut pas la grâce, jouissant d'un revenu de cinq mille francs placés en obligations de chemin de fer, désire s'unir à un honnête homme, veuf ou garçon, doué d'une santé robuste, d'un caractère gai et peu avancé en âge. On ne tient pas à la fortune. On consentirait à habiter une petite ville bien située. S'adresser, pour les renseignements, à M. X..., rue Joubert, 55. — Affranchir. »

CHAMPBOURCY.

Ah! je la connais, cette annonce-là. Voilà plus de trois ans que je la vois dans mon journal... (Aux joueurs.) Je passe! (A part.) J'ai une dent qui me fait mal.

FÉLIX.

Je vois le jeu.

COLLADAN.

Moi aussi... Qu'est-ce que vous faites?

FÉLIX.

Dix centimes.

COLLADAN.

Je file!

ACTE PREMIER.

BAUCANTIN.

Comprend-on qu'une femme s'affiche de la sorte au mépris de toute pudeur...

LÉONIDA.

Mais je ne vois pas de mal à cela... Souvent une pauvre femme végète oubliée dans un coin de la province... Dans un autre coin respire peut-être, ignoré, l'être mélancolique qui doit faire son bonheur... La publicité les rapproche.

CORDENBOIS.

On dit qu'il s'est fait de très-beaux mariages par le canal des *Petites Affiches*... quant à moi, qui suis garçon, ces sortes d'annonces me font toujours rêver...

COLLADAN.

Laissez-moi donc! des bêtises!... quand on veut se marier... on se fréquente... oui, oui, on se fréquente... Lorsque j'ai voulu épouser madame Colladan, ma défunte... je l'ai fréquentée... et ferme!

CHAMPBOURCY.

Voyons! au jeu! au jeu! au jeu! Nous perdons notre temps!

LÉONIDA, se levant.

Neuf heures un quart... mon tour est arrivé.

CORDENBOIS, à Léonida.

Laissez au moins finir le coup.

FÉLIX, cédant sa place avec empressement.

Non, mademoiselle... je vous en prie...

Léonida s'assied. Blanche prend la place de Léonida et Félix celle de Blanche.

CORDENBOIS.

Vous voulez toujours être au jeu... c'est de la voracité!

LÉONIDA, avec aigreur.

M. Cordenbois!... Je ne prends pas votre place... soyez poli... si vous le pouvez...

CORDENBOIS, furieux.

Mademoiselle!

CHAMPBOURCY.

Voyons! la paix! vous êtes toujours à vous disputer... entre compère et commère...

LÉONIDA.

Ah! ouiche!

CHAMPBOURCY.

Souvenez-vous que vous avez tenu sur les fonts le fils du sonneur de Saint-Paul... notre paroisse...

COLLADAN, à Léonida.

Même que, ce jour-là, M. Cordenbois vous a fait cadeau d'une paire de boucles d'oreilles.

CORDENBOIS, vivement.

Ne parlons pas de ça... c'est à moi de donner...

Il donne les cartes.

BLANCHE, à Félix.

Vous allez être un quart d'heure à vous ennuyer.

FÉLIX, bas.

Ah! mademoiselle Blanche... les plus jolis quarts d'heure de mon existence sont ceux que je passe près de vous.

CHAMPBOURCY.

Je suis carré.

LÉONIDA.

Passe!

ACTE PREMIER.

COLLADAN.

Passe.

CORDENBOIS.

Je tiens... parole au carré!

CHAMPBOURCY.

Mon tout?

CORDENBOIS.

Qu'est-ce que vous avez?

CHAMPBOURCY, vivement.

Un brelan!

CORDENBOIS.

Alors je passe.

CHAMPBOURCY.

Comment?

CORDENBOIS.

Dame! je vous demande ce que vous avez d'argent devant vous, vous me répondez: « J'ai un brelan... » alors je passe.

On rit.

CHAMPBOURCY.

Je ne trouve pas ça drôle!

LÉONIDA.

Blanche apporte la cagnotte.

COLLADAN.

Vous avez parlé trop vite... moi, quand j'ai un brelan, je serre les lèvres et j'ouvre le nez... comme ça...

LÉONIDA.

Alors, on s'en doute!

CORDENBOIS.

Arrosons toujours le brelan!

BLANCHE, se levant et apportant une tirelire en terre, posée sur le guéridon, qu'elle présente à chacun des joueurs.

Un sou?...

COLLADAN, mettant un sou dans la tirelire.

C'est ruineux, ce jeu-là.

BLANCHE, soupesant la tirelire et revenant à sa place.

Elle est joliment lourde.

FÉLIX.

Sans compter qu'il y en a trois autres toutes pleines...

COLLADAN.

Dame! depuis un an que nous fourrons des sous là dedans!...

CHAMPBOURCY.

Ce n'est pas pour me vanter, mais je crois que j'ai eu là une heureuse idée...

CORDENBOIS.

C'est moi qui ai eu l'idée...

CHAMPBOURCY, se levant.

J'en demande pardon à M. Cordenbois, notre spirituel pharmacien... Vous nous avez proposé de fonder une cagnotte... c'est-à-dire de nous imposer d'un sou à chaque brelan.

CORDENBOIS.

Eh bien?

CHAMPBOURCY.

Oui; mais dans quel but? Vous demandiez que la cagnotte fût dépouillée le samedi de chaque semaine et que le produit en fût consacré à des libations de vin chaud et de bichoff.

COLLADAN.

J'ai appuyé ça, moi...

CHAMPBOURCY.

D'abord, c'était vulgaire : vous transformiez ma maison en cabaret de bas étage.

CORDENBOIS.

Permettez...

LÉONIDA.

Et puis c'était injuste... les dames ne boivent pas de liqueurs... Nous étions sacrifiées... comme toujours !

CHAMPBOURCY.

C'est alors que je me suis permis d'élargir, si je puis m'exprimer ainsi... les bases de votre projet... j'ai proposé de laisser accumuler les fonds de la cagnotte pendant un an afin d'avoir une somme plus considérable à dépenser... car enfin, supposons que nous ayons deux cents francs.

TOUS, incrédules.

Oh!

CHAMPBOURCY.

C'est possible... nous allons le savoir tout à l'heure... à neuf heures et demie, nous procéderons au dépouillement. Supposons, dis-je, que nous ayons deux cents francs...

COLLADAN.

Quelle noce!

CHAMPBOURCY.

Notre horizon s'agrandit... nous pouvons donner une fête digne de nous, et qui marque dans les fastes de la Ferté-sous-Jouarre.

LÉONIDA.

Voyons! jouons! J'ai vu...

CHAMPBOURCY, se levant.

Je n'ajouterai plus qu'un mot... et ce mot... sera un regret... nous regrettons que M. Baucantin, notre ingénieux receveur des contributions....

BAUCANTIN, quittant son journal.

Moi?

CHAMPBOURCY.

N'ait pas jugé à propos de partager nos jeux et de subir avec nous les caprices de la déesse aveugle.

BAUCANTIN.

Le jeu est incompatible avec les fonctions publiques.

FÉLIX.

Oh! par exemple!... Je suis notaire et cela ne m'empêche pas de faire ma partie.

BLANCHE.

Et papa est commandant des pompiers.

BAUCANTIN.

Ce n'est pas la même chose... Monsieur votre père n'est pas à proprement parler un fonctionnaire...

CHAMPBOURCY, se levant.

Comment! mais qu'est-ce que je suis donc alors? Il me semble que j'ai fait assez pour mon pays pour qu'on ne me chicane pas sur mon titre!

BAUCANTIN.

Messieurs, loin de moi cette pensée...

CHAMPBOURCY, lui coupant la parole.

On paraît oublier bien vite que, si la commune a une pompe... c'est moi qui l'en ai gratifiée!

COLLADAN.

C'est vrai! mais on ne s'en sert pas... Elle se rouille, votre pompe!

CHAMPBOURCY.

Ce n'est pas ma faute s'il n'y a pas d'incendie! Je ne peux pourtant pas mettre le feu aux quatre coins de la ville...

LÉONIDA, frappant sur la table avec colère.

Ah ça! joue-t-on, oui ou non?

CHAMPBOURCY, se rasseyant.

Moi, je vous attends.

LÉONIDA.

Je vois...

COLLADAN, à part.

Je parie qu'elle a beau jeu. (Haut.) Je passe.

CORDENBOIS, à Champbourcy.

Votre lampe baisse.

CHAMPBOURCY, se levant.

C'est la mèche qui charbonne... pardon... voulez-vous me tenir le globe? (Il le donne à Cordenbois, qui se lève aussi. Il prend le verre et le donne à Colladan qui se lève également, il arrange la mèche.) Je disais bien... la mèche charbonne. (Il reprend le verre à Colladan, le pose sur la lampe; même jeu pour le globe.) Pardon... Merci!

Tous trois se rassoient.

LÉONIDA.

Y sommes-nous enfin? Je vois...

COLLADAN.

Passe!

CORDENBOIS.

Passe!

CHAMPBOURCY.

Passe!

LÉONIDA, vivement.

Quatre sous! je fais quatre sous!

CHAMPBOURCY.

Tout le monde a passé!

LÉONIDA.

C'est agréable! J'ai quarante en main. (Regardant les jeux qu'on a jetés sur la table.) Comment, monsieur Colladan... vous passez avec vingt et un et as?

COLLADAN.

Mademoiselle... Je ne respirais pas ce coup-là.

CHAMPBOURCY.

Avec vingt et un et as, on risque deux sous.

CORDENBOIS.

Un fermier! un richard! fi! c'est de la carotte.

COLLADAN.

Quand on ne respire pas un coup...

LÉONIDA.

C'est à moi de faire.

Elle donne les cartes.

COLLADAN.

Je suis carré... Parlez!

CORDENBOIS, à Champbourcy.

Votre lampe file!

CHAMPBOURCY, se levant.

C'est la mèche... (A Cordenbois.) Prenez le globe... (A Colladan.) Vous, le verre...

Même jeu que la première fois.

ACTE PREMIER.

COLLADAN, à part.

Il est embêtant avec sa lampe... J'aimerais mieux une chandelle.

CHAMPBOURCY, arrangeant sa lampe.

C'est la mèche qui charbonne... (Reprenant le verre.) Pardon... (Reprenant le globe.) Merci...

Tous trois se rasseoient.

CORDENBOIS.

Voyons... jouons sérieusement.

Un domestique paraît au fond avec deux lettres.

BLANCHE, se levant.

Ah! le courrier de Paris qui arrive. (Elle prend les deux lettres. Le domestique sort.) Une lettre pour ma tante, non affranchie.

Elle la lui remet.

LÉONIDA, étonnée et se levant.

Pour moi?

BAUCANTIN, qui après ces derniers mots a gagné la cheminée.

Moi, les lettres non affranchies, je les refuse.

BLANCHE.

Et une pour M. Colladan.

Elle regagne sa place.

LÉONIDA, à part, après avoir jeté les yeux sur l'adresse.

Cette écriture... grand Dieu!...

Elle met vivement la lettre dans sa poche et vient se rasseoir.

CHAMPBOURCY.

Qui est-ce qui t'écrit, ma sœur?

LÉONIDA, troublée.

Personne... c'est-à-dire si... ma marchande de modes... Voyons, à qui à parler?

COLLADAN, qui a mis ses besicles et regardé sa lettre.

Ah! c'est de mon fils.... de Sylvain... que j'ai mis à l'école de Grignon pour apprendre les malices de l'agriculture... Il voulait être photographe... alors, je lui ai fichu une gifle et je lui ai dit : « Tu seras fermier... parce qu'un fermier... »

CHAMPBOURCY.

Oui... nous savons ça... Allons!... soyons au jeu!...

COLLADAN.

Attendez que je lise ma lettre...

CHAMPBOURCY.

Ah! saprelotte!

CORDENBOIS.

C'est insupportable!

COLLADAN, lisant.

« Mon cher papa, je vous écris pour vous dire qu'on est très-content de moi... j'ai eu de l'avancement... on m'a mis à l'étable... »

CHAMPBOURCY.

A l'étable... Ce sont des détails de famille... lisez tout bas...

COLLADAN.

Si je lis haut, c'est pas pour vous, c'est pour moi... Toutefois que je ne lis pas tout haut... je ne comprends pas ce que je lis... (Continuant sa lettre à haute voix.) « A l'étable... mais, par exemple, je n'ai pas de chance, j'ai une vache malade... »

CORDENBOIS, à part.

Je n'aime pas à jouer la bouillotte comme ça!

Il se lève et se promène dans le fond.

COLLADAN, lisant.

« Elle ne boit plus, elle ne mange plus, elle tousse, comme une pulmonie. » (Parlé en s'attendrissant.) Pauvre bête! elle s'aura enrhumée! (Lisant.) « On croirait qu'elle va trépasser. » (Très-ému, passant la lettre à Champbourcy.) Tenez!... continuez... ça me fait trop peine!

CHAMPBOURCY, prenant la lettre.

Voyons!... du courage, sacrebleu! (Lisant.) « Quant à moi, je ne vas pas plus mal. » (Parlé pour le consoler) La... vous voyez... il ne va pas plus mal...

COLLADAN.

Oui, mais la vache!

CHAMPBOURCY, lisant.

« Nous labourons à mort pour faire les mars, il pleut... mais, comme dit le proverbe :

Pluie en février
C'est du fumier.

COLLADAN.

Ah! c'est bien vrai! pluie en fumier, c'est du février. (Se reprenant.) C'est-à-dire...

CORDENBOIS.

Champbourcy! dépêchons!... nous attendons...

CHAMPBOURCY.

C'est la fin. (Lisant.) « Je suis avec respect, votre fils respectueux qui vous prie de lui envoyer son mois, tout de suite. »

TOUS.

Enfin!

LÉONIDA.

Voyons! y sommes-nous maintenant?

BLANCHE.

Papa, il est neuf heures et demie.

CORDENBOIS, revient prendre sa place.

Le dernier tour!

CHAMPBOURCY.

Oui, le tour des décavés et vivement! (A Colladan.) Parlez!

LÉONIDA.

Je passe!

COLLADAN.

Je passe!

CORDENBOIS.

Je vois... cinq sous...

CHAMPBOURCY.

Tenu. Six sous.

CORDENBOIS.

Sept!

COLLADAN.

Oh! il va y avoir du massacre!

CHAMPBOURCY.

Huit!

CORDENBOIS.

Neuf!

CHAMPBOURCY.

Mon tout! quinze sous!

CORDENBOIS.

Je tiens!

TOUS.

Oh!

Blanche, Félix et Baucantin s'approchent vivement de la table.

ACTE PREMIER.

BAUCANTIN.

Je veux voir ce coup-là!

FÉLIX.

C'est le plus beau coup de l'année.

CHAMPBOURCY, abattant son jeu.

Brelan d'as!

CORDENBOIS, abattant le sien.

Brelan de huit... carré!

TOUS.

Oh!

CHAMPBOURCY.

Perdu! (Se levant avec colère.) C'est fait pour moi. Je ne veux plus toucher aux cartes. Sans compter que j'ai une dent qui me fait mal!

BLANCHE, qui a été chercher la tirelire.

Arrosez!... deux brelans dont un carré. C'est trois sous!

Tout le monde s'est levé.

COLLADAN, à part, fouillant à sa poche.

Que d'argent, mon Dieu! (Donnant de l'argent à Blanche.) Voilà!

BLANCHE, examinant.

Tiens! un sou étranger... Non... c'est un bouton...

COLLADAN, la faisant taire.

Chut!... c'est une erreur... en voici un autre.

LÉONIDA, qui a posé les cartes et les jetons dans une boîte.

J'emporte la boîte.

CHAMPBOURCY.

Et surtout brûle les cartes! Je ne veux plus jouer avec ces cartes-là.

COLLADAN.

Elles sont encore bonnes... elles ne poissent pas!

LÉONIDA, à part, tirant la lettre de sa poche.

Oh! cette lettre... me brûle les mains... J'ai hâte de la lire!

Elle entre à droite

SCÈNE II.

LES MÊMES, moins LÉONIDA.

CHAMPBOURCY.

Maintenant, messieurs... nous allons procéder au dépouillement de la cagnotte.

CORDENBOIS.

J'attendais ce jour avec impatience.

CHAMPBOURCY.

Blanche, donne-moi ta corbeille à ouvrage.

BLANCHE, la vidant sur le guéridon et l'apportant en y mettant un petit marteau.

Voilà, papa...

CHAMPBOURCY.

Maintenant, va nous chercher les trois autres tirelires.

FÉLIX, à Blanche.

C'est trop lourd! je vais vous aider.

Il entre à droite avec Blanche.

CHAMPBOURCY, prenant le marteau.

Je ne connais qu'un moyen d'ouvrir la tirelire:... C'est de la casser..

CORDENBOIS.

Cassons!..

COLLADAN.

C'est bête! mais je suis ému...

CHAMPBOURCY, prend le marteau et s'arrête.

Pristi! que ma dent me fait mal!

Il dépose la corbeille et le marteau sur la table de jeu.

COLLADAN.

Voulez-vous que je vous indique un remède? Vous prenez une taupe vivante... une jeune taupe de quatre à cinq mois.

Tous trois ont quitté la table et prennent la scène.

CHAMPBOURCY.

Mais comment voulez-vous que je reconnaisse ça?

COLLADAN.

Ah! ça vous regarde!

CORDENBOIS.

Prenez donc tout simplement ce soir, en vous couchant... une gorgée de lait que vous garderez toute la nuit dans la bouche, sans l'avaler.

CHAMPBOURCY.

Mais si je m'endors?

CORDENBOIS.

Ça ne fait rien... dormez... seulement n'avalez pas.

BAUCANTIN, debout, à la cheminée.

Pourquoi ne consultez-vous pas un médecin?

CHAMPBOURCY.

Mais il n'y en a pas à la Ferté-sous-Jouarre... C'est le maréchal qui opère...

COLLADAN.

Il en est passé un il y a deux ans... avec un petit âne... Il vous nouait votre dent avec une ficelle qu'il attachait à la croupe de son âne... Il tirait un coup de pistolet... paf!... l'âne partait et vous étiez soulagé.

CORDENBOIS.

Un empirique !

COLLADAN.

Il paraît qu'il avait la pratique de plusieurs grands personnages.

Ils se rapprochent tous trois de la table de jeu. Baucantin se tient un peu à l'écart.

CHAMPBOURCY, reprenant la tirelire et le marteau.

Je casse... une ! deux ! trois !

Il brise la tirelire.

COLLADAN.

Oh! que de sous !

CHAMPBOURCY.

Que tout le monde s'y mette... Baucantin !

BAUCANTIN, se rapprochant.

Voilà !

Ils entourent la table et se mettent à compter.

CHAMPBOURCY.

Rangeons-les par piles de vingt sous.

CORDENBOIS, comptant.

Quatre, cinq.

COLLADAN.

Six, sept, huit.

CHAMPBOURCY.

Neuf, dix... mais non ! trois, quatre... vous m'embrouillez, père Colladan.

ACTE PREMIER.

COLLADAN.

Je ne vous parle pas.

CHAMPBOURCY.

Vous ne me parlez pas ; mais vous me dites : « Sept, huit, » ça me fait dire : « Neuf, dix... » je ne sais plus où j'en suis

BAUCANTIN.

Moi non plus!

CORDENBOIS.

Recommençons. (Comptant.) Quatre, cinq.

COLLADAN.

Six, sept, huit.

CHAMPBOURCY.

Neuf... dix... Nous nous embrouillerons toujours. Comptons chacun de notre côté... (Apercevant Blanche et Félix venant de droite avec les tirelires.) Tenez, père Colladan, voilà votre tirelire... entrez dans ma chambre.

CORDENBOIS, prenant une des tirelires et Baucantin l'autre.

M. Baucantin et moi, nous passons dans votre cabinet.

BAUCANTIN.

Et nous venons ensuite réunir nos comptes.

CHŒUR.

AIR de M. Robillard.

TOUS.

Puisque déjà l'heure s'avance
Ne perdons pas un seul moment!
Il faut aller dans le silence
Procéder au dépouillement.

Colladan entre à gauche, et Cordenbois et Baucantin sortent par la droite avec la tirelire.

SCÈNE III.

CHAMPBOURCY, BLANCHE, FÉLIX.

CHAMPBOURCY, assis, et comptant sur la table à jeu.

Deux... quatre... six...

BLANCHE, à Félix.

Papa est seul... profitez-en pour faire votre demande.

FÉLIX.

Comment! ce soir?

BLANCHE.

Voilà trois jours que vous hésitez...

FÉLIX.

C'est que, depuis trois jours, il a ses élancements.

BLANCHE.

Aujourd'hui il va très-bien.

CHAMPBOURCY, joyeux.

Déjà quatre francs!...

BLANCHE.

Tenez... il rit... il est bien disposé... Allons! du courage!... Je vais retrouver ma tante.

Elle sort par le fond.

SCÈNE IV.

CHAMPBOURCY, FÉLIX.

FÉLIX, à part.

Je tremble comme un enfant... Est-ce ridicule! (Haut.) Monsieur Champbourcy...

CHAMPBOURCY, comptant sans l'écouter.

Douze, treize.

FÉLIX.

L'émotion de ma voix et le trouble que j'éprouve...

CHAMPBOURCY.

Allons! bon!... vous me parlez... Je ne sais plus où j'en suis...

FÉLIX.

Douze, treize.

CHAMPBOURCY.

C'est ça... Quatorze, quinze.

FÉLIX.

Doivent vous dire assez...

CHAMPBOURCY.

Aidez-moi un peu... ça ira plus vite...

FÉLIX, passant à la table, face à Champbourcy.

Volontiers.

CHAMPBOURCY.

Par piles de vingt. (Comptant.) Dix-sept, dix-huit.

FÉLIX.

Monsieur Champbourcy... depuis quinze mois que j'ai le bonheur de connaître mademoiselle Blanche...

CHAMPBOURCY.

Comptez donc...

FÉLIX, prenant des sous et comptant.

Trois, quatre, cinq... Je n'ai pu rester insensible...

CHAMPBOURCY.

Un, deux...

FÉLIX.

Six, sept... Aux charmes de sa personne...

CHAMPBOURCY.

Trois, quatre.

FÉLIX.

C'est ce qui fait... huit, neuf... que, aujourd'hui... Dix, onze...

CHAMPBOURCY.

Sept, huit.

FÉLIX.

J'ai l'honneur de vous demander... douze, treize, quatorze... la main de mademoiselle votre fille.

CHAMPBOURCY.

Tiens, un bouton !... Déjà deux que je trouve.

FÉLIX, à part.

Il ne m'a pas entendu... (Haut.) J'ai l'honneur de vous demander la main de mademoiselle votre fille...

CHAMPBOURCY.

Attendez... Dix-huit, dix-neuf et vingt... une pile... Ça fait sept... sept francs! (Recommençant à compter.) Mon cher monsieur Renaudier... trois, quatre... j'apprécie comme il le mérite, l'honneur que vous voulez bien me faire.

FÉLIX.

Ah! monsieur!

CHAMPBOURCY.

Où en étais-je?

FÉLIX.

Trois, quatre...

CHAMPBOURCY.

Cinq, six... votre demande m'honore... sept, huit, neuf... je m'engage à la prendre en sérieuse considération... Encore un bouton! Qui diable a flanqué tout cela?

FÉLIX.

Ce n'est pas moi, je vous prie de le croire.

CHAMPBOURCY.

Le mariage, jeune homme... c'est un bouton de paletot... s'il a ses douceurs et ses joies... il a aussi ses devoirs et ses charges...

FÉLIX.

Je le sais... et croyez que toute ma vie...

CHAMPBOURCY, désignant les piles de sous.

Voyons... qu'est-ce que nous avons?

FÉLIX, s'asseyant.

J'ai d'abord mon étude...

CHAMPBOURCY.

Cinq ici et trois là, ça fait...

FÉLIX.

Quarante-cinq mille...

CHAMPBOURCY,

Comment... quarante-cinq mille?

FÉLIX.

Je l'ai payée ça...

CHAMPBOURCY.

Mon ami, vous me troublez... Je vous parle sous... et vous me répondez dot... ça ne peut pas aller... (Remettant tous les sous dans la corbeille.) Je vais compter tout ça dans la salle à manger...

Il se lève.

FÉLIX.

Mais, du moins, puis-je espérer?...

CHAMPBOURCY, emportant la corbeille et se dirigeant à droite.

Sans doute... si ma fille vous aime... Mais qui est-ce qui a fourré tous ces boutons là dedans?

Il entre à droite.

SCÈNE V.

FÉLIX, LÉONIDA.

FÉLIX, ravi.

Oh! oui, elle m'aime!... elle ne me l'a pas dit... mais je ne lui ai pas demandé... (Apercevant Léonida qui entre par le fond.) Oh! la tante. (Saluant.) Mademoiselle...

LÉONIDA, se promenant avec agitation.

Je ne m'étais pas trompée... c'est lui qui m'écrit...

FÉLIX, la suivant.

Je viens de causer avec monsieur votre frère...

ACTE PREMIER.

LÉONIDA, marchant toujours sans le voir.

A la première ligne... j'ai failli m'évanouir...

FÉLIX, à part.

Elle ne m'écoute pas... Allons tout raconter à mademoiselle Blanche... elle m'écoutera, elle!

Il sort par le fond.

LÉONIDA, seule.

Cet homme devient pressant... il m'invite à me trouver à Paris... demain soir à huit heures... Dois-je aller à ce rendez-vous? il y va de mon bonheur, peut-être... D'un autre côté, une pareille démarche... Oh! ma mère, inspire-moi! (Changeant de ton.) Tant pis! j'irai!... mais comment faire? comment préparer ce départ sans exciter les soupçons? et, d'ailleurs, je ne puis partir seule... Comment décider mon frère à m'accompagner? Il faudrait lui avouer... (Avec force.) Oh! jamais!... jamais!... (Voyant entrer Blanche.) Ma nièce!... soyons calme!...

SCÈNE VI.

LÉONIDA, BLANCHE.

BLANCHE, entrant.

Ah! ma tante! si tu savais comme je suis contente!

LÉONIDA.

En effet...

BLANCHE.

M. Félix vient de demander ma main à papa... et papa lui a dit d'espérer...

LÉONIDA.

Comment! tu aimes M. Félix?

BLANCHE.

Je crois que oui!...

LÉONIDA.

Ah! c'est singulier...

BLANCHE.

Pourquoi donc?

LÉONIDA.

Blond et notaire! c'est bien fadasse!

BLANCHE, étonnée.

Comment?

LÉONIDA.

Après ça, tu es blonde aussi... vous mènerez tous les deux une vie calme et sans orages... comme deux moutons qui paissent dans la même prairie.

BLANCHE, piquée.

Deux moutons! M. Félix est un jeune homme charmant! très-spirituel! il vient d'avoir une idée délicieuse...

LÉONIDA.

Lui?

BLANCHE.

C'est d'employer l'argent de la cagnotte à donner un bal.

LÉONIDA.

Un bal? (A part.) Une idée blonde!

BLANCHE.

Demain... mardi gras.

LÉONIDA.

Demain?... (A part.) C'est impossible!... mon rendez-vous!

BLANCHE.

Qu'est-ce que vous dites de cela?

LÉONIDA.

Certainement... (A part.) Si je pouvais... (Haut.) Oui... l'idée d'un bal... c'est une idée gracieuse... J'en avais eu une autre... plus utile, peut-être... mais moins fraîche... moins sautillante...

BLANCHE.

Laquelle, ma tante?

LÉONIDA.

C'était de faire un voyage à Paris... Au moment de se marier, cela peut servir...

BLANCHE.

Vraiment?...

LÉONIDA.

On regarde les boutiques, on visite les magasins au bras de son prétendu... on dit : « Ah! le beau cachemire!... ah! le joli bracelet!... Dieu! les belles dentelles! » Et on choisit tout doucement sa corbeille, sans en avoir l'air.

BLANCHE.

Mais c'est que c'est vrai.

LÉONIDA.

Après ça, vous préférez un bal...

BLANCHE.

Pas du tout! j'aime bien mieux un voyage à Paris... je veux aller à Paris...

LÉONIDA.

Tu veux... tu veux... cela dépend de ton père...

BLANCHE.

Oh! je le déciderai bien à partir!...

LÉONIDA.

Demain!

BLANCHE.

Le voici !... laissez-moi faire!

SCÈNE VII.

Les Mêmes, CHAMPBOURCY.

CHAMPBOURCY, entrant à droite avec sa corbeille de sous et un papier à la main.

Voilà qui est compté... ça m'a fait monter le sang à la tête...

BLANCHE.

Comme tu es rouge!

CHAMPBOURCY.

C'est mon mal de dent... ça m'élance. Dzing! dzing!

BLANCHE.

Oh! pauvre petit père... ta joue est enflée...

LÉONIDA.

Je ne vois pas...

BLANCHE.

Oh! si, très-enflée... A ta place, je sais bien ce que je ferais...

CHAMPBOURCY.

Tu prendrais une jeune taupe vivante... mais c'est l'âge qui m'embarrasse...

BLANCHE.

Non... mais j'irais à Paris... consulter un dentiste...

LÉONIDA.

Oui... dès demain!... (A part.) Elle est très-forte pour une blonde.

CHAMPBOURCY.

Allons donc! quelle plaisanterie!... un pareil voyage pour un mal de dent!

BLANCHE.

Oh! deux petites heures en chemin de fer.

CHAMPBOURCY.

Enfin!... c'est une dépense...

BLANCHE

Il y aurait peut-être un moyen de faire ce voyage sans qu'il t'en coutât rien.

CHAMPBOURCY.

Lequel?

BLANCHE.

Dame! je ne sais pas moi... en cherchant... (Montrant la corbeille.) En voilà de l'argent.

CHAMPBOURCY, poussant un cri.

Ah! mes enfants!... j'ai une idée!... si nous allions manger la cagnotte à Paris?

Il pose la corbeille sur la table de jeu et reprend sa place.

LÉONIDA.

C'est un trait de génie!... mais où vas-tu chercher tout cela?

CHAMPBOURCY, se frappant le front.

Là... Je suis organisé! voilà tout!...

BLANCHE.

De cette façon, tu vois ton dentiste, nous parcourons les magasins...

LÉONIDA.

Je vais à mon rend...

CHAMPBOURCY.

Quoi?

LÉONIDA, se reprenant.

Nous visitons les monuments...

CHAMPBOURCY.

Le Panthéon, la tour Saint-Jacques, Véfour, Véry...

BLANCHE.

Mais si les autres ne veulent pas?...

CHAMPBOURCY.

Nous les y amènerons adroitement. (Bruit de voix au dehors,) Les voici... Je m'en charge...

SCÈNE VIII.

Les Mêmes, COLLADAN, CORDENBOIS, BAUCANTIN, puis FÉLIX.

Ils entrent portant chacun un papier à la main.

BAUCANTIN, gravement.

Voici, messieurs, en ce qui me concerne, le résultat du dépouillement de la tirelire qui m'avait été confiée... son contenu total était de deux mille six cent vingt et un sous qui, convertis en francs et centimes, donnent cent trente et un francs et cinq centimes... je dois ajouter, pour être complétement exact, que j'ai trouvé quelques boutons mêlés à la monnaie...

ACTE PREMIER.

CORDENBOIS.

Tiens! moi aussi!

CHAMPBOURCY.

Moi aussi!

BLANCHE, regardant Colladan.

Des boutons...

COLLADAN, vivement.

C'est quelqu'un qui s'aura trompé!

CORDENBOIS, en annonçant leur résultat, ils remettent leurs papiers à Baucantin.

Moi, messieurs, j'ai eu pour résultat cent vingt-huit francs et quatre boutons!

CHAMPBOURCY.

Moi, cent cinq francs cinq centimes... et neuf boutons...

COLLADAN

Moi, cent vingt-sept francs, trois sous... et cinq centimes...

CHAMPBOURCY.

Et pas de boutons?

COLLADAN.

Pas de boutons...

Il remonte.

CHAMPBOURCY, à part, avec méfiance.

C'est bien drôle!

CORDENBOIS, regardant Colladan, à part.

Ça n'est pas clair.

BAUCANTIN, qui a pris les quatre papiers.

Ce qui, en additionnant les résultats des quatre dépouillements partiels, donne comme total général...

TOUS.

Combien?

BAUCANTIN.

Quatre cent quatre-vingt onze francs... vingt centimes...

TOUS.

Ah!...

BAUCANTIN.

Plus dix-huit boutons...

CHAMPBOURCY.

C'est une jolie cagnotte!

CORDENBOIS.

Magnifique!

COLLADAN.

Je la croyais plus grasse.

CORDENBOIS.

Dame! sans les boutons...

CHAMPBOURCY.

Maintenant, messieurs, le moment est arrivé où nous devons, après une mûre délibération, fixer l'emploi de la cagnotte.

TOUS.

Oui! oui!

Champbourcy prend le guéridon et le met au milieu du théâtre, Baucantin a pris la lampe et l'a posée sur la cheminée.

FÉLIX, paraissant au fond.

Vous êtes en affaires?

CHAMPBOURCY, s'asseyant.

Entrez! vous avez voix au chapitre... Asseyons-nous... la séance est ouverte... (Tous s'assoient.) Je n'ai pas besoin de vous recommander le calme... la modération... souvenons-nous que la divergence des opinions n'exclut pas l'estime que l'on se doit entre gens... qui s'estiment. (S'asseyant, à part.) Ma dent me fait mal!

FÉLIX, à part.

Il est solennel, papa beau-père!

Il s'assied.

CHAMPBOURCY.

Qui est-ce qui demande la parole?

CORDENBOIS et COLLADAN, se levant ensemble.

Moi!

CHAMPBOURCY, bas, à Baucantin.

Je crois que nous allons avoir une jolie séance. (Haut.) Pardon... qui est-ce qui l'a demandée le premier?

CORDENBOIS et COLLADAN.

Moi!

CHAMPBOURCY.

Diable! voilà une difficulté qui se présente...

BAUCANTIN, à Champbourcy.

Ordinairement, dans les assemblées délibérantes, le plus jeune cède le pas au plus âgé...

CHAMPBOURCY.

Très-bien!... Monsieur Cordenbois, vous avez la parole...

CORDENBOIS.

Permettez... M. Colladan est plus âgé que moi.

COLLADAN.

Moi? Ah! ben! je suis votre cadet... vous êtes mon ancien... et de pas mal de pains de quatre livres encore!

CORDENBOIS.

C'est faux! je ne parlerai pas le premier.

Il s'assoit.

COLLADAN.

Moi non plus!

Il s'assoit.

CHAMPBOURCY.

Sapristi! moi qui comptais sur une discussion brillante... Voyons, messieurs, pas d'entêtement!

CORDENBOIS, se levant.

Allons! je veux bien parler... non, parce que je suis le plus âgé... mais parce que je suis le plus raisonnable...

BAUCANTIN.

Très-bien!

CORDENBOIS.

Messieurs, je serai court...

CHAMPBOURCY, avec grâce.

Nous le regretterons...

CORDENBOIS, saluant.

Ah!... messieurs, nous nous trouvons à la tête d'une somme considérable, inespérée!... On attend de nous quelque chose de grand, qui frappe les masses... Je propose d'écrire à M. Chevet et de lui demander de nous envoyer une dinde truffée.

TOUS, murmurant.

Ah! ah!

CHAMPBOURCY, agitant une sonnette placée sur le guéridon.

Silence, messieurs... vous répondrez... toutes les opinions... même les plus saugrenues...

ACTE PREMIER.

CORDENBOIS.

Hein?

CHAMPBOURCY.

Ont le droit de se faire jour.

LÉONIDA.

Moi, je m'oppose aux truffes... je n'en mange pas.

BLANCHE.

Moi, non plus.

CHAMPBOURCY.

J'ajouterai qu'elles me font mal!

COLLADAN.

Je leur-z-y préfère les z'haricots...

CORDENBOIS.

Permettez... Je persiste dans mon conclusum.

CHAMPBOURCY.

Monsieur Colladan, vous avez la parole.

COLLADAN, se levant.

Hum!... hum!... Messieurs et mesdames... il fait très-beau... le pavé est bon pour les chevaux... je propose que nous allions tous demain à la foire de Crépy.

TOUS, murmurant.

Oh! oh!

LÉONIDA.

Voilà autre chose!

CORDENBOIS.

C'est idiot!

CHAMPBOURCY, agitant sa sonnette.

Messieurs... messieurs... vous répondrez...

CORDENBOIS.

J'ai répondu.

COLLADAN.

Quoi!... on voit des baraques... des serpents... des magiciens... et la femme qui pèse trois cents... on peut toucher... c'est amusant, ça.

FÉLIX, se levant.

Pardon... j'ai une autre proposition à faire...

BLANCHE, bas et vivement, à Félix.

Ne parlez pas du bal... c'est changé...

FÉLIX.

Ah! c'est...?

CHAMPBOURCY.

Monsieur Renaudier, vous avez la parole...

FÉLIX.

Moi?... C'est que... j'y renonce...

Il se rassoit.

BAUCANTIN, se levant.

Quoique étranger à la cagnotte, permettez-moi de faire une proposition qui ralliera, je l'espère, toutes les opinions...

CHAMPBOURCY.

Parlez, monsieur Baucantin.

BAUCANTIN.

La vertu, messieurs, est la première qualité de la femme, il faut l'encourager...Je propose donc de doter la jeune fille la plus vertueuse de la Ferté-sous-Jouarre.

TOUS, murmurant.

Oh! oh!

CORDENBOIS.

Une rosière..., j'aime mieux une dinde

COLLADAN.

Et moi la foire de Crépy.

CHAMPBOURCY, se levant.

Messieurs!

TOUS.

Silence!... Écoutez!

CHAMPBOURCY.

La réunion se tenant chez moi... j'ai dû parler le dernier... mon tour est venu... je réclame toute votre bienveillance...

TOUS.

Très-bien! très-bien!

COLLADAN, à part.

Il a un fameux fil!

CHAMPBOURCY.

Messieurs, Paris est la capitale du monde... (A part, portant la main à sa joue.) Cristi! ça m'élance! (Haut.) C'est là qu'est le remède... (Se reprenant.) le rendez-vous des arts, de l'industrie et des plaisirs... Je propose donc hardiment d'aller passer une journée à Paris.

LÉONIDA et BLANCHE.

Bravo!

COLLADAN.

Permettez... je connais Paris... oui, oui... j'y suis passé il y a quarante et un ans en allant à Poissy...

CORDENBOIS.

Un voyage! ça ne se mange pas! On a dit qu'on mangerait la cagnotte... et il me semble qu'une dinde...

CHAMPBOURCY.

Mais vous ne pouvez pas m'obliger à manger des truffes qui m'incommodent!

CORDENBOIS, saluant.

Vous ne pouvez pas m'obliger à aller à Paris!

CHAMPBOURCY.

Cependant, si la majorité le décide?

CORDENBOIS.

Ah! si la majorité...

FÉLIX.

Eh bien!... allons aux voix!

TOUS.

Aux voix! aux voix!

Tous se lèvent, excepté Blanche et Léonida.

BAUCANTIN, mettant le guéridon à sa place.

Je m'offre comme président du bureau.

CHAMPBOURCY.

Accepté!... Recueillez les votes.

Il lui donne un chapeau. Chacun fait son bulletin et le met dans le chapeau.

BLANCHE.

Moi, je ne vote pas.

LÉONIDA, à Félix.

Écrivez Paris.

FÉLIX, se mettant au bout de la table.

Très-bien!

BAUCANTIN.

Personne ne réclame? Le scrutin est clos.

ACTE PREMIER

CHAMPBOURCY.

Dépouillez...

FÉLIX.

Moi, j'écris...

BAUCANTIN, tirant les bulletins du chapeau et les lisant d'une voix solennelle.

Une dinde truffée...

CORDENBOIS

Bravo !...

BAUCANTIN.

Silence ! (Lisant.) Paris... (A Félix.) Vous y êtes ? (Prenant un autre bulletin.) Paris... Foire de Crépy.

COLLADAN.

Très-bien !

BAUCANTIN.

Dernier bulletin... (Il secoue le chapeau, lisant.) Paris.

TOUS.

Ah !

BAUCANTIN.

Silence ! (Lisant gravement le papier que lui présente Félix.) Résultat du dépouillement... Nombre des votants, cinq. Majorité absolue, trois.

COLLADAN, à part.

Comme il dépouille bien !

BAUCANTIN, lisant.

Trois Paris... une dinde et une foire... En conséquence, Paris ayant réuni la majorité des suffrages, il est décidé qu'on ira à Paris.

LÉONIDA, FÉLIX, CHAMPBOURCY et BLANCHE.

Bravo ! bravo !

CORDENBOIS.

Après ça, on n'y mange pas mal...

COLLADAN.

Nous irons voir la halle et les abattoirs... J'ons un cousin qu'abat!...

CHAMPBOURCY.

D'ailleurs, comme il est probable que nous ne dépenserons pas quatre cent quatre-vingt-onze francs vingt centimes en un jour, chacun aura le droit de faire une petite emplette avec l'argent de la cagnotte...

COLLADAN.

Tiens! j'ai besoin d'une pioche!... Je me payerai une pioche!

CORDENBOIS

Moi, je caresse un projet.

CHAMPBOURCY.

Quoi?..

CORDENBOIS.

Rien... une idée folle... mais je veux en essayer... (A part.) Le bonheur est peut-être là!

LÉONIDA, à part.

Je serai demain à mon rendez-vous!

BLANCHE.

Papa... la lampe s'éteint.

CHAMPBOURCY.

C'est la mèche! (A Cordenbois.) Prenez le globe!

CORDENBOIS.

Non! je vais me coucher...

TOUS, remontant, excepté Blanche et Félix.

Allons nous coucher...

ACTE PREMIER.

CHAMPBOURCY.

Nous partons demain par le premier train, à cinq heures vingt-cinq... il faudra vous lever de bonne heure, monsieur le notaire...

BLANCHE, riant, à Félix.

Qui est-ce qui vous réveillera?

FÉLIX, bas.

L'amour! (A part.) Et mon portier.

TOUS.

A demain! à demain!

Sur l'ensemble, Champbourcy prend la lampe posée sur la table de jeu, Léonida celle qui est sur la cheminée, ils accompagnent Félix, Colladan, Cordenbois et Baucantin jusqu'à la porte du fond.

ENSEMBLE.

AIR de M. Robillard.

Quelle existence fortunée,
D'un prince, nous allons demain
Pouvoir, pendant une journée
A Paris, mener tous le train.

ACTE DEUXIÈME.

Salle de restaurant, très-brillamment meublée. Portes au fond, à droite et à gauche, et portes latérales, deuxième plan à droite et à gauche (le fond représente la montre bien garnie d'un restaurant). Tables, chaises.

SCÈNE PREMIÈRE.

BENJAMIN, puis SYLVAIN.

BENJAMIN, rangeant.

Huit heures... je suis en avance... les déjeuners ne commencent pas avant onze heures.

SYLVAIN, entrant timidement par le fond de droite et regardant les peintures.

Oh! non!... c'est trop beau ici.

BENJAMIN.

Que désire monsieur?

SYLVAIN.

Un renseignement... Il faut vous dire qu'hier, au Casino, j'ai fait une connaissance... elle s'appelle Miranda.. la Sensitive.

BENJAMIN.

Je connais!

ACTE DEUXIÈME.

SYLVAIN.

Ah!... elle m'a donné rendez-vous ici pour déjeuner...

BENJAMIN.

A huit heures du matin?

SYLVAIN.

Non... à dix heures et demie... Mais je voudrais savoir auparavant si l'on peut déjeuner, à deux, dans un cabinet particulier, pour dix-sept francs... je n'ai que cela... si c'était plus... je la lâcherais.

BENJAMIN.

Dame! ça dépend de ce que vous prendrez...

SYLVAIN.

Ah! voilà!... vous avez l'air d'un bon garçon... indiquez-moi donc des petits plats pas cher...

BENJAMIN, à part.

Il est drôle, ce monsieur. (Haut.) Nous avons le bœuf en vinaigrette.

SYLVAIN.

Excellent!

BENJAMIN.

Le bifteck... les omelettes...

SYLVAIN.

Il me faudrait un petit plat sucré... quelque chose de doux... dans des prix doux.

BENJAMIN.

Voulez-vous des pruneaux?...

SYLVAIN.

Oh!... farceur!

BENJAMIN.

Tenez... il reste d'hier une tarte aux fraises.

SYLVAIN.

Elle n'est pas entamée, votre tarte?...

BENJAMIN.

Oh! non!

SYLVAIN.

Très-bien!... je la retiens! (Tirant son porte-cigares.) Voulez-vous un cigare?

BENJAMIN.

Volontiers! (Il en prend un et l'examine.) Ah! ce sont des cigares d'un sou... merci!

Il le remet.

SYLVAIN, s'asseyant à la table de gauche, premier plan, et voulant allumer son cigare.

Vous aimez mieux les bons, vous?

BENJAMIN, allant ranger la table de droite.

Je ne fume que des londrès...

SYLVAIN.

J'en fumerais bien aussi... mais c'est papa...

BENJAMIN.

Ah! vous avez un père?

SYLVAIN.

Le meilleur des hommes!... mais une espèce de paysan borné, qui laboure à la Ferté-sous-Jouarre... n'a-t-il pas eu l'idée de faire de moi un fermier!

BENJAMIN.

C'est une noble profession.

SYLVAIN.

Noble, mais salissante!... moi, je voulais être photographe... on voit des femmes, papa n'a pas voulu... il m'a envoyé à l'école de Grignon.

ACTE DEUXIÈME.

BENJAMIN.

Pour apprendre l'agriculture?

SYLVAIN.

Oui, dans l'agriculture, moi, je ne comprends que la carotte... (Il se lève.) Une fois arrivé là-bas, on m'a installé avec les vaches, on m'a fait charrier du fumier... un tas de choses malpropres... alors, au bout de trois jours... j'ai lâché... sans rien dire à papa.

BENJAMIN.

Mais s'il apprenait...

SYLVAIN.

Oh! je ne suis pas bête! je lui écris tous les mois... je vais à Grignon mettre ma lettre à la poste... et chercher les cent francs qu'il m'envoie pour ma pension...

BENJAMIN.

Cent francs!... c'est sec!

SYLVAIN.

Les premiers jours du mois, ça va encore... mais, à partir du 5... je suis gêné... Aussi, je voudrais faire quelque chose... si je trouvais un petit commerce... Tiens! une idée! qu'est-ce que vous gagnez, vous?

BENJAMIN.

Ça dépend des pourboires... trois cents francs par mois environ...

SYLVAIN.

Mazette!... je ne rougirais pas d'être garçon de café, moi!

BENJAMIN, froissé.

Mais il n'y a pas de quoi rougir!

SYLVAIN.

D'abord, on est toujours frisé... et puis on voit des femmes!

BENJAMIN.

Oui, mais c'est bien excitant.

SYLVAIN.

Ça m'est égal... Dites donc, mon petit... comment vous appelez-vous?

BENJAMIN.

Benjamin.

SYLVAIN.

Eh bien, si tu entendais parler qu'on ait besoin d'un jeune homme... pense à moi!...

BENJAMIN, à part.

Il me tutoie!... (Haut.) Sois tranquille!

SYLVAIN, remontant.

Comme ça, je peux marcher avec mes dix-sept francs?...

BENJAMIN.

Parfaitement.

SYLVAIN.

Alors retiens-moi un cabinet...

BENJAMIN, lui indiquant la gauche.

Le petit 4... sur le boulevard...

SYLVAIN.

Et si je n'étais pas arrivé quand Miranda viendra... tu la ferais monter par l'escalier réservé.

BENJAMIN.

Très-bien... ne t'en occupe pas.

SYLVAIN.

Tu viendras prendre le café avec nous. (Lui donnant une poignée de main.) Adieu !

Il sort, par le fond, à droite.

BENJAMIN

Adieu

SCÈNE II.

BENJAMIN, DEUXIÈME GARÇON

BENJAMIN, seul.

A la bonne heure ! voilà un fils de famille qui n'est pas fier... et si je peux lui trouver une place... (Bruit confus au dehors, on entend crier : « Arrêtez, arrêtez ! ») Qu'est-ce qu'il y a donc sur le boulevard ?

DEUXIÈME GARÇON, entrant par le fond.

C'est un filou qui se sauve !

BENJAMIN.

Un filou ?

DEUXIÈME GARÇON.

Il paraît qu'il a fourré la main dans la poche d'un monsieur qui regardait les gravures... le monsieur a crié... et le voleur a pris ses jambes à son cou.

Il entre à gauche.

BENJAMIN.

Tiens ! une société.

SCÈNE III.

BENJAMIN, CHAMPBOURCY, COLLADAN, CORDENBOIS, LÉONIDA, BLANCHE,
vec des sacs de nuit et des petits cartons.

COLLADAN.

Eh bien, je ne suis pas fâché d'avoir vu ça... je n'avais jamais vu de voleur... ça ressemble à tout le monde.

LÉONIDA.

Mais courait-il! courait-il!

CHAMPBOURCY.

Il a passé tout près de moi... en étendant la main, j'aurais pu l'arrêter.

CORDENBOIS.

Il fallait le faire...

CHAMPBOURCY.

Moi? ça ne me regarde pas!... nous ne sommes pas venus à Paris pour ça... sans compter qu'on peut recevoir un mauvais coup. (Apercevant Benjamin.) Ah! garçon!...

BENJAMIN.

Monsieur!

CHAMPBOURCY.

Peut-on déjeuner?

BENJAMIN.

Quand ça?

COLLADAN.

Eh bien, tout de suite! je meurs de faim...

ACTE DEUXIÈME.

BENJAMIN.

Certainement, monsieur... si vous désirez un cabinet?

TOUS, choqués et remontant.

Hein?

LÉONIDA.

Pour qui nous prenez-vous?... Gardez vos cabinets pour vos lorettes!

CHAMPBOURCY.

Très-bien, ma sœur!

BENJAMIN.

Ne vous fâchez pas... je vais chercher la carte du jour... (A part.) Des gens qui ont faim avant midi... ça vient du Berry ou de la Champagne.

Il entre à droite. Champbourcy dépose son parapluie sur une table à gauche, tandis que les autres envahissent les autres tables avec leurs paquets; celui de Colladan est enveloppé dans un mouchoir de couleur. Léonida pose ses paquets sur la première table, à droite.

CHAMPBOURCY.

C'est ça!... installons-nous...

COLLADAN, montrant son paquet.

Moi, j'ai emporté une paire de souliers.

CHAMPBOURCY.

Nous ferons de ce restaurant notre quartier général... si nous y sommes bien, nous y viendrons dîner.

Ils reviennent en scène.

CORDENBOIS.

Du tout! du tout! je propose Véfour...

CHAMPBOURCY.

C'est bien! nous irons aux voix!

BLANCHE.

Comprend-on M. Félix qui manque le chemin de fer?..

COLLADAN.

Je m'en doutais... parce que les notaires... ça n'est pas du matin.

LÉONIDA.

Je suis lasse. Asseyons-nous.

Elle s'assied ainsi que Blanche.

CHAMPBOURCY.

Déjà! nous n'avons encore rien vu...

CORDENBOIS.

A qui la faute? nous partons pour voir les monuments, et vous nous menez chez votre dentiste... Monsieur fait ses courses!

CHAMPBOURCY.

M. Cordenbois, vous êtes amer... Je ne vous souhaite pas de mal... mais, si le hasard voulait que vous vous cassassiez un bras... je m'estimerais fort heureux, moi, de vous conduire chez un médecin... je ne regretterais pas la course.

COLLADAN, à part.

Bien tapé! (Haut.) Au moins vous a-t-il soulagé, votre *arracheux?*

CHAMBOURCY.

Oh! tout de suite! il m'a brûlé un petit nerf de la gencive... ça ne m'a pas soulagé... alors il m'a extirpé ma dent... ça m'a coûté dix francs!... je les ai pris sur la cagnotte...

CORDENBOIS.

Dix francs!... C'est roide!

ACTE DEUXIÈME.

BENJAMIN, rentrant avec une carte encadrée.

Voici la carte du jour...

TOUS.

Ah !

CHAMPBOURCY, prenant la carte.

Donnez ! ça me regarde !

Benjamin remonte.

CORDENBOIS.

Ça vous regarde... ça nous regarde tous...

CHAMPBOURCY.

Oh ! si tout le monde veut gouverner... j'abdique...

BLANCHE

Papa?

LÉONIDA.

Messieurs...

CHAMPBOURCY.

Non !... c'est que M. Cordenbois a la prétention de nous régenter.

CORDENBOIS.

Moi?.. je n'ai rien dit !

COLLADAN, à part.

Ils sont toujours à s'asticoter. (Haut.) Voyons... chacun dira son petit mot... Voilà !... il faut d'abord expliquer à monsieur (Il indique Benjamin.) que nous sommes une société qui est venue à Paris pour se régaler.

CHAMPBOURCY.

Sans faire des folies.

COLLADAN, au garçon.

Monsieur, nous avons une cagnotte à manger... comme qui dirait de l'argent trouvé, vous comprenez.

BENJAMIN, à part et soupçonneux.

De l'argent trouvé !... Qu'est-ce que c'est que ces gens-là ?...

CORDENBOIS.

Maintenant, vous voilà au fait...

CHAMPBOURCY.

Conseillez-nous...

BENJAMIN.

Si ces messieurs désirent des côtelettes à la royale...

CHAMPBOURCY.

Oh ! non ! pas de mouton !

CORDENBOIS.

Nous en mangeons tous les jours...

COLLADAN.

Moi, j'en vends...

BENJAMIN.

Alors nous avons des filets Chateaubriand.

CORDENBOIS.

Oh ! pas de bœuf !

CHAMPBOURCY.

Tenez, nous allons vous dire tout de suite notre affaire... nous ne voulons ni bœuf ni mouton, ni veau ni volaille.

COLLADAN.

Ni pommes de terre, ni haricots, ni choux.

BENJAMIN.

Diable !... ces dames désirent-elles une tranche de melon ?

BLANCHE, vivement.

Oh! oui, du melon.

LÉONIDA.

J'en raffole...

BENJAMIN, mouvement de sortie.

Trois tranches?

CHAMPBOURCY, vivement.

Attendez! (A Colladan et à Cordenbois.) Voyons le prix... parce que, avec ces gaillards-là... (Regardant la carte), une tranche de melon, un franc.

CORDENBOIS.

Au mois de février! c'est pour rien.

COLLADAN.

C'est pour rien.

CHAMPBOURCY, au garçon.

Trois tranches de melon.

Il passe la carte à Cordenbois.

BENJAMIN.

Bien, monsieur... Après?

CORDENBOIS, lisant sur la carte.

Terrine de Nérac.

COLLADAN.

Oui... oui... j'aime assez ça... je ne sais pas ce que c'est, mais j'aime assez ça!

CORDENBOIS.

Il y a des truffes là dedans...

BENJAMIN.

Oui.. oui...

CHAMPBOURCY, à Cordenbois.

Combien?

CORDENBOIS.

Deux francs...

CHAMPBOURCY.

Ça n'est pas cher.

COLLADAN.

Ça n'est pas cher...

CHAMPBOURCY, bas, aux autres.

J'ai eu bon nez de vous conduire ici... les prix sont très-raisonnables. (Haut, au garçon.) Vous nous donnerez une terrine de Nérac.

BENJAMIN.

Bien, monsieur... et après?

CHAMPBOURCY.

Après?... il nous faudrait quelque chose d'extraordinaire... d'imprévu... de délicat...

COLLADAN.

Oui... oui... pas de charcuterie!

CORDENBOIS, qui consulte la carte.

Attendez!... je crois que j'ai trouvé. (Lisant.) Tourne-dos à la plénipotentiaire.

TOUS.

Ah!

CHAMPBOURCY.

Qu'est-ce que c'est que cela?

LÉONIDA.

Qu'est-ce qu'il y a là dedans?...

ACTE DEUXIEME.

BENJAMIN.

C'est un plat nouveau... ce sont des déchirures de chevreuil saisies dans la purée de caille et mariées avec un coulis d'anchois, d'olives, d'huîtres marinées, de laitues, de truffes.

COLLADAN.

Mâtin! que ça doit être bon!

CORDENBOIS.

Je vote pour ça!

TOUS.

Oui... oui...

CHAMPBOURCY, au garçon.

Tourne-dos à la plénipotentiaire... soigné!

BENJAMIN.

Bien, monsieur.

LÉONIDA.

Je demanderai une petite chatterie pour les dames.

BLANCHE.

Oh! oui!

COLLADAN.

Et un roquefort!

CHAMPBOURCY.

Qu'avez-vous comme plat sucré?

BENJAMIN.

Je puis vous offrir un coup-de-vent à la Radetzki ou bien un froufrou à la Pompadour!...

CHAMPBOURCY, à Blanche.

Qu'est-ce que tu préfères?

BLANCHE.

Dame!... je ne sais pas, papa.

CORDENBOIS.

Le coup-de-vent doit être plus léger...

Tous se mettent à rire.

CHAMPBOURCY.

Allons, donnez-nous un coup-de-vent pour cinq... un fort coup-de-vent.

Tous rient plus fort.

CORDENBOIS.

Une tempête!...

Explosion de rires. Colladan donne des coups de poing à Benjamin.

BENJAMIN, à part, les regardant.

Ce sont des acrobates!

CHAMPBOURCY, à Benjamin.

En avez-vous pour longtemps?

BENJAMIN.

Tout de suite... une petite demi-heure...

Il sort.

COLLADAN.

Une demi-heure!... Je propose, en attendant, de monter dans la colonne de la place Vendôme.

BLANCHE.

Oh! oui, papa!... montons dans la colonne.

Tous remontent, excepté Champbourcy et Léonida.

CHAMPBOURCY.

Je veux bien... c'est à deux pas.

LÉONIDA, bas, à Champbourcy.

Reste!... j'ai une communication à te faire...

ACTE DEUXIÈME.

CHAMPBOURCY, étonné.

Une communication?

LÉONIDA, bas.

Importante!

CORDENBOIS, un peu au fond.

Je vous retrouverai ici, j'ai une petite emplette à faire dans le quartier...

CHAMPBOURCY, à Blanche qui est redescendue.

Ta tante est un peu fatiguée, je reste avec elle... mais va avec M. Colladan.

BLANCHE.

Oui, papa.

COLLADAN.

Venez!... Je vous expliquerai la Colonne.... elle a été rapportée d'Égypte... en un seul morceau.

ENSEMBLE.

AIR du finale des *Diables roses*.

Allons / Allez visiter la colonne!
Dans votre / notre ardeur à promener,
Faisons / Faites en sorte que personne
Ne retarde le déjeuner.

Colladan sort en donnant le bras à Blanche. Cordenbois les suit par le fond, à gauche.

SCÈNE IV.

LÉONIDA, CHAMPBOURCY.

CHAMPBOURCY.

Nous voilà seuls... qu'est-ce qu'il y a?

LÉONIDA, embarrassée.

C'est que... je ne sais comment te dire...

CHAMPBOURCY.

Tu as oublié quelque chose dans le wagon? Que le bon Dieu te bénisse!

LÉONIDA.

Non... je n'ai rien oublié... (Avec émotion.) Théophile... tu es mon frère... mon seul ami... jure-moi que tu ne me donneras pas ta malédiction...

CHAMPBOURCY, étonné.

Moi?...

LÉONIDA.

Jure-le-moi!

CHAMPBOURCY.

Est-ce que je sais donner ça?

LÉONIDA, avec effort.

Théophile... j'ai commis une faute!

CHAMPBOURCY.

Toi?... (Incrédule.) Allons donc!

LÉONIDA.

Je suis coupable... bien coupable... j'aurais dû te demander ton autorisation...

CHAMPBOURCY, révolté.

Mais je ne te l'aurais pas accordée!

LÉONIDA.

La jeune personne... dont tu lis depuis quatre ans... l'annonce dans les journaux.

CHAMPBOURCY.

Ah! oui... qui consentirait à habiter une petite ville bien située... Eh bien?...

ACTE DEUXIÈME.

LÉONIDA.

Théophile!... (Avec effort.) C'est moi!...

CHAMPBOURCY.

Comment! c'est là ta faute?... et c'est à cela que tu dépensais ton argent?... C'est bien fait... mais ça n'a pas mordu!...

LÉONIDA.

Si... ça a mordu... (Se reprenant.) ça a réussi!

CHAMPBOURCY.

Comment! tu as trouvé?...

LÉONIDA.

Lis cette lettre... que j'ai reçue hier à la Ferté-sous-Jouarre.

CHAMPBOURCY, ouvrant la lettre.

Signé X... qu'est-ce que c'est que ça, X?

LÉONIDA.

C'est M. Cocarel... un intermédiaire obligeant...

CHAMPBOURCY.

Ah!... le cornac!

LÉONIDA, blessée.

Cornac!

CHAMPBOURCY, lisant.

« Mademoiselle... venez vite!... j'ai votre affaire... un homme dans une haute position, brun, gai, bien portant; l'entrevue aura lieu demain soir à huit heures. »

LÉONIDA.

C'est aujourd'hui!

CHAMPBOURCY, lisant.

« Dans mes salons, rue Joubert, 55... Soyez exacte, et

faites-vous accompagner d'un peu de famille... » (Parlé.) Il faudrait lui écrire que nous sommes à Paris.

LÉONIDA.

C'est fait... Hier au soir, comme je ne pouvais dormir, je lui ai fait passer une dépêche...

CHAMPBOURCY.

Quarante sous!... tu vas bien, toi!

LÉONIDA.

Théophile... puis-je compter sur ton bras pour m'accompagner?

CHAMPBOURCY.

Certainement... je ne suis pas fâché de voir ça... nous irons tous!

LÉONIDA.

Comment! M. Cordenbois et M. Colladan?

CHAMPBOURCY.

Nous ne leur dirons pas le motif... ça corsera la famille...

LÉONIDA, avec sentiment.

Avant peu... il faudra nous séparer.... (Elle l'embrasse.) Oh! dis-moi que tu ne m'en veux pas!

CHAMPBOURCY.

Moi? (Lui prenant la main.) au contraire chère enfant!... et, s'il faut te le dire, ça me fait plaisir...

LÉONIDA.

Comment?

CHAMPBOURCY.

Oui... parce que, depuis quelque temps... sans t'en apercevoir... tu deviens aigre, quinteuse, rageuse, insupportable....

ACTE DEUXIÈME.

LÉONIDA.

Par exemple!...

CHAMPBOURCY.

Du monde!... nous reprendrons cette conversation...

SCÈNE V.

LES MÊMES, SYLVAIN.

SYLVAIN, entrant par le fond, à lui-même.

Miranda doit être arrivée!... Tiens, M. Champbourcy

CHAMPBOURCY et LÉONIDA.

Sylvain!

SYLVAIN, saluant.

Mademoiselle... monsieur...

CHAMPBOURCY.

Ton père est ici!

SYLVAIN.

Ah bah!

CHAMPBOURCY.

Il est dans la Colonne... mais il va venir déjeuner...

SYLVAIN.

Dans ce restaurant?

LÉONIDA.

Attendez-le...

SYLVAIN, à part.

Et Miranda qui va arriver... (Haut.) Ah! il est dans la Colonne, papa?... alors je vais le retrouver.

Il veut sortir.

CHAMPBOURCY.

Justement, le voici!

SYLVAIN, à part.

Pincé!

SCÈNE VI.

Les Mêmes COLLADAN, BLANCHE, puis BENJAMIN

COLLADAN, entrant avec Blanche.

Nous voilà... j'ai acheté une pioche. (Il la montre.) C'était mon rêve!

BLANCHE, le quittant.

Si vous croyez que c'est agréable de se promener sur le boulevard avec un monsieur qui porte une pioche!

SYLVAIN, se présentant.

Papa...

COLLADAN.

Mon fils!... (Il l'embrasse.) Eh bien, comment va-t-elle?

SYLVAIN.

Qui ça?

COLLADAN.

La vache?...

SYLVAIN.

Vous êtes bien bon... très-mal.

LÉONIDA, à Champbourcy.

Dis donc, si nous faisions la liste de nos commissions!

CHAMPBOURCY.

C'est une bonne idée... on nous en a fourré une botte...

ACTE DEUXIÈME.

COLLADAN.

Mais comment n'es-tu pas à ton école de Grignon?

SYLVAIN, embarrassé.

Moi? parce que... j'ai été chargé de conduire la bête à Alfort... pour une consultation qui a lieu à deux heures...

COLLADAN.

Des médecins de bêtes!

SYLVAIN.

Dites donc, papa, puisque je vous rencontre... si vous vouliez me donner mon mois, ça vous économiserait un port de lettre.

COLLADAN, fouillant à sa poche.

C'est juste... (Se ravisant.) Mais non!... tu es seul à Paris... tu pourras faire des brioches!

SYLVAIN.

Mais, papa...

COLLADAN.

Je te donnerai ça ce soir... quand tu repartiras pour Grignon...

CHAMPBOURCY, assis à la table de droite.

A propos! ce soir, nous avons une invitation...

COLLADAN.

Où ça?

CHAMPBOURCY.

Une soirée délicieuse... de la musique... des gâteaux... du punch... chez un de mes bons amis... un vieux camarade. (Bas, à Léonida.) Comment l'appelles-tu?

LÉONIDA, bas.

Cocarel...

CHAMPBOURCY, haut.

Cocarel... entrepreneur... de déménagements.

BLANCHE.

Oh! papa!... est-ce qu'on dansera?

CHAMPBOURCY.

Certainement!... c'est une grande soirée...

BLANCHE.

C'est que je n'ai pas de robe...

CHAMPBOURCY.

Oh! c'est une grande soirée... sans cérémonie

COLLADAN.

Je laisserai ma pioche au vestiaire. (Montrant Sylvain.) Le petit pourra-t-il en être?

CHAMPBOURCY.

Parbleu! (A part.) Ça corsera la famille.

SYLVAIN, à part.

Oh! sapristi! j'ai rendez-vous au bal de l'Opéra. (Haut.) Ce serait avec plaisir, mais...

COLLADAN.

Je veux que tu connaisses le monde et les belles manières... d'abord je ne te payerai que là-bas...

Il va déposer sa pioche à gauche.

SYLVAIN, vivement.

J'y serai! (A part.) Je filerai après... (Haut.) Où demeure-t-il, M. Cocarel?

LÉONIDA.

55, rue Joubert. Voici la liste de nos commissions...

BENJAMIN, entrant à part.

Qu'est-ce qu'ils font là?

CHAMPBOURCY, vidant le sac de nuit sur la table et y dispesant des bagues, des lunettes, des bracelets, un éventail.

Des bracelets, des tabatières! mais tu as dévalisé le pays!...

BENJAMIN, à part.

Ah bah!

CHAMPBOURCY.

Il faudra nous partager tout ça.

BENJAMIN, à part.

Se partager tout ça?... c'est bizarre. (On sonne.) Voilà! voilà!

Il sort à gauche, tous se lèvent.

SCÈNE VII.

LES MÊMES, CORDENBOIS, puis BENJAMIN.

CORDENBOIS, entrant ; il est très-rouge et a l'estomac très-protubérant.

Ouf!... je ne vous ai pas fait trop attendre?... Tiens! Sylvain!... bonjour, mon garçon!...

SYLVAIN, à part.

L'apothicaire de là-bas. (Saluant.) M. Cordenbois...

LÉONIDA, à Cordenbois.

Comme vous êtes rouge!

CORDENBOIS.

J'ai couru...

COLLADAN.

Quoi que vous avez donc?... on dirait que votre ventre vous a remonté dans l'estomac.

CORDENBOIS, à part.

Ça se voit!

CHAMPBOURCY.

Mais oui... vous avez l'air de Polichinelle.

CORDENBOIS.

Tenez! j'aime autant vous l'avouer tout de suite... c'est une petite faiblesse... je me suis aperçu depuis quelque temps que mon abdomen avait une tendance à la baisse... alors je me suis dit : « Puisque me voilà à Paris... je vais acheter une ceinture... sur la cagnotte... »

Pendant cette scène, Benjamin et un autre garçon ont placé deux tables bout à bout, au milieu du théâtre; ils ont pris celle de gauche, premier plan, et celle de droite, troisième plan; ils achèvent de dresser le couvert et mettent les mets sur la table.

TOUS.

Bah!

CHAMPBOURCY.

Ah! coquet!... vous l'avez remonté...

CORDENBOIS.

Oui... ils se sont mis à deux pour me sangler... ça me gêne... mais le marchand m'a dit que ça se ferait.

BENJAMIN.

Le déjeuner est servi!

TOUS.

Bravo! bravo!

Ils s'assoient moins Sylvain.

COLLADAN, à Sylvain.

Approche... tu vas manger un morceau avec nous...

ACTE DEUXIÈME.

SYLVAIN.

Merci... j'ai déjeuné! (A part.) Et Miranda qui va venir!... si je pouvais filer!

Il veut partir..

COLLADAN, l'arrêtant.

Allons, prends une chaise...

SYLVAIN.

Oui... une chaise...

Il va en chercher une.

BENJAMIN, bas, à Sylvain.

Je crois que je t'ai trouvé une place, au *Bœuf à la Mode*.

SYLVAIN, le faisant taire.

Chut!... plus tard!

Il s'assoit près de son père; Benjamin se tient derrière les consommateurs pour servir.

CHAMPBOURCY.

Il embaume, ce melon!... la journée commence bien!

CORDENBOIS, à part.

Ma ceinture me gêne...

COLLADAN, à Sylvain.

Voyons... piochez-vous là-bas? conte-moi ça!

SYLVAIN, embarrassé.

A Grignon? mais oui... nous faisons les mars...

COLLADAN.

Tapez-vous sur la betterave?

SYLVAIN.

Mais nous y tapons... comme ci, comme ça...

COLLADAN.

Bonne chose, la betterave! mais faut de l'engrais... oui, oui... faut de l'engrais!

CORDENBOIS.

Je vous demanderai des truffes.

COLLADAN, à Sylvain.

Et des naviaux! faites-vous des naviaux?

CHAMPBOURCY, aux autres.

Ah çà! est-ce qu'il ne va pas nous laisser tranquilles?

SYLVAIN.

Des naviaux? mais oui... nous en faisons par-ci, par-là!... (A part.) Qu'est-ce que ça peut être?

COLLADAN.

Bonne chose les naviaux!... mais faut de l'engrais... oui, oui... faut de l'engrais!

CORDENBOIS.

Je vous demanderai des truffes.

CHAMPBOURCY, le servant.

Vous allez bien, vous!

CORDENBOIS.

Ah! si je n'avais pas ma ceinture!

COLLADAN, à Sylvain.

Et des carottes! faites-vous des carottes?

SYLVAIN.

Ah! je vous en réponds... c'est mon fort!

COLLADAN

Bonne chose, la carotte!

SYLVAIN.

Oui... quand ça prend!

COLLADAN.
Mais faut de l'engrais... oui, oui... faut de l'engrais.
CHAMBOURCY.
Ah çà! fichez-nous la paix avec votre engrais! c'est ennuyeux de parler de ça en mangeant.
COLLADAN.
Quoi! ça n'est pas sale! pas vrai, petit?
SYLVAIN.
Non, papa...
LÉONIDA.
C'est possible!... mais à table!...
COLLADAN.
Faut pas faire la petite bouche! tout ce que vous mangez, le pain, la viande, les radis... ça en vient! pas vrai, petit?
SYLVAIN.
Oui, papa...
LÉONIDA.
Ah! taisez-vous! vous me coupez l'appétit.
BLANCHE.
Je n'ai plus faim...
CORDENBOIS.
Moi, ça m'est égal!... je vous demanderai des truffes...
COLLADAN.
Voyons, petit, toi qui es malin... sais-tu tuer un porc?
CHAMPBOURCY.
Allons! voilà autre chose!
COLLADAN.
Dis voir... comment que tu tues un porc.

SYLVAIN.

Dame!... je lui donne la mort...

COLLADAN.

Pas ça! tu retrousses tes manches... tu prends ta bête...

TOUS.

Oh! assez! assez!

SYLVAIN, se levant.

Allons, bonjour, papa.

COLLADAN.

Où que tu vas donc?

SYLVAIN, voulant partir.

A Alfort... pour ma consultation...

COLLADAN, le retenant.

Allons! prends un verre de vin.

SYLVAIN, même jeu.

Merci, je...

COLLADAN, même jeu.

Je te dis de prendre un verre de vin!

SYLVAIN, trinque avec tout le monde.

Voilà.

Il boit.

COLLADAN.

Ça retape un jeune homme, ça!...

SYLVAIN, à part.

Ils en sont au dessert!... je guette leur sortie et je reviens. (Saluant.) Mesdames, messieurs...

Il veut partir.

ACTE DEUXIÈME.

COLLADAN, le retenant.

Eh bien, tu ne m'embrasses pas!... (Il l'embrasse.) A ce soir!... fais-toi friser.

SYLVAIN.

Soyez tranquille! (A part.) C'est Miranda qui va m'attendre!

Il sort à gauche par le fond.

SCÈNE VIII.

LES MÊMES, moins SYLVAIN.

COLLADAN, toujours à table.

Bon petit garçon! ça ne se dérange pas... ça aime la terre.

CHAMPBOURCY.

Onze heures!... ne perdons pas de temps! Garçon, la carte!

BENJAMIN.

Tout de suite, monsieur.

Il sort

LÉONIDA.

Nous allons d'abord nous débarrasser de nos commissions.

CORDENBOIS.

Ensuite, je propose l'Arc de triomphe.

BENJAMIN, rentrant.

L'addition demandée.

CHAMPBOURCY, prenant la carte.

Voyons... total... Comment! cent trente-sept franc vingt-cinq centimes?

TOUS, bondissant et se levant.

Cent trente-sept francs!

CHAMPBOURCY, à Benjamin, qui apporte des bols et se tient debout derrière la table.

Qu'est-ce que c'est que ce plat-là? Nous n'avons pas demandé ça!

BENJAMIN.

Ce sont des bols... de l'eau de menthe!

COLLADAN, énergiquement.

Nous n'en voulons pas!

CORDENBOIS.

Remportez ça!

BENJAMIN.

Mais ça ne se paye pas!

TOUS, exaspérés.

Remportez ça!

CHAMPBOURCY.

Cent trente-sept francs! Vous vous êtes dit : « Ce sont des provinciaux, il faut les plumer! »

BENJAMIN.

Mais, monsieur...

COLLADAN.

Nous sommes aussi malins que toi, mon petit.

CORDENBOIS.

D'ailleurs, les prix sont sur la carte.

CHAMPBOURCY.

Donnez-moi la carte !

BENJAMIN, la prenant sur une table et la remettant à Champbourcy.

Voilà, monsieur.

CHAMPBOURCY, regardant.

J'en étais sûr... Melon, un franc la tranche.

COLLADAN.

Pourquoi que vous portez dix francs? Vous êtes un malfaiteur!

BENJAMIN.

Il y a dix francs, monsieur... C'est le cadre qui cache le zéro.

TOUS, regardant.

Oh!

CORDENBOIS.

Mais la terrine de Nérac... deux francs.

BENJAMIN.

Vingt francs, monsieur... C'est le cadre qui cache le zéro!

TOUS, regardant.

Oh!

LÉONIDA.

Nous sommes volés!

COLLADAN, prenant la carte.

Tous les zéros sont cachés !

CHAMPBOURCY.

Mais nous ne payerons pas... Où est le patron?

BENJAMIN.

Dans le salon à côté... Si ces messieurs veulent venir s'expliquer...

CHAMPBOURCY.

Allons-y!

TOUS.

Allons-y!

ENSEMBLE.

Ne croyez pas qu'on rie
Chez vous à nos dépens.
C'est une perfidie
Un affreux guet-apens!

Ils entrent tous à gauche, excepté Cordenbois.

SCÈNE IX.

CORDENBOIS, BENJAMIN.

Benjamin remet les tables en place.

CORDENBOIS.

Moi, je n'aime pas à me disputer après mes repas... Mon ventre est remonté par-dessus mon estomac... Ça me gêne pour digérer... si j'allais prendre un peu l'air... j'ai bien envie d'aller faire cette visite... M. X... rue Joubert, 55. C'est une idée folle... mais qui sait?... le bonheur est peut-être là... (Appelant.) Garçon?

BENJAMIN.

Monsieur...

CORDENBOIS.

La rue Joubert est-elle loin?

BENJAMIN.

Non, **monsieur**, vous tournez à droite... c'est la seconde à gauche...

CORDENBOIS.

Merci... vous direz à ces messieurs que je les retrouverai à l'Arc de triomphe, dans une heure...

BENJAMIN.

Bien, monsieur.

CORDENBOIS, à part.

Le bonheur est peut-être là !

Il sort par le fond à gauche.

SCÈNE X.

BENJAMIN, CHAMPBOURCY, COLLADAN, LÉONIDA, BLANCHE, LE DEUXIÈME GARÇON, puis UN GARDIEN.

On entend le bruit d'une discussion violente dans le salon à gauche.

BENJAMIN.

Ils se disputent comme des enragés... Ces gens-là ne m'inspirent aucune confiance

Il remonte.

CHAMPBOURCY, entrant furieux, suivi de Colladan, de Blanche et de Léonida ; à la cantonade.

Envoyez chercher qui vous voudrez, je ne payerai pas !

COLLADAN.

Nous plaiderons plutôt... C'est moi qui vous le dis.

LE DEUXIÈME GARÇON, sortant de la gauche.

Un officier de paix... bien, patron !

Il sort par le fond.

CHAMPBOURCY.

Un officier de paix ?... Allez chercher le diable !... Je m'en moque !

BLANCHE, effrayée.

Oh ! papa !

LÉONIDA.

Ils ne nous ont rabattu que le citron... cinquante centimes.

COLLADAN.

C'est se ficher de nous !

BENJAMIN, descendant, à Champbourcy.

Monsieur, votre ami m'a dit...

CHAMPBOURCY.

Tu m'ennuies, toi !... (Changeant de ton, à Benjamin.) Voyons, pour en finir, veux-tu cent francs ?

BENJAMIN.

Ça ne me regarde pas.

Il remonte.

CHAMPBOURCY.

Très-bien ! comme tu voudras. (Bas, aux autres.) Ayons l'air de nous en aller... il va céder...

Tous prennent leurs chapeaux, sacs de nuit et paquets. Champbourcy prend son parapluie et Colladan sa pioche.

LE DEUXIÈME GARÇON, entrant par le fond, suivi d'un gardien de Paris.

Les voilà... ils ne veulent pas payer...

CHAMPBOURCY.

C'est-à-dire que nous ne voulons pas qu'on nous écorche.

LÉONIDA.

Du melon à dix francs la tranche...

ACTE DEUXIEME.

COLLADAN.

Il y en a douze... ça met le melon à cent vingt francs.

LE GARDIEN.

Voyons, la carte?

Benjamin la lui remet.

CHAMPBOURCY.

Mais c'est une forêt de Bondy, que leur carte... ils cachent les zéros! ils ont l'infamie... (En gesticulant, il agite son parapluie, une montre s'en échappe et tombe à terre.) Tiens! qu'est-ce que c'est que ça!

TOUS.

Une montre!

LE GARDIEN, la ramassant.

A qui appartient cette montre?

CHAMPBOURCY.

Ce n'est pas à moi...

TOUS.

Ni à moi.

LE GARDIEN, l'examinant, à lui-même.

La chaîne est brisée... cette montre a été volée... (Haut.) Comment cette montre se trouve-t-elle dans votre parapluie?

CHAMPBOURCY.

Je n'en sais rien...

BENJAMIN, bas, au gardien.

Fouillez-les... ils ont bien d'autres choses dans leurs poches.

Il remonte.

LE GARDIEN.

Hein? (A part.) Cette montre... ce refus de payer... (Haut.)

Allons, suivez-moi, vous vous expliquerez au bureau.

COLLADAN.

Quel bureau?

LE GARDIEN.

Au bureau de police...

TOUS, avec effroi.

Au bureau de police?

LE GARDIEN, au garçon.

Venez aussi avec votre carte : on vous payera là-bas.

BLANCHE, passant effrayée.

Oh! papa, qu'est-ce qu'on va nous faire?

CHAMPBOURCY.

Ne crains rien, ma fille, l'homme intègre ne craint pas de se présenter devant la justice de son pays... Marchons!

TOUS.

Marchons!

ENSEMBLE.

LÉONIDA, CHAMPBOURCY, BLANCHE et COLLADAN.

Rendons-nous tous au bureau de police,
Et dans ce lieu, par d'autres redouté,
Nous allons, grâce à la justice,
Reconquérir bientôt la liberté!

BENJAMIN et LE DEUXIÈME GARÇON.

Emmenez-les au bureau de police,
Dans cet endroit justement redouté
Nous allons, grâce à la justice,
Les voir enfin perdre leur liberté!

LE GARDIEN.

Rendons-nous tous au bureau de police,
Et dans ce lieu justement redouté,

Vous allez, devant la justice,
Vous expliquer en toute liberté!

Ils sortent tous, excepté le deuxième garçon.

SCÈNE XI.

LE DEUXIÈME GARÇON, puis FÉLIX, puis SYLVAIN.

LE DEUXIÈME GARÇON, seul.

Coffrés! je parie que c'est une bande!

FÉLIX, entrant vivement du fond à droite.

Garçon! un bifteck! vite! vite! je suis très-pressé!

Il va à la table, première place à droite.

LE DEUXIÈME GARÇON.

Tout de suite, monsieur.

Il entre à droite.

FÉLIX, seul.

J'ai été obligé de prendre le second train... mais où sont-ils? où les retrouver?... J'ai déjà visité le Panthéon et la tour Saint-Jacques... Après déjeuner, je ferai les colonnes.

Il s'assied.

SYLVAIN, entrant du fond de gauche.

Je viens de les voir partir... sachons si Miranda...

FÉLIX.

Sylvain!

SYLVAIN.

M. Félix!

FÉLIX.

Vous n'avez pas vu M. Champbourcy avec sa fille?

SYLVAIN.

Ils ont déjeuné ici...

FÉLIX.

Ah bah!... et où sont-ils?

SYLVAIN.

Je n'en sais rien.

LE DEUXIÈME GARÇON, servant Félix.

Le bifteck demandé.

Il le pose sur la table.

SYLVAIN.

Garçon... Tiens! ce n'est pas le même... j'attends une dame...

LE DEUXIÈME GARÇON.

Au numéro 4... elle est arrivée...

SYLVAIN.

Ah! enfin!

LE DEUXIÈME GARÇON.

Elle a déjà fait pour trente francs de consommation.

SYLVAIN.

Trente francs!

On entend sonner à gauche.

LE DEUXIÈME GARÇON, passant.

C'est elle... elle sonne pour son melon...

SYLVAIN, à part.

Du melon... je lâche! (Haut.) Vous lui direz que je suis tombé du jury... pour quinze jours.

Il se sauve vivement par le fond, à droite; sur le baisser du rideau on entend sonner et appeler.

ACTE DEUXIÈME.

FÉLIX

Garçon! du pain!

On sonne vivement.

LE DEUXIÈME GARÇON, ahuri.

Du pain au 5... le melon du 4... voilà! voilà!

Il sort par la gauche. Le rideau tombe.

ACTE TROISIÈME.

Une salle d'attente du bureau de police. Deux portes à gauche, fenêtre au fond. Une table à gauche, une chaise. Un banc de bois à droite.

SCÈNE PREMIÈRE.

LES GARDIENS, CHAMPBOURCY, BLANCHE, LÉONIDA, COLLADAN.

Champbourcy entre le premier, puis Léonida et Blanche, Colladan et le gardien.

LE GARDIEN, *les introduisant par la deuxième porte de gauche.*

Par ici... entrez tous...

CHAMPBOURCY, COLLADAN, BLANCHE, LÉONIDA.

ENSEMBLE.

Affreuse destinée,
Et qui vient obscurcir
L'éclat d'une journée
Consacrée au plaisir.

LE GARDIEN.

Attendez... je vais prévenir M. Béchut.

CHAMPBOURCY.

M. Béchut?...

LE GARDIEN.

Le secrétaire de M. le commissaire... Il va venir vous interroger...

Il sort. Tous posent leurs paquets sur la table.

SCÈNE II.

LES MÊMES, moins LE GARDIEN.

COLLADAN.

On va vous interroger... mais puisque nous n'avons rien à répondre...

CHAMPBOURCY.

Posez donc votre pioche... vous gesticulez.

Colladan va poser sa pioche dans un coin.

BLANCHE.

Papa, je voudrais m'en aller...

CHAMPBOURCY.

Ne crains rien... ce n'est qu'un malentendu...

LÉONIDA.

En attendant, nous voilà en prison...

CHAMPBOURCY.

D'abord. nous ne sommes pas en prison... nous sommes au bureau de police... Tous les jours on va au bureau de police.

COLLADAN.

Si vous m'aviez écouté, nous serions en ce moment à la foire de Crépy... C'est votre faute...

CHAMPBOURCY.

Ma faute?... est-ce que je pouvais deviner qu'à Paris il poussait des montres dans les parapluies...

LÉONIDA.

Aussi pourquoi as-tu pris ton parapluie?...

CHAMPBOURCY.

Pourquoi?... pourquoi? parce que Cordenbois m'a dit de le prendre. Tiens!... où est-il donc, Cordenbois?

TOUS.

C'est vrai!

COLLADAN

Je ne l'ai point vu...

CHAMPBOURCY.

Il s'est éclipsé au moment du danger.

COLLADAN.

Il se sera fourré sous une table.

BLANCHE.

Au moins il est libre.

CHAMPBOURCY.

Ma fille, je n'échangerais pas mes fers contre sa liberté!...

BLANCHE.

Alors, tu crois qu'on va nous laisser sortir?

CHAMPBOURCY, avec un sourire important.

Je l'espère... Je verrai M. le secrétaire... je lui parlerai... je me ferai connaître...

COLLADAN.

Je lui raconterai l'histoire de la cagnotte...

LÉONIDA.

Nous lui dirons que nous sommes venus à Paris pour visiter les monuments.

BLANCHE.

Et les boutiques...

CHAMPBOURCY.

Oh! mes enfants, si nous parlons tous à la fois, nous sommes perdus... il faut qu'un seul prenne la parole.

COLLADAN.

Comme qui dirait l'avocat de la chose.

CHAMPBOURCY.

Faites choix d'un homme calme, éloquent, logique... si je vous parais réunir ces qualités....

BLANCHE.

Ah! oui, laissons parler papa.

COLLADAN, à Champbourcy.

Ne craignez rien!.. je vous donnerai un coup d'épaule.

CHAMPBOURCY, voyant entrer Béchut.

Silence! M. le secrétaire!

SCÈNE III.

LES MÊMES, BÉCHUT.

BÉCHUT, entrant, première porte à gauche, avec des papiers à la main, les examinant.

Ah! vous êtes quatre...

COLLADAN.

Pour le moment.

BÉCHUT.

Asseyez-vous.
Il prend place sur la chaise devant le bureau et consulte ses papiers.

CHAMPBOURCY, s'asseyant avec la société sur le banc en face.

Monsieur le secrétaire est mille fois trop gracieux... (Bas, aux autres.) Ayez l'air calme... la bouche souriante... comme des gens qui n'ont rien à se reprocher. (Tous se mettent à sourire.) Très-bien ! restez comme ça !

BÉCHUT, quittant ses papiers.

Il s'agit d'une montre trouvée dans le parapluie de l'un de vous. (Les voyant sourire.) Pourquoi me regardez-vous en souriant?

CHAMPBOURCY.

Le sourire est l'indice d'une conscience tranquille.

BÉCHUT.

Voyons... qu'avez-vous à répondre?...

CHAMPBOURCY, se levant.

Monsieur le secrétaire... il y a dans la vie des hommes, comme dans la vie des peuples, des moments de crise...

BÉCHUT.

Il ne s'agit pas de cela!... bornez-vous à répondre à ma question... et surtout soyez bref... Comment cette montre s'est-elle trouvée dans votre parapluie?...

CHAMPBOURCY.

Avant d'entrer dans les détails de cette ténébreuse affaire, qui ne tend à rien de moins qu'à broyer sous son étreinte le repos et l'honneur d'une famille entière... je crois de mon devoir, comme homme, comme père, comme citoyen, de protester hautement de mon respect pour la loi... pour la loi que je n'hésite pas à proclamer...

ACTE TROISIÉME.

BÉCHUT, l'interrompant.

Mais vous ne me répondez pas...

COLLADAN, se levant.

Monsieur le président, voilà la vérité.

BÉCHUT, à Colladan.

Voyons, parlez, vous! Otez votre chapeau.

COLLADAN.

Merci, il ne me gêne pas.

BÉCHUT, à Champbourcy.

Asseyez-vous.

COLLADAN.

Bien sûr que sans la cagnotte nous ne serions pas ici, vu que nous sommes partis ce matin par le train de cinq heures vingt-cinq.

BLANCHE.

Et M. Félix a manqué le convoi...

BÉCHUT.

Mais la montre...

CHAMPBOURCY, se levant.

Si M. le secrétaire veut me permettre...

BÉCHUT, à Champbourcy.

Non... asseyez-vous... (Champbourcy et Colladan se rassoient. — A Colladan.) Continuez... Levez-vous donc !...

COLLADAN, se levant.

Moi, j'avais voté pour la foire de Crépy... mais la majorité n'a pas voulu...

BÉCHUT, à part.

Celui-là est idiot... (Haut.) Il résulte de tout ceci que vous n'êtes pas de Paris...

LA CAGNOTTE.

CHAMPBOURCY, se levant.

Enfants de la Ferté-sous-Jouarre!...

BÉCHUT, vivement, à Champbourcy.

Asseyez-vous!... (Colladan s'assied.) Vous êtes venus à Paris en visiteurs?...

COLLADAN, se levant.

C'est la cagnotte.

CHAMPBOURCY, se levant.

En admirateurs de la grande cité.

BÉCHUT, à Champbourcy.

Voyons! puisque vous voulez parler... parlez encore une fois. (A Colladan.) Asseyez-vous! (Ils se rassoient tous les deux; à Champbourcy.) Voyons, levez-vous!... (Ils se lèvent tous les deux; à Colladan.) Pas vous... asseyez-vous... (A Champbourcy.) Levez-vous...

CHAMPBOURCY.

Moi?...

BÉCHUT.

Oui, vous. (Champbourcy reste debout, Colladan s'assied.) Comment cette montre volée s'est-elle trouvée dans votre parapluie?

CHAMPBOURCY.

Commandant des pompiers de la Ferté-sous-Jouarre, investi de fonctions qui m'honorent...

COLLADAN, l'interrompant.

Il a donné une pompe à la commune.

CHAMPBOURCY.

J'ai fait assez pour mon pays...

COLLADAN, l'interrompant.

Monsieur le président, fils de fermier, *ex-fermier* moi-même... j'en ignore complétement au sujet de la montre...

BÉCHUT.

C'est bien.

BLANCHE, se levant.

Nous n'avons fait de mal à personne.

LÉONIDA, se levant.

Si une existence pure et sans tache...

BÉCHUT.

Assez!...

CHAMPBOURCY, se levant.

Qu'on fouille dans ma vie... mon passé répondra de mon avenir...

BÉCHUT, se levant.

C'est bien... asseyez-vous tous!... (A part.) Ils sont trop bêtes pour être dangereux!... (Haut.) Écoutez... je veux bien vous croire... Il n'y a pas de plainte contre vous... Je vais voir à vous faire remettre en liberté.

TOUS, avec joie.

Oh!

Champbourcy, Léonida et Blanche se lèvent vivement, et Colladan, qui est à l'extrémité du banc, le fait basculer et tombe.

BÉCHUT.

Mais prenez-y garde... l'autorité a l'œil sur vous...

Il sonne et se rassoit.

CHAMPBOURCY, bas, aux autres.

Je vous disais bien qu'on nous relâcherait... Mais Colladan a trop parlé.

LE GARDIEN, paraît.

Monsieur... le garçon est là...

BÉCHUT.

C'est vrai... il y a un témoin... faites-le entrer... Restez là, vous autres.

LE GARDIEN, à la cantonade.

Venez !

SCÈNE IV.

LES MÊMES, LE GARDIEN, BENJAMIN.

Béchut à la table, le gardien au fond.

BÉCHUT, à Benjamin.

Qu'avez-vous à dire ?

BENJAMIN.

Moi ? rien... Je demande le payement de ma note.

BÉCHUT.

Quelle note ?

BENJAMIN.

La note du déjeuner... que ces messieurs n'ont pas voulu payer... la voici...

Il la remet à Béchut.

CHAMPBOURCY.

Cent trente-sept francs ?... jamais !...

COLLADAN.

jamais !... nous ne payons pas les zéros !...

BÉCHUT, à part, examinant la note.

« Melon... tourne-dos à la plénipotentiaire... » Oh ! oh ! ce n'est pas là un déjeuner de bourgeois. (A Champbourcy.) Pourquoi avez-vous refusé de payer ?

ACTE TROISIÈME.

CHAMPBOURCY.

Parce que...

COLLADAN.

Parce que monsieur est un voleur.

BENJAMIN.

Dites donc, vous!... s'il y a des voleurs ici, ce n'est pas moi... Si on voulait parler...

TOUS.

Hein?

BÉCHUT, à Benjamin.

Qu'entendez-vous pas ces mots?... Je vous somme de vous expliquer...

CHAMPBOURCY.

Moi aussi, je vous somme de vous expliquer!

BENJAMIN.

Ce n'est pas malin... on n'a qu'à vous fouiller, vous et vos sacs... on verra bien vite ce que vous êtes...

CHAMPLOURCY, étonné.

Nous et nos sacs?

COLLADAN.

Qu'est-ce qu'il veut dire?

BÉCHUT, qui a ouvert les sacs placés sur la table.

Une lorgnette... des bracelets... un éventail.

LÉONIDA.

Des commissions dont on nous a chargés...

COLLADAN.

Ce qui prouve que nous sommes d'honnêtes gens et qu'on ne craint pas de nous confier de la marchandise.

BENJAMIN, ironiquement.

Oui... confier!...

COLLADAN.

Qu'est-ce que tu dis, gringalet?...

<small>Il fait un mouvement vers Benjamin et laisse tomber de son paletot un ciseau de menuisier</small>

LE GARDIEN, <small>le ramassant et le remettant à Béchut.</small>

Un ciseau de menuisier...

COLLADAN.

C'est à moi!...

BÉCHUT.

Un instrument d'effraction!...

CHAMPBOURCY, <small>bas, à Colladan.</small>

Pourquoi avez-vous acheté ça?

BÉCHUT, <small>après avoir parlé bas au gardien.</small>

Dans votre intérêt même, je vous engage à faire des aveux...

CHAMPBOURCY.

Moi? jamais!... j'ai assez fait pour mon pays!... s'il n'y a pas eu d'incendie... ce n'est pas ma faute!

COLLADAN.

Nous sommes tous d'honnêtes gens...

TOUS.

Nous n'avons pas fait de mal!...

BÉCHUT.

Assez!... Suivez monsieur... <small>(Il désigne le gardien.)</small> dans la salle à côté... je vous rappellerai tout à l'heure... ces dames aussi!...

<small>Béchut à la table, Benjamin près de lui.</small>

ACTE TROISIÈME.

LE GARDIEN.

Allons! marchez!

Ils recommencent à protester de leur innocence en parlant tous à la fois.

COLLADAN.

Ne poussez pas!

Le gardien les fait tous entrer à gauche, deuxième plan. Le gardien sort le dernier et emporte tout ce qui est sur la table.

SCÈNE V.

BÉCHUT, assis; BENJAMIN.

BÉCHUT, à la table.

Rédigeons notre procès-verbal. (A Benjamin.) Voyons!... dites-moi tout ce que vous savez... A quelle heure sont-ils entrés chez vous?

BENJAMIN.

Il était à peine huit heures... J'achevais de balayer le salon, quand j'ai entendu crier au voleur, sur le boulevard.

BÉCHUT.

Ah! on criait au voleur?... (Il prend une note.) Continuez...

BENJAMIN.

Ils se sont précipités dans le café... l'air effaré... ils ont commandé à déjeuner... tout ce qu'il y avait de mieux... en disant qu'ils avaient de l'argent... comme qui dirait de l'argent trouvé...

BÉCHUT.

Oh! cet aveu est grave... (Il prend une note.) Continuez.

BENJAMIN.

Il y en a qui sont sortis pendant qu'on préparait le déjeuner... la grosse femme est restée avec le chef de la bande... Elle lui a dit qu'elle était coupable... J'ai entendu derrière la porte... Quand les autres sont rentrés, ils ont étalé des bijoux sur une table... des bracelets, des lorgnettes, des tabatières... ils se sont partagé tout ça... et le chef a dit : « La journée commence bien... »

BÉCHUT.

C'est clair... (Il prend une note.) Continuez.

BENJAMIN.

En se mettant à table... Ah! j'oubliais!... il y en a un qui est entré après les autres... un gros qu'on n'a pas pincé... il cachait quelque chose dans son gilet... ça lui remontait dans l'estomac... il disait : « Ça me gêne... mais ça se fera. »

BÉCHUT.

Un contumax. (Il prend une note.) Continuez.

BENJAMIN.

Enfin, après avoir bien bu et bien mangé... ils ont refusé de payer... voilà!...

BÉCHUT.

C'est bien... vous serez appelé comme témoin... vous pouvez vous retirer.

BENJAMIN.

Et ma note?...

BÉCHUT.

On vous la payera au greffe ; sortez par là. (Benjamin sort, premier plan à gauche; Béchut sonne; au gardien qui paraît.) Faites rentrer ces gens.

LE GARDIEN, à la cantonade.

Rentrez tous!...

SCÈNE VI.

BÉCHUT, CHAMPBOURCY, COLLADAN, LÉONIDA, BLANCHE, LE GARDIEN.

TOUS, rentrant exaspérés.

C'est une indignité! une horreur!

CHAMPBOURCY.

Je proteste au nom de la civilisation

BÉCHUT.

Qu'y a-t-il?

CHAMPBOURCY.

On nous a fait vider nos poches!

LÉONIDA.

Et on nous a tout confisqué!

CHAMPBOURCY.

Notre argent, nos montres, nos portefeuilles! on ne nous a laissé que nos mouchoirs!

COLLADAN.

Une chose inutile.

CHAMPBOURCY.

C'est une atteinte aux droits de la propriété.

BÉCHUT, se levant.

Allons! assez de phrases!... Je vous connais maintenant... vous êtes une de ces bandes qui s'abattent sur Paris, les jours de fête, et s'en retournent le soir, après avoir fait leur coup!...

TOUS.

Nous?...

COLLADAN.

Monsieur le président... fils de fermier... fermier moi-même..

BÉCHUT.

Ne faites donc plus le paysan, c'est inutile; nous la connaissons, celle-là!...

COLLADAN.

Quoi?

BÉCHUT.

Je vais envoyer chercher une voiture pour vous conduire au Dépôt.

TOUS.

Au Dépôt?

BÉCHUT.

Vous êtes tous des pick-pockets.

Il sort, suivi du gardien.

SCÈNE VII.

Les Mêmes, moins BÉCHUT et LE GARDIEN.

TOUS.

Pick-pockets!

CHAMPBOURCY.

Qu'est-ce que c'est que ça?

BLANCHE.

C'est un mot anglais... qui veut dire... fouilleurs de poches.

TOUS.

Nous!...

ACTE TROISIÈME.

COLLADAN.

Et l'on va nous mettre en dépôt!... Quel dépôt?..

CHAMPBOURCY.

Nous arrêter, parbleu!...

On entend fermer à double tour la porte de l'extérieur.

COLLADAN.

Cric! crac!

CHAMPBOURCY.

On nous enferme!

LÉONIDA.

Et M. Cocarel qui m'attend ce soir! mon avenir est brisé!

BLANCHE.

M. Félix ne voudra plus m'épouser!...

COLLADAN.

Et Sylvain, tout frisé, qui m'attend dans le monde!

CHAMPBOURCY.

Mes amis, vous sentez-vous capables d'une grande résolution?

TOUS.

Oui!

CHAMPBOURCY.

Parlons bas!... Je vais vous proposer une de ces choses... qui font époque dans la vie d'un peuple...

TOUS.

Ah! mon Dieu!...

CHAMPBOURCY.

Autrefois, il y eut un homme appelé Monte-Cristo... c'est de l'histoire... la haine de la favorite le fit enfermer à la Bastille... il y resta trente-cinq ans.

COLLADAN et BLANCHE.

Trente-cinq ans!

LÉONIDA.

Comme Latude!

CHAMPBOURCY

Comme Latude!... Au fait... je crois que c'est Latude... ce n'est pas Monte-Cristo... Bref, ce que je veux vous proposer, c'est une évasion... Y consentez-vous?

COLLADAN.

Parbleu!... nous ne demandons que cela!... mais par où? la porte est fermée!...

CHAMPBOURCY, allant à la fenêtre; tous remontent un peu.

Parlons bas!... la fenêtre nous reste...

LÉONIDA.

Mais les dames?...

CHAMPBOURCY, courant à la fenêtre.

Un premier étage... au-dessous... une cour... avec un tas de fumier.

COLLADAN.

De l'engrais... je connais ça... un vrai lit de plumes!...

LÉONIDA.

Mais nous allons en soirée!...

CHAMPBOURCY, poussant un cri.

Oh! une corde!

Il la montre.

TOUS, remontés près de la fenêtre.

Une corde!...

CHAMPBOURCY.

Je m'y accroche!... une fois en bas... je me procure une

échelle... Attendez-moi... (Il saisit la corde; on entend un bruit de cloche effroyable.) Ah! sapristi! il y a une cloche au bout.

On entend grincer la serrure.

COLLADAN.

On vient!...

Il s'assied à la place de Béchut

CHAMPBOURCY, s'éloignant de la fenêtre.

Du sang froid!... Asseyez-vous tous!... souriez!...

Tous les quatre s'assoient sur le banc.

SCÈNE VIII.

Les Mêmes, LE GARDIEN.

LE GARDIEN, entrant.

Quel est ce bruit?

COLLADAN.

Je n'ai rien entendu!

CHAMPBOURCY.

C'est quelqu'un qui sonne dans la cour.

LE GARDIEN.

Ne vous impatientez pas, la voiture ne va pas tarder à arriver.

Il ferme la fenêtre avec une barre de fer et un cadenas.

COLLADAN, bas, aux autres.

Il met les cadenas!

CHAMPBOURCY, à part, fouillant à sa poche.

Et rien!... rien pour corrompre ce geôlier! (Se levant; au gardien.) Monsieur, on m'a tout pris... mais j'habite la

Ferté-sous-Jouarre. Si jamais vous passez par là... ma maison... ma table...

LE GARDIEN.

Plait-il?...

COLLADAN.

Venez dîner chez nous... je vous ferai boire un petit reginguet.

LE GARDIEN.

Une tentative de corruption! je vais la faire consigner au procès-verbal!

Il sort.

SCÈNE IX.

Les Mêmes, moins LE GARDIEN.

CHAMPBOURCY.

Flambés!

COLLADAN, poussant un cri.

Ah!

TOUS.

Quoi donc?

COLLADAN.

Ma pioche! ils ont oublié ma pioche!

TOUS.

Eh bien?

COLLADAN.

Je fais un trou dans la muraille et nous filons par la maison voisine.

ACTE TROISIÈME.

CHAMPBOURCY.

Sublime!
Colladan remonte vivement.

LÉONIDA.

J'aime mieux ça que la fenêtre.

CHAMPBOURCY.

Allez! dépêchez-vous!

COLLADAN, lève la pioche et s'arrête.

Oui, mais ils vont m'entendre cogner par là!
Indiquant la droite.

CHAMPBOURCY.

C'est vrai!

LÉONIDA.

Comment faire?

COLLADAN.

Chantez tant que vous pourrez... ça couvrira le bruit.

CHAMPBOURCY.

Comme dans *Fualdès*. (Aux femmes.) Allons!

BLANCHE.

Mais quoi chanter?

LÉONIDA.

Mon grand air de *Guillaume Tell!*...

CHAMPBOURCY.

Non! ça ne fait pas assez de bruit... La chanson que j'ai composée pour le banquet des pompiers... vous y êtes? (A Colladan.) Tapez, vous!
Colladan se met à frapper contre la muraille de droite pendant que les trois autres chantent, groupés à gauche.

CHAMPBOURCY, BLANCHE, LÉONIDA.

AIR de Sologne.

Chez nous est arrivé
Un Champenois crotté,
Il était si crotté
Qu'il en faisait pitié.

TOUS.

Il secouait, secouait
Sa blouse, sa blouse
Il secouait, secouait
Sa blouse, tant qu'il pouvait.

A la fin du couplet, plusieurs plâtras se détachent et tombent à terre.

COLLADAN.

Ah! saprelotte! qu'est-ce que nous allons faire de tout ça?

CHAMPBOURCY.

Dans nos poches... il y a de la place...

Ils ramassent les débris et les mettent dans leurs poches.

COLLADAN.

La!... maintenant continuons.

Ils chantent.

Et où le mettrons-nous?
Dedans notre cellier.

BLANCHE, près de la porte, au fond, à gauche.

Chut! on ouvre la porte!

CHAMPBOURCY.

Ah! sapristi! et le trou, comment le cacher?

COLLADAN.

Nom d'un nom!

CHAMPBOURCY.

Ah! Léonida! plaque-toi là!
Il la pousse contre le mur, devant le trou.

COLLADAN.

Juste la mesure!

CHAMPBOURCY.

Ne bouge pas.

SCÈNE X.

Les Mêmes, BÉCHUT.

BÉCHUT, entrant avec un papier et un crayon à la main.

Vous avez oublié de me donner vos noms et prénoms... J'en ai besoin pour rédiger mon procès-verbal.

CHAMPBOURCY.

Théophile-Athanase Champbourcy, de la Ferté-sous-Jouarre, commandant...

BÉCHUT, écrivant.

C'est inutile. (Désignant Blanche.) Mademoiselle?...

BLANCHE.

Blanche-Rosalie Champbourcy...

COLLADAN, cachant sa pioche derrière son dos.

Jean-Cadet Colladan.

BÉCHUT, à Champbourcy, désignant Léonida.

Madame est votre femme?

LÉONIDA, faisant un mouvement.

Sa sœur... Je suis demoiselle.

CHAMPBOURCY.

Ne bouge pas

Léonida se recolle contre le mur.

BÉCHUT.

Ne craignez rien... approchez... (Elle ne bouge pas.) Je vous dis d'approcher... Approchez donc!... (Léonida quitte la place. Colladan la prend vivement et bouche le trou. — A Léonida.) Vous vous appelez?...

LÉONIDA.

Zémire-Léonida Champbourcy.

BÉCHUT.

C'est tout... Un jour de mardi gras, on trouve difficilement des voitures... mais il va en arriver une.

Il sort.

SCÈNE XI.

LES MÊMES, puis LE GARDIEN.

TOUS.

Il est parti!

COLLADAN, frappant la muraille.

A la pioche! chantez!

TOUS, chantant.

Et où le mettrons-nous?
Dedans notre cellier.

COLLADAN, les interrompant

Chut! le trou traverse!

ACTE TROISIÈME.

TOUS.

Sauvés!

CHAMPBOURCY

J'entends parler!

COLLADAN.

Voyons chez qui nous allons entrer... (Il aspire.) Ça sent le tabac. (Il regarde par le trou et recule épouvanté.) Une caserne de municipaux!

TOUS.

Ah!

CHAMPBOURCY.

Sapristi!

LE GARDIEN, entrant.

La voiture est en bas... Allons, en route! Un trou dans la muraille!... Qui est-ce qui a fait cela?

COLLADAN.

Ce sont les souris.

LE GARDIEN.

Une pioche! une tentative d'évasion!... votre affaire est bonne!... En route!

D'autres gardiens sont entrés et les entraînent pendant le chœur.

CHŒUR.

AIR :

LES GARDIENS.

En prison
Qu'à l'instant on les mène,
Leur résistance est vaine,
Pas de raison!

LES AUTRES.

En prison
Se peut-il qu'on nous mène,
La résistance est vaine,
Pas de raison !

Ils sortent.

ACTE QUATRIÈME.

A Paris, chez Cocarel.

Le théâtre représente un salon brillamment éclairé. Trois portes au fond ouvrant sur un second salon. Porte à droite et à gauche. Secrétaire, cheminée à gauche. Deuxième plan, à droite, grand pupitre, sur lequel est un grand-livre fermé par un énorme cadenas, candélabres, etc. Une table-bureau à gauche, premier plan, chaises, fauteuils, etc., etc.

SCÈNE PREMIÈRE.

COCAREL, JOSEPH.

Au lever du rideau, Joseph achève d'allumer les bougies des candélabres.

COCAREL, entrant du plan coupé gauche.

Dépêche-toi, Joseph.

JOSEPH.

C'est fini, monsieur... Faut-il allumer aussi dans les autres salons?

COCAREL.

Mais certainement!... aujourd'hui grande soirée... entrevue de première classe. Une jeune personne de la Ferté-sous-Jouarre... cent mille francs de dot!... Tu as commandé des glaces, des petits fours?

JOSEPH.

Oui, monsieur.

COCAREL.

Très-bien, tu as prévenu aussi notre personnel de danseurs, de danseuses?

JOSEPH.

Oui, monsieur. Ils viendront tous... sauf M. Anatole.

COCAREL.

Comment! Anatole ne viendra pas?... et pourquoi?.

JOSEPH.

Il demande de l'augmentation... c'est mardi gras, il voulait dix francs.

COCAREL.

C'est insensé! il me semble que cinq francs et une paire de gants paille... c'est très-raisonnable !

JOSEPH.

C'est ce que je lui ai dit...

COCAREL.

Je reconnais qu'il est très-bien... sa tenue est parfaite !... Ce n'est qu'un premier clerc de coiffeur... eh bien, l'autre jour, on l'a pris pour un attaché d'ambassade.

JOSEPH.

Et puis il sent si bon !

COCAREL.

C'est vrai !... il a toujours l'air de sortir d'un pot de pommade... ça fait bien dans un salon.

JOSEPH.

Il a promis d'envoyer un de ses amis pour le remplacer.

ACTE QUATRIÈME.

COCAREL.

C'est égal, je le regrette... c'était mon étoile... Enfin ! allume dans le grand salon... et baisse les lampes... jusqu'à ce qu'on arrive.

Joseph sort par le fond à droite.

SCÈNE II.

COCAREL, seul, regardant à la pendule.

Sept heures trois quarts... Si j'en crois sa dépêche : la belle Léonida ne tardera à arriver. (Tirant un papier de sa poche et lisant.) « Moi, venir à huit heures... moi, bien émue... moi, pas dormir... » Elle parle nègre, elle est peut-être créole... voyons son dossier. (Il va à son pupitre et prend sur la tablette de dessous des papiers.) Remettons-nous en mémoire les détails de sa personne. (Prenant une lettre et lisant.) « Je suis brune... » (Parlé.) Sapristi ! pourvu que ce ne soit pas une négresse !... c'est très-difficile à écouler !... Cependant l'année dernière j'en ai réussi une... mais c'est un autre prix !... je prends 10 pour 100 sur la dot au lieu de 5. (Lisant.) « Mon front est pâle... » Ah ! elle est blanche. (Lisant.) « Une tendre mélancolie, tempérée par une douce gaieté, brille dans mes yeux ; je suis distinguée de manières sans afféterie, expansive, douce... » (Parlé.) Elle entend le prospectus... (Lisant.) « Il ne m'appartient pas de parler de mon cœur ; mais, depuis mon enfance, je me suis dévouée à soigner un frère beaucoup plus âgé que moi ; c'est un vieillard goutteux, morose, désagréable... et cependant jamais une plainte ou un reproche ne s'est échappé de mes lèvres de roses. Enfin, si la personne me plaisait, je consentirais à habiter une petite ville bien située... »

SCÈNE III.

COCAREL, SYLVAIN, puis JOSEPH.

SYLVAIN, paraissant au fond, à gauche.

Monsieur Cocarel?

COCAREL.

Hein! que voulez-vous?

SYLVAIN.

C'est moi; je viens pour la soirée.

COCAREL.

Ah! très-bien! (A part.) L'ami d'Anatole... son remplaçant. (Haut.) Attendez, il faut que je vous examine...

Il va au pupitre déposer ses papiers.

SYLVAIN, à part, étonné.

Il va m'examiner!

COCAREL, revenant.

Voyons! tournez-vous!... pas mal!... pas mal!... votre gilet est bien... mais le pantalon n'est pas de la première fraîcheur...

SYLVAIN.

Dame!... on met ce qu'on a.

COCAREL.

Oh! mon ami! il manque un bouton à votre habit... Ah! je n'aime pas ça!

SYLVAIN, à part.

En voilà un qui épluche ses invités!

ACTE QUATRIÈME.

COCAREL.

Vous passerez au vestiaire... on vous en remettra un.

SYLVAIN, à part

Tiens! on est raccommodé!

COCAREL.

Je n'ai pas besoin de vous recommander de la tenue, de la réserve... un langage châtié, pas de mots équivoques, d'allusions grossières...

SYLVAIN.

Oui... faut pas dire de bêtises aux dames.

COCAREL.

Autre chose! on passera des glaces... des bonbons assortis.. vous n'y toucherez pas.

SYLVAIN, étonné.

Ah!

COCAREL.

Vous n'avez droit qu'à une brioche et à une tasse de thé.

SYLVAIN.

Je n'aime pas le thé... c'est fadasse!

COCAREL.

Fadasse! voilà un mot que je n'aime pas... dites: « Le docteur me le défend... » Soyez homme du monde, palsembleu! attendez!

Il va à la table et prend une paire de gants dans le tiroir.

SYLVAIN, à part, et passant.

Ah bien voilà un drôle de bonhomme! il fait passer des glaces et il défend à ses invités d'en prendre!

COCAREL, revenant avec une paire de gants blancs.

Tenez... voici vos gants...

SYLVAIN, surpris.

Des gants!

COCAREL.

Ayez-en soin... il faut que ça fasse deux fois... n'en mettez qu'un... vous tiendrez l'autre à la main... (Lui donnant de l'argent.) Plus vos cinq francs.

SYLVAIN.

Comment! cinq francs?

COCAREL.

Ne discutons pas, je vous prie!... cinq francs les cavaliers et trois francs les dames... c'est ce que je donne... c'est l'usage!

SYLVAIN, mettant l'argent dans sa poche.

Si c'est l'usage... (A part.) Cinq et dix-sept que j'ai... ça fait vingt-deux... Après le bal de l'Opéra, je m'offrirai à souper.

COCAREL, refermant le tiroir de la table.

Vous direz à Anatole que je ne suis pas content de lui... il augmente ses prix.

SYLVAIN.

Qui ça, Anatole?

COCAREL.

Eh bien, votre ami...

SYLVAIN.

Je ne connais pas d'Anatole.

COCAREL.

Comment!... mais, alors, qui est-ce qui vous envoie?

SYLVAIN.

C'est papa... il m'a dit de venir chez vous... je suis venu.

ACTE QUATRIÈME.

COCAREL.

Ah! je comprends!... Monsieur votre père désire vous marier...

SYLVAIN.

Je ne sais pas...

COCAREL.

C'est évident!... je vous demande mille pardons. Je vous ai pris pour un de mes... Vous êtes un client... un fils de famille...

SYLVAIN.

Je suis le fils à papa.

COCAREL, lui reprenant le gant que Sylvain est en train de mettre.

Rendez-moi les gants et les cinq francs!

SYLVAIN.

Ah! il faut rendre... (Rendant les gants et les cinq francs. A part.) Quelle drôle de soirée!

COCAREL, le faisant passer.

Asseyez-vous... Je vais vous inscrire sur mon grand livre... là se trouvent les plus beaux partis de France.

Cocarel ouvre le cadenas de son grand-livre qui fait un cric-crac très-bruyant.

SYLVAIN.

Faudra graisser ça!

COCAREL.

Veuillez avoir l'obligeance de me donner vos noms et prénoms.

SYLVAIN, à part.

Qu'est-ce que je risque? (Haut.) Sylvain-Jérôme Colladan...

LA CAGNOTTE.

COCAREL, se ravisant.

Ah! pardon! déposez-vous les cinq louis.

SYLVAIN.

Ah non, par exemple!

COCAREL.

C'est pour les premières démarches.

SYLVAIN.

Papa va venir; il m'a donné rendez-vous...

COCAREL.

Ici? Très-bien! nous traiterons ensemble cette question.

JOSEPH, entrant de gauche.

Monsieur, voici vos invités qui arrivent!...

COCAREL; il referme son livre.

Ces dames sont là... je vais les grouper.

SYLVAIN.

Dites donc!... groupez-moi avec!...

COCAREL, à Sylvain.

Venez!... venez!...

Ils sortent par le fond.

SCÈNE IV.

JOSEPH, puis CORDENBOIS.

JOSEPH, seul.

Le patron va être occupé ce soir... je me payerai quelques glaces... et pas mal de tasses de thé...

ACTE QUATRIÈME.

CORDENBOIS, à la cantonade.

C'est bien! c'est bien!

Cordenbois paraît à la porte du fond; il est en grande tenue : pantalon collant, gilet de satin blanc, jabot et claque.

JOSEPH.

Ah! le monsieur de ce matin... Allons prévenir M. Cocarel.

Il sort à droite.

CORDENBOIS, entrant du fond.

Voilà! j'ai loué tout ça chez Babin. C'est tout neuf... et sauf deux taches de graisse qu'on a fait disparaître... seulement, je sens la benzine... je me suis arrosé d'eau de Cologne... (Se flairant.) Mais la benzine domine!... C'est peut-être une bêtise que je fais en venant ici... Après cela, elle ne peut pas m'entraîner bien loin!... De deux choses l'une : ou cette jeune fille... celle qui se fait annoncer dans le journal... — est jolie ou elle est laide ; si elle est laide, j'en serai pour les cinq louis que Cocarel m'a fait déposer ce matin... mais, si elle est jolie... je fais une magnifique affaire... je ne parle pas du bonheur qu'on a à épouser une jolie femme... Dame! on n'est pas de marbre! je me suis dit : Elle a cinq mille francs de rente... ma pharmacie en rapporte quatre : ça fait neuf. Je compte y joindre un petit commerce de mercerie, de parfumerie et d'épicerie... pour occuper ma femme... mettons mille francs seulement... ça me fera dix... autant que Champbourcy. Je donnerai une pompe à la commune... il sera furieux! Il y a une chose qui m'inquiète... Cocarel m'a annoncé que j'avais un concurrent, c'est même pour lui que l'entrevue a été arrangée... mais, comme m'a fort bien dit l'entrepreneur : c'est une lutte... au plus aimable! (Se flairant.) Je crois que j'ai quelques chances... Mon Dieu, que je sens la benzine!... Ah çà! je voudrais bien savoir ce que sont devenus les Champbourcy... je les ai attendus deux heures en haut de l'Arc de triomphe... je n'en suis descendu que lorsque le gardien m'a dit qu'on allait fermer le monument .. Je n'ai vu personne; ce n'est pas gentil!... quand on convient de manger une cagnotte, on ne doit pas la manger les uns sans les autres... je m'en expliquerai avec Champbourcy, ce soir, au chemin de fer... nous devons prendre le dernier train.

SCÈNE V.

CORDENBOIS, COCAREL, puis JOSEPH.

COCAREL, entrant du fond, très-préoccupé.

A part.

Neuf heures! et Léonida n'arrive pas! (Apercevant Cordenbois.) Ah! vous voilà!

CORDENBOIS.

Je suis en retard?...

COCAREL.

Non!... c'est la demoiselle... (L'examinant.) Ah! très-bien... le gilet a du style.

CORDENBOIS.

N'est-ce pas?

COCAREL.

Ne bombez pas autant la poitrine... vous bombez trop.

CORDENBOIS.

Je ne bombe pas exprès... c'est la ceinture... (Se reprenant.) c'est la nature.

COCAREL, respirant l'air.

Quelle drôle d'odeur! vous ne sentez pas?

ACTE QUATRIÈME.

CORDENBOIS.

Non... je ne sens rien... (A part.) La berzine! (Haut.) Dites-moi... ce monsieur... mon rival... est-il arrivé?

COCAREL.

Oui... il se promène dans les salons...

CORDENBOIS.

Ah! faites-le-moi voir.

COCAREL.

Oh! impossible!

CORDENBOIS.

Dites-moi seulement s'il est beau.

COCAREL.

Pas mal!

CORDENBOIS.

Plus beau que moi, hein?

COCAREL.

Il a moins d'ampleur...

CORDENBOIS.

Qu'est-ce qu'il fait?

COCAREL.

Oh! c'est un homme!... je ne peux pas le dire.

CORDENBOIS.

Est-il décoré?

COCAREL.

Non.

CORDENBOIS.

Ah! tant mieux! Vous savez... vous m'avez promis de me faire passer le premier.

COCAREL.

Soyez tranquille. (A part, tirant sa montre.) Neuf heures un quart... pourvu qu'elle arrive.

JOSEPH, entrant vivement de droite avec un plateau chargé de glaces et de brioches.

Monsieur!

COCAREL, vivement.

C'est elle?

JOSEPH, bas.

Non, c'est mademoiselle Amanda qui s'est jetée sur une glace et la mange... elle dit que c'est mardi gras.

COCAREL, à part.

L'effrontée! je vais lui parler. (A Cordenbois.) Vous permettez... on m'annonce l'arrivée d'un très-grand personnage.

Il sort vivement par le fond à droite.

SCÈNE VI.

CORDENBOIS, JOSEPH, puis CHAMPBOURCY, BLANCHE, LÉONIDA.

CORDENBOIS, à part.

Il reçoit du très-beau monde.

JOSEPH, lui présentant son plateau.

Monsieur désire-t-il une glace?

CORDENBOIS.

Oui... à la vanille! (A part.) J'ai mes raisons... (Prenant une glace.) Ça neutralisera! Diable d'odeur! je n'ose pas entrer

ACTE QUATRIÈME.

dans le salon... mais si je pouvais de la porte découvrir mon rival.

Il remonte avec sa glace à la porte du fond et disparaît un moment.

JOSEPH, à part.

Personne!... j'ai envie de m'offrir une glace.

Il gagne la droite.

CHAMPBOURCY, entrant par la porte de gauche et parlant à la cantonade.

Entrez, entrez vite! et fermez la porte.

COLLADAN, entre vivement, suivi de Léonida et de Blanche

Nous voilà!

JOSEPH, à part.

Qu'est-ce que c'est que ceux-là?

CHAMPBOURCY.

Vous êtes sûr qu'on ne nous a pas suivis?

COLLADAN.

Nous sommes venus toujours en courant...

LÉONIDA.

Jolie manière d'aller en soirée!

CHAMPBOURCY.

Tu grognes toujours!... heureusement qu'il gèle... nous ne sommes pas crottés.

BLANCHE, apercevant la cheminée.

Ah! du feu!

Elle s'approche de la cheminée avec Léonida

CHAMPBOURCY.

Enfin nous sommes libres!

COLLADAN.

Oui... il faudrait voir maintenant à manger un morceau... nous n'avons pas dîné.

Il remonte vers la cheminée.

CHAMPBOURCY.

Et avec quoi? ils ne nous ont laissé absolument que nos mouchoirs.

JOSEPH, s'approchant.

Que demandent ces messieurs?

CHAMPBOURCY, apercevant le plateau.

Tiens! des brioches!

COLLADAN.

Des brioches!

Les femmes se lèvent; pendant ce qui suit, Champbourcy prend des brioches sur le plateau, en passe derrière son dos à Colladan qui en passe à Léonida, qui en passe à Blanche. Colladan en met dans ses poches; tous mangent.

CHAMPBOURCY, à Joseph.

Mon ami... veuillez dire à M. Cocarel... que M. Champbourcy de la Ferté-sous-Jouarre est arrivé...

LÉONIDA.

Avec sa sœur mademoiselle Léonida...

COLLADAN.

Et M. Colladan, également de la Ferté-sous-Jouarre.

JOSEPH, à part.

Ils ont de bonnes têtes! (Haut.) Je vais prévenir monsieur...

Il veut sortir.

COLLADAN, s'accrochant vivement au plateau.

Le plateau! laissez le plateau!

ACTE QUATRIÈME.

JOSEPH.

Mais non, monsieur! il faut que je le fasse circuler...

Il se dégage avec son plateau et sort par le fond.

COLLADAN.

Puisqu'il circule nous le retrouverons.

Ils se groupent tous près de la cheminée.

CORDENBOIS, entrant de droite. A part.

Diable d'odeur!... dans le salon, je me suis approché d'un monsieur, il a reniflé et il a dit : « C'est drôle! on dirait qu'il y a une fuite de gaz... » C'est ma benzine.

CHAMPBOURCY, l'apercevant.

Cordenbois!

CORDENBOIS.

Champbourcy!

TOUS.

Lui!

CHAMPBOURCY.

Vous, ici!... Vous connaissez donc Cocarel?

CORDENBOIS, embarrassé.

Oui!... un ami.. un vieil ami de vingt ans.

CHAMPBOURCY.

C'est aussi le mien...

CORDENBOIS.

Eh bien, vous êtes gentils!... Nous convenons de manger une cagnotte ensemble et puis vous me perdez!...

CHAMPBOURCY.

Des reproches? Je vous avoue, monsieur, que je ne m'y attendais pas.

LÉONIDA.

C'est de l'impudence !

CORDENBOIS.

Hein !

CHAMPBOURCY.

Il y a des gens, monsieur, qui ont le talent de disparaître au moment du danger.

COLLADAN.

Ils plongent sous les tables.

CORDENBOIS.

Quoi ?

CHAMPBOURCY.

Je n'apprécie pas... je constate... Je crois que Duguesclin n'eût pas fait cela !

CORDENBOIS.

De quoi parlez-vous ?

CHAMPBOURCY.

De votre inqualifiable défection, monsieur !

CORDENBOIS, se fâchant.

Ah ! mais, commandant...

CHAMPBOURCY.

Je suis à vos ordres, monsieur.

LÉONIDA, s'interposant.

Messieurs !

BLANCHE.

Papa !

COLLADAN, à part.

Ils sont toujours à s'asticoter !

ACTE QUATRIÈME.

CORDENBOIS.

Je ne sais pas ce que vous avez!... je vous ai attendu pendant deux heures sur l'Arc de triomphe...

CHAMPBOURCY.

Alors, il est fâcheux, monsieur, que l'aspect de ce monument, consacré à la gloire et au courage, n'ait pas éveillé en vous des sentiments...

CORDENBOIS, avec force.

Commandant!...

CHAMPBOURCY, de même.

A vos ordres!

COLLADAN, intervenant et passant entre eux.

Mais vous êtes fous! des amis!... des enfants de la Ferté-sous-Jouarre! Voyons, qu'on se donne la main!...

BLANCHE

Papa!...

LÉONIDA.

Monsieur Cordenbois!...

CHAMPBOURCY, tendant sa main à Cordenbois.

Soit!... je cède aux instances de ma famille.

CORDENBOIS, lui serrant la main.

A la bonne heure! Maintenant, dites-moi ce que vous êtes devenu!

Léonida et Blanche vont s'asseoir à la cheminée.

CHAMPBOURCY.

Nous avons été battus par la tempête... pendant que certaines personnes rampaient sous les tables...

COLLADAN.

C'est la montre et le ciseau qui sont cause de tout.

CORDENBOIS.

De quoi ?

COLLADAN.

Qu'on voulait nous conduire au Dépôt.

CORDENBOIS.

Quel dépôt ?

CHAMPBOURCY.

Nous voilà donc tous les quatre dans le fiacre...

COLLADAN.

Et le gardien sur le siége, à côté du cocher...

CORDENBOIS, cherchant à comprendre.

Oui...

CHAMPBOURCY.

Comment nous évader ?

CORDENBOIS.

Vous évader... d'où ?...

COLLADAN.

Ah ! il ne comprend pas !... il faut vous dire que la pioche n'avait pas réussi... vu que c'était une caserne de municipaux... la corde non plus... vu que c'était une cloche.

CORDENBOIS.

Oui.

COLLADAN, à Champbourcy.

Maintenant, le voilà au courant, continuez...

CHAMPBOURCY.

Arrivé sur le boulevard... le fiacre prend la file, à cause du bœuf gras qui allait passer... On entend des sons de trompe, tout le monde crie : « Le voilà ! le voilà ! » Le gardien, qui était toujours sur son siége, regarde à droite... je mets le nez à la portière de gauche et j'aperçois quatre pierrots qui faisaient des signes au cocher pour lui demander s'il était libre... Je leur fais oui de la tête... le fiacre allait au pas... j'ouvre doucement la portière... nous descendons... les quatre pierrots montent à notre place... et nous nous perdons dans la foule.

COLLADAN.

Pendant que le fiacre conduit les quatre pierrots au Dépôt...

Tous se mettent à rire aux éclats.

CHAMPBOURCY.

C'est superbe, ces quatre pierrots!

COLLADAN.

Et le gardien! voyez-vous le nez du gardien! (A Cordenbois.) Vous comprenez maintenant?

CORDENBOIS.

Pas un mot!

COLLADAN.

C'est votre ceinture qui vous obscurcit!... mais quand on vous explique pendant une heure... (S'arrêtant.) Pristi! que vous sentez mauvais!

CHAMPBOURCY, à part.

C'est donc lui?...

Colladan et Champbourcy vont à la cheminée.

CORDENBOIS.

Encore! Je sais ce que c'est! (A part.) Il faut absolument que je me procure un flacon d'essence de musc... je me le verserai dans le dos.

Il sort par le fond de droite.

BLANCHE, à la cheminée.

Papa, j'ai soif...

COLLADAN.

Moi aussi... c'est la brioche... Venez avec moi! nous allons donner la chasse au plateau!

Il lui donne le bras. Colladan et Blanche sortent par le fond.

SCÈNE VII.

CHAMPBOURCY, LÉONIDA, puis COCAREL.

LÉONIDA.

M. Cocarel va venir.

CHAMPBOURCY.

Je suis curieux de voir ce bonhomme-là!

LÉONIDA.

Je ne suis pas trop décoiffée?

CHAMPBOURCY.

Non... mais tes souliers sont pleins de poussière... Attends!

Il tire son mouchoir et fait tomber un plâtras de sa poche.

LÉONIDA.

Qu'est-ce que c'est que ça?

CHAMPBOURCY.

Une pierre de notre cachot. (Il repousse la pierre du pied et se met à épousseter les souliers de Léonida. A part.) Je suis convaincu que ça ne servira à rien... elle est trop mûre.

COCAREL, paraissant à la porte du milieu au fond.

Enfin vous voilà!

ACTE QUATRIÈME.

CHAMPBOURCY.

Oh!

Il s'essuie vivement la figure avec son mouchoir pour se donner une contenance.

COCAREL.

On m'annonce à l'instant votre arrivée...

CHAMPBOURCY, se présentant.

Théophile Champbourcy...

COCAREL, saluant.

Enchanté! (A part, regardant Léonida.) La maman! (Haut.) Où est la jeune personne?

CHAMPBOURCY.

Qui ça?

COCAREL.

La belle Léonida.

LÉONIDA, baissant les yeux.

C'est moi!

COCAREL, vivement

Ah bah!

LÉONIDA.

Quoi donc?

COCAREL.

Rien... rien...

CHAMPBOURCY, à part.

Elle a produit son effet... Je crois que nous pouvons filer!

COCAREL, à part.

C'est un beau grenadier... il faut s'y habituer.

CHAMPBOURCY.

Voyons! franchement... ça ne se peut pas, n'est-ce pas?

LÉONIDA.

Comment?

COCAREL, très-gracieux.

Mais je ne dis pas cela... Mademoiselle est fort bien... et très-capable d'inspirer une passion...

CHAMPBOURCY.

Elle! mais regardez-la donc!

LÉONIDA, furieuse.

Théophile!

CHAMPBOURCY.

Non... c'est pour répondre à monsieur... L'épouseriez-vous, vous?

COCAREL.

Mais certainement... si les circonstances...

CHAMPBOURCY.

Laissez-moi donc tranquille!

LÉONIDA.

Théophile!... vous n'êtes qu'un sot... un impertinent comme toujours!

CHAMPBOURCY.

Du reste, allez!... moi, je ne demande pas mieux... parce que, si vous connaissiez son caractère... il n'y a pas au monde d'être plus désagréable... plus acariâtre...

COCAREL, remonte et passe.

Chut donc!...

LÉONIDA.

C'est faux... Monsieur, ne le croyez pas!...

ACTE QUATRIÈME.

CHAMPBOURCY.

Et difficile sur la nourriture! Mademoiselle ne mange pas de bœuf!... il faut jeter le bœuf!...

COCAREL.

Mais pas si haut! on peut vous entendre!

CHAMPBOURCY.

C'est juste!... il est par là, le malheureux!

COCAREL.

J'en ai deux!...

LÉONIDA, joyeuse.

Deux! Ah! allons les voir!

Elle remonte.

COCAREL, l'arrêtant.

Mais un instant, vous n'êtes pas habillée...

LÉONIDA.

Comment?

COCAREL.

Une robe montante pour un bal...

LÉONIDA.

Ah! mon Dieu!... mais je n'ai pas de robe décolletée...

CHAMPBOURCY, frappant sur son gousset.

Et je vous avoue que, s'il fallait en acheter une dans ce moment...

COCAREL.

Soyez donc tranquille!... ici, tout est prévu... veuillez conduire mademoiselle au magasin... (Indiquant la porte de gauche.) par là... Vous demanderez Louise... c'est mon habilleuse... Quand vous sortirez de ses mains... personne ne vous résistera!

CHAMPBOURCY, qui est remonté, revient en scène.

Tenez, Cocarel... si vous pouvez me la caser... je suis disposé à faire un sacrifice. J'ajoute vingt mille francs à la dot.

LÉONIDA, avec sentiment.

Ah! mon frère, ceci rachète bien des choses!

CHAMPBOURCY.

Si on te case.

COCAREL.

Cent vingt mille francs! mais j'ai marié une négresse de cinquante-six mille francs!... Soyez tranquille!... Allez vous habiller.

CHAMPBOURCY.

Oui... nous demanderons Louise... l'habilleuse... et je me donnerai un coup de brosse.

Il entre à gauche avec Léonida.

SCÈNE VIII.

COCAREL, puis SYLVAIN et COLLADAN, puis CORDENBOIS.

COCAREL, seul, les regardant sortir.

Cinq pieds six pouces... de la maturité; mais cent vingt mille francs! (Trouvant la pierre tombée de la poche de Champbourcy.) Tiens!... un plâtras. (Il le ramasse et regarde le plafond avec inquiétude.) On construit si mal aujourd'hui! (Il met la pierre dans sa poche.) C'est de la corniche, probablement.

SYLVAIN, entrant du fond et tenant son père par la main.

Entrez!... il désire vous voir...

ACTE QUATRIÈME.

COCAREL, à la table de gauche et se retournant.

Qu'est-ce que c'est?

SYLVAIN.

Voilà papa...

COCAREL.

Ah! monsieur, permettez-moi de vous remercier de la confiance que vous avez bien voulu m'accorder!

COLLADAN.

On m'a dit que je pouvais venir sans cérémonie...

COCAREL.

Comment donc! ma maison est ouverte à tous les pères de famille... (Montrant Sylvain.) J'ai causé avec le jeune homme... il me plait beaucoup.

COLLADAN.

C'est pas encore malin... mais c'est bon enfant

COCAREL.

Soyez tranquille... nous lui trouverons une femme, et une bonne...

COLLADAN.

Comment! vous auriez la bonté de vous occuper de lui?

COCAREL.

N'est-ce pas mon devoir?

COLLADAN.

Remercie donc monsieur!...

SYLVAIN, passant.

Merci, monsieur Cocarel... J'ai vu une petite boulotte dans le salon... tâchez de me trouver quelque chose dans ce genre-là.

COCAREL.

Nous chercherons... Mais prenez donc la peine de vous asseoir !

COLLADAN, passant.

C'est pas de refus.

Il s'assoit ainsi que Sylvain.

COCAREL.

Vous tombez bien !... dans ce moment, j'ai de très-belles occasions... Attendez ! je vais consulter mon livre.

Il ouvre son cadenas qui fait son cric crac habituel.

COLLADAN, à Sylvain.

Pourquoi qu'il ouvre cette manivelle-là ?

SYLVAIN.

J'en sais rien...

COLLADAN, à part.

J'ai rencontré le plateau... j'ai refait ma provision de brioches.

Il en sort une de sa poche et la mange.

COCAREL, consultant son registre.

Voyons !... je ne lis pas les noms... vous comprenez... la discrétion est le nerf de ma profession... (Lisant.) N° 2,403... Cela fera peut-être votre affaire...

COLLADAN.

Comment !... c'est des mariées que vous avez dans ce gros livre ?...

COCAREL.

Certainement !... (Lisant.) « 2,403... Cinquante mille francs de dot... »

COLLADAN.

Je voudrais mieux que cela.

ACTE QUATRIÈME.

SYLVAIN.

Moi aussi !

COCAREL.

Attendez !...

Il feuillette son livre.

COLLADAN, *croyant tirer une autre brioche de sa poche, amène une pierre et mord dedans.*

Ah ! saperlotte ! un caillou ! je m'ai ébréché !

Il la pose à terre.

COCAREL.

« N° 9,827... quatre-vingt mille francs !... »

COLLADAN.

Je préfère celle-là...

COCAREL, *lisant.*

« Santé parfaite... caractère enjoué... musicienne si on le désire... »

COLLADAN.

Oh ! nous ne tenons pas à ces bêtises-là.

COCAREL, *venant à eux.*

Seulement il faut tout dire... elle a un œil...

SYLVAIN.

Elle louche ?

COCAREL.

Oh non !... elle est borgne... vous finiriez toujours par vous en apercevoir... j'aime mieux vous prévenir.

COLLADAN.

Mon Dieu, nous ne tenons pas aux yeux...

SYLVAIN, *se levant.*

Cependant, papa...

COLLADAN, se levant.

On voit aussi bien avec un œil qu'avec deux.

COCAREL, frappé d'une idée.

Mais j'y pense!... j'ai mieux que ça à vous offrir... une femme superbe.

SYLVAIN.

Boulotte?

COCAREL.

Et un cœur!... Elle a consacré les plus belles années de sa vie à soigner un vieillard goutteux, repoussant...

COLLADAN.

Ça, ça nous est égal!

SYLVAIN.

Je n'ai pas de rhumatismes.

COCAREL.

Cent vingt mille francs de dot!

COLLADAN.

Mazette!

SYLVAIN.

J'en veux bien.

COCAREL, à part.

Ça m'en fera trois à offrir à la belle Léonida.

COLLADAN.

Tenez!... je vais vous proposer une affaire...

COCAREL.

Voyons!...

COLLADAN.

L'enfant épousera la demoiselle de quatre-vingt mille..

ACTE QUATRIÈME.

SYLVAIN.

La borgne?

COLLADAN.

Oui, la borgne!... Et, moi, je m'arrangerai de celle de cent vingt mille.

COCAREL.

Vous?

SYLVAIN.

Une marâtre!... à votre âge?

COLLADAN.

Il y a des dimanches où on est encore très-gaillard!
Il indique un mouvement de danse, et manque de tomber.

COCAREL, à part.

Au fait, ça me fera deux mariages!... le père et le fils. (Haut.) Je vais vous inscrire.
Il va à son pupitre.

COLLADAN.

C'est ça, inscrivez-nous.

COCAREL, revenant.

C'est dix louis...

COLLADAN.

Hein! pourquoi dix louis?

COCAREL.

Cinq pour vous et cinq pour monsieur votre fils.

COLLADAN.

Je veux bien vous faire un petit cadeau... mais, auparavant, je demande à voir les demoiselles...

COCAREL.

Déposez d'abord.

COLLADAN.

Non, faites voir auparavant.

COCAREL.

Ce n'est pas l'usage.

COLLADAN.

Alors je ne me marie pas... l'enfant non plus.

COCAREL.

Comme vous voudrez!

Il ferme son cadenas.

SYLVAIN, bas.

Papa, offrez-lui huit louis...

COLLADAN, bas.

Mais puisque je n'ai pas le sou!... on nous a pris la cagnotte...

SYLVAIN, à part.

Pas le sou! et je pose depuis deux heures... je file au bal de l'Opéra.

Il sort par le fond.

CORDENBOIS, entrant de droite, pan coupé.

Je vous dérange?

COCAREL; il passe.

Non... entrez donc.

COLLADAN, à part.

J'ai encore soif... C'est la brioche... Je vais à la découverte du plateau.

COCAREL, bas, à Colladan.

Réfléchissez... cent vingt mille francs de dot!

COLLADAN, remontant pour sortir.

Faites voir auparavant!... je ne sors pas de là... (Cocarel

le suit. Apercevant le plateau, qui passe dans le grand salon.) Ah! voilà le plateau! (Il sort vivement.) Jeune homme!...

Il sort par le fond

SCÈNE IX.

COCAREL, CORDENBOIS.

CORDENBOIS.

Eh bien, est-elle arrivée?

COCAREL.

Oui.

CORDENBOIS.

Vous l'avez vue? Est-elle blonde? moi, abord, je n'aime que les blondes.

COCAREL.

Ce n'est plus cent mille francs, c'est cent vingt mille francs qu'elle a!

CORDENBOIS.

Est-il possible?

COCAREL.

Par exemple, elle est brune.

CORDENBOIS.

Oh! ça ne fait rien. Je n'aime que les brunes!

COCAREL, trouvant à terre le caillou laissé par Colladan et le ramassant.

Tiens!

Il regarde de nouveau le plafond avec inquiétude

CORDENBOIS, passant.

Qu'avez-vous?

COCAREL.

Ça fait deux!

Il met la pierre dans sa poche.

CORDENBOIS.

Oh! je suis d'une impatience!... présentez-moi!

COCAREL.

Restez ici... elle va venir seule dans ce petit salon.

CORDENBOIS.

Quand ça?

COCAREL.

Tout de suite. Je ferai en sorte que personne ne vous dérange... et surtout... (S'interrompant.) C'est drôle comme ça sent le musc!

CORDENBOIS.

Ne vous inquiétez pas de ça... vous me disiez : « Et surtout? »

COCAREL.

Surtout ne bombez pas comme ça! (Près de la porte.) Vous bombez trop!

Il entre à droite.

SCÈNE X.

CORDENBOIS, puis **LÉONIDA**, puis **COCAREL**.

CORDENBOIS, seul.

C'est ma ceinture... si je l'ôtais?... Oh! non!... elle pourrait me surprendre... C'est drôle! je suis ému... comme un enfant... si j'allais ne pas lui plaire... Relevons mes boucles...

ACTE QUATRIÈME.

LÉONIDA, entrant de gauche; elle est en robe de bal. — A part.

M. Cocarel m'a dit que je trouverais ce jeune homme dans ce petit salon... voilà que j'ai peur ! (Apercevant Cordenbois.) Oh ! M. Cordenbois !... quel ennui !...

CORDENBOIS, l'apercevant, à part.

Mademoiselle Léonida ! elle va me gêner !...

LÉONIDA, à part.

Il faut l'éloigner !

CORDENBOIS, à part.

Débarrassons-nous-en !... (Haut.) Votre frère vous cherchait tout à l'heure... de l'autre côté...

LÉONIDA, à part.

Une idée ! (Haut.) C'est que je n'ose entrer dans ce salon... une femme seule... voulez-vous avoir l'obligeance de m'offrir votre bras?

CORDENBOIS

Avec plaisir.

LÉONIDA, à part.

Je le perds dans la foule et je reviens.

CORDENBOIS, à part.

Une fois entrés... je la lâche !... (Haut.) Mademoiselle...

Il lui offre son bras avec galanterie et tous deux sortent par le fond. A peine sont-ils sortis que Cocarel entre par la porte de droite.

COCAREL.

Eh bien, qu'est-ce que nous disons?... Tiens! personne! où sont-ils donc?

Il sort vivement par la porte du milieu. Au même instant, Cordenbois et Léonida rentrent par le fond, l'un par la porte de gauche, l'autre par la porte de droite.

LA CAGNOTTE.

LÉONIDA, de gauche.

Perdu !

CORDENBOIS.

Lâchée !

LÉONIDA, l'apercevant.

Vous ?

CORDENBOIS, de même.

Encore ?

COCAREL, reparaissant par la porte du milieu.

Ah ! les voilà !

SCÈNE XI.

CORDENBOIS, COCAREL, LÉONIDA.

COCAREL, se plaçant entre eux, très-souriant.

Eh bien, qu'est-ce que nous disons ?

LÉONIDA.

Quoi ?

CORDENBOIS.

Plaît-il ?

COCAREL, à Léonida.

C'est lui ! (A Cordenbois.) C'est elle !

CORDENBOIS.

Léonida ?

LÉONIDA, exaspérée.

Le pharmacien ? je n'en veux pas !

ACTE QUATRIÈME.

CORDENBOIS.

Moi, non plus!

LÉONIDA.

Mais nous nous connaissons!...

COCAREL.

Ah bah!

CORDENBOIS.

Nous jouons la bouillotte depuis vingt ans!...

LÉONIDA.

Si c'est pour ça que vous m'avez fait venir à Paris?

CORDENBOIS.

Rendez-moi mes cinq louis!

COCAREL, les calmant.

Mais non!... mais non!... j'en ai d'autres... les plus beaux partis de France!

CORDENBOIS.

Allez au diable!

Il sort avec mauvaise humeur.

LÉONIDA.

Je repars à l'instant... rendez-moi ma robe!

COCAREL.

Attendez donc!... celui-là ne compte pas!... l'autre celui pour lequel je vous ai écrit... dans une haute position... il est là...

LÉONIDA.

Ah!

COCAREL.

Un jeune homme charmant; je vais le chercher.

Il sort par le fond.

SCÈNE XII.

LÉONIDA, puis COCAREL et BÉCHUT.

LÉONIDA, seule.

Un jeune homme charmant... il va venir... tachons d'être belle.

Elle se place devant la glace, à la cheminée, et arrange sa toilette.

COCAREL, introduisant Béchut par le fond.

Allons, du courage!... la voici!

BÉCHUT, apercevant Léonida de dos.

C'est une belle femme!

COCAREL.

Je vous laisse... soyez éloquent.

Il sort par le pan coupé à droite.

SCÈNE XIII.

LÉONIDA, BÉCHUT.

BÉCHUT, galamment.

Mademoiselle...

LÉONIDA, à part, mettant la main sur son cœur.

Il est là!

BÉCHUT.

Permettez-moi de bénir le hasard qui me fait vous rencontrer seule dans ce salon isolé...

ACTE QUATRIÈME.

LÉONIDA, minaudant.

C'est bien le hasard, en effet... (Le reconnaissant, et à part.) Ciel! le monsieur qui nous a interrogés chez le commissaire!

Elle se détourne.

BÉCHUT.

Qu'avez-vous donc?

LÉONIDA.

Moi?... rien.

BÉCHUT, à part.

L'émotion... Elle est très-belle... mais il me semble l'avoir déjà vue quelque part... (Haut.) Pardon, n'étiez-vous pas aux Italiens, mardi dernier?...

LÉONIDA, se détournant.

Non... ce n'est pas moi. (A part.) Il ne me reconnaît pas!

BÉCHUT.

Mademoiselle, je n'ai pas l'honneur d'être connu de vous... mais je vous connais, moi...

LÉONIDA, effrayée.

Non, monsieur... vous vous trompez!

BÉCHUT.

Je sais que vous avez donné vos plus belles années à un vieillard chagrin... (A part.) Mais où diable l'ai-je vue?

LÉONIDA.

En vérité... je ne mérite pas!... je n'ai fait que mon devoir... (A part.) Comment m'en aller?

BÉCHUT.

Pardon! n'étiez-vous pas samedi au jardin d'Acclimatation?

LÉONIDA.

Non, monsieur... excusez-moi... mais je suis engagée pour la valse.

Elle passe près de la cheminée en cherchant à gagner le fond.

BÉCHUT, à part.

Bien sûr, je l'ai vue quelque part... et il n'y a pas longtemps.

SCÈNE XIV.

LES MÊMES, CHAMPBOURCY, COLLADAN.

CHAMPBOURCY, entrant du fond à gauche, bas à Léonida.

Eh bien, ça marche-t-il?

BÉCHUT, se tournant vers Léonida.

Mademoiselle! (Apercevant Champbourcy.) Ah!

CHAMPBOURCY, le reconnaissant.

Ah! le commissaire!

Léonida sort en courant par le fond, suivie de Champbourcy

COLLADAN, entrant du fond à gauche.

J'ai encore soif.

BÉCHUT, le reconnaissant.

L'autre!

COLLADAN, le reconnaissant.

Le président!

Il se sauve par le fond.

SCÈNE XV.

BÉCHUT, puis COCAREL.

BÉCHUT.

Ce sont eux... toute la bande! Allons chercher la garde... (Criant.) A la garde!... à la garde!...

ACTE CINQUIÈME.

Une rue. Au fond à droite, un bâtiment en construction fermé par des planches. A gauche, une boutique d'épicier, et une autre de fruitière, à droite; un banc sous la fenêtre, deuxième plan; premier plan, un grand panier d'œufs.

SCÈNE PREMIÈRE.

TRICOCHE, MADAME CHALAMEL.

Au lever du rideau, le jour commence à paraître; l'épicier achève d'ouvrir sa boutique. On entend au dehors des sons de trompe.

TRICOCHE.

Sont-ils embêtants avec leurs trompes!... Je n'ai pas fermé l'œil de toute la nuit.

MADAME CHALAMEL, ouvrant sa porte et arrangeant ses œufs dans le panier.

Bonjour, voisin...

TRICOCHE.

Ah! madame Chalamel... je suis le vôtre. (Indiquant le panier d'œufs.) On voit que le carême commence aujourd'hui... l'œuf frais va donner.

MADAME CHALAMEL.

Je réserve ceux-là depuis quinze jours...

TRICOCHE.

Quinze jours!... des œufs frais!... après ça, vous ne pouvez pas les perdre.

Il va à sa boutique.

MADAME CHALAMEL.

Comme vous dites...

TRICOCHE; *nouveau bruit de trompe.*

Cristi! qu'ils sont embêtants... (Entrant.) Au revoir, voisine.

MADAME CHALAMEL.

Bonjour, voisin!

Tous deux rentrent.

SCÈNE II.

CHAMPBOURCY, puis COLLADAN et CORDENBOIS.

La scène reste un moment vide, puis une planche du bâtiment en construction s'écarte, et l'on voit passer la tête de Champbourcy.

CHAMPBOURCY, *regardant de tous côtés.*

Personne!... je puis me hasarder. (Il enlève une planche et entre en scène par la brèche.) Nous avons passé la nuit là dedans... A peine avions-nous fait vingt-cinq pas, en nous sauvant de chez Cocarel, que nous avons aperçu M. Béchut... avec quatre hommes et un caporal... Léonida s'est évanouie. Impossible d'aller plus loin, nous étions en face de ce bâtiment en construction. Alors j'ai eu l'idée... car c'est moi qui ai toutes les idées... mes compagnons de voyage sont d'une nullité!... Cordenbois gémit et Colladan rage... j'ai donc eu l'idée d'introduire ma sœur dans ces planches... Nous l'avons couchée sur un lit de copeaux et sur des habits de maçon que nous avons trouvés... elle dort... et nous avons bivouaqué là... sur des brouettes!

CORDENBOIS, passant sa tête par l'ouverture.

Pst! pst!

CHAMPBOURCY.

Hein?... ah! vous m'avez fait peur!

CORDENBOIS.

Il n'y a personne?

CHAMPBOURCY.

Non!

CORDENBOIS, entrant en scène dans son costume du quatrième acte.

Ah! quel voyage, mon Dieu!... quel voyage!

CHAMPBOURCY, à part.

Voilà!... c'est son refrain depuis hier soir!

COLLADAN, passant la tête au-dessus des planches et faisant un signal.

Prrrrrit! prrrrrit!

CHAMPBOURCY.

A l'autre, maintenant...

COLLADAN.

Peut-on entrer?

CHAMPBOURCY.

Oui.

COLLADAN, entrant en scène et éclatant tout à coup. Ils sont tous les trois couverts de plâtre.

C'est une infamie! c'est une horreur! ça ne peut pas durer comme ça! Je proteste!

ACTE CINQUIÈME.

CHAMPBOURCY.

Qu'avez-vous?

COLLADAN.

Je suis las de dormir dans les démolitions, de dîner avec des brioches et de ne pas déjeuner du tout!

CORDENBOIS, plaintif.

Quel voyage, mon Dieu! quel voyage!

CHAMPBOURCY.

Mais soyez donc tranquilles... dès que ma sœur sera réveillée, nous partirons pour la Ferté-sous-Jouarre...

COLLADAN.

Mais avec quoi? puisqu'on ne nous a rien laissé... pas un rouge liard! C'est une infamie! c'est une horreur! Je proteste!

CHAMPBOURCY

Nous n'avons pas d'argent... c'est vrai; mais Cordenbois en a, lui!

CORDENBOIS.

Moi?

CHAMPBOURCY.

Dame! vous n'étiez pas avec nous chez le commissaire?

COLLADAN.

C'est vrai!

CORDENBOIS.

Permettez... je suis parti avec cent quatorze francs pour mes dépenses personnelles.

CHAMPBOURCY.

C'est plus qu'il n'en faut.

COLLADAN, tendant la main.

Donnez!

CORDENBOIS.

Mais je n'ai plus rien!

CHAMPBOURCY et COLLADAN.

Comment?

CORDENBOIS.

Ce filou de Cocarel m'a fait déposer cinq louis pour me montrer votre sœur, que je vois pour rien depuis vingt ans.

COLLADAN.

Mais les quatorze francs?

CORDENBOIS.

J'ai acheté une ceinture.

CHAMPBOURCY.

Mais vous avez votre montre...

CORDENBOIS.

Je l'ai mise en gage pour me procurer ce costume... Je redois même dix francs à M. Babin... J'avais compté sur la cagnotte pour aller reprendre mes habits...

CHAMPBOURCY.

Nous voilà bien!

COLLADAN, trépignant.

C'est une horreur! c'est une infamie!

CORDENBOIS.

Quel voyage, mon Dieu! quel voyage!

CHAMPBOURCY.

Voyons, quand vous passerez votre temps à geindre ou à rager! nous en avons vu bien d'autres! la Providence est là!

CORDENBOIS, poussant un cri, mouvement de frayeur des autres.

Ah!... dix sous!... dans la poche de mon gilet.

ACTE CINQUIÈME.

CHAMPBOURCY.

Qu'est-ce que je vous disais? La Providence!

COLLADAN.

Mais, nom d'un nom! qu'est-ce que vous voulez faire de dix sous... pour cinq? (Tendant la main.) Donnez-les-moi toujours!

CHAMPBOURCY, les prenant.

Du tout!... ils sont à la communauté!... elle va décider ce qu'il faut en faire... Qui est-ce qui demande la parole?

CORDENBOIS et COLLADAN, ensemble.

Moi.

CHAMPBOURCY.

Ah! nous allons recommencer! Cordenbois, parlez! vous êtes le plus vieux.

CORDENBOIS.

Messieurs... quel voyage, mon Dieu! quel voyage!...

CHAMPBOURCY.

Après?...

CORDENBOIS

Je n'ai pas autre chose à dire.

CHAMPBOURCY, à Colladan.

A vous...

COLLADAN.

Avec les dix sous, je propose d'acheter du pain et des saucisses... voilà!

CHAMPBOURCY.

Eh bien, après? quand vous les aurez mangés?

COLLADAN.

Ah, dame!

CHAMPBOURCY.

Remarquez-vous comme vous avez l'intelligence ratatinée?...

CORDENBOIS.

Que voulez-vous! l'adversité me flanque par terre!

CHAMPBOURCY.

Moi, c'est le contraire... je grandis avec les difficultés!... le péril m'exalte!... j'étais né pour les grandes choses... Je vais d'abord acheter un timbre à vingt centimes.

COLLADAN.

Mais ça ne se mange pas!

CORDENBOIS.

Il ne nous restera plus que six sous... Quel voyage!

CHAMPBOURCY.

Avez-vous confiance en moi, oui ou non?

COLLADAN.

Allez!

CHAMPBOURCY.

J'écris à Baucantin, notre ingénieux receveur des contributions; je le prie de nous envoyer cinq cents francs.

CORDENBOIS.

Cinq cents francs!

COLLADAN.

Nous sommes sauvés!

CORDENBOIS.

Mais si on ne lui affranchissait pas la lettre?..

CHAMPBOURCY.

Je le connais... il la refuserait.

CORDENBOIS.

C'est juste.

COLLADAN.

Je demande à placer une observation... Où nous ferons-nous adresser la réponse?... nous n'avons pas de domicile, nous sommes traqués, poursuivis!...

CORDENBOIS.

Et comment vivrons-nous d'ici là?

CHAMPBOURCY.

Enfants de la Ferté-sous-Jouarre! croyez en moi!... Autrefois, quand je venais à Paris, je descendais rue de l'Échelle, hôtel du Gaillardbois... je payais grassement la bonne... elle doit se souvenir de moi...

CORDENBOIS.

Eh bien?

COLLADAN.

Après?

CHAMPBOURCY.

Je me fais adresser la réponse de Baucantin à l'hôtel du Gaillardbois; nous nous y installons, nous y vivons confortablement, mais sans luxe... et, quand les cinq cents francs arriveront...

CORDENBOIS.

J'irai reprendre mes habits chez M. Babin.

CHAMPBOURCY.

Qu'est-ce que vous dites de ça?

CORDENBOIS.

C'est du génie!

COLLADAN.

Vous êtes un ange!...

CHAMPBOURCY, enthousiasmé.

Je ne suis pas un ange... Je suis doué... voilà tout. Je vais acheter un timbre... de là, j'entre dans un café, je demande une plume, de l'encre...

COLLADAN.

Allons à l'économie.

CHAMPBOURCY.

Ça ne se paye pas!... Vous, tâchez de réveiller Léonida.

Il sort par le fond, à gauche.

SCÈNE III.

COLLADAN, CORDENBOIS, puis BLANCHE et LÉONIDA, puis TRICOCHE.

CORDENBOIS.

Comment la réveiller?... Elle ronfle comme un canon.

COLLADAN.

J'ai envie de lui verser de l'eau froide dans le cou.

BLANCHE, sortant par la brèche et introduisant Léonida.

Prenez garde, ma tante...

CORDENBOIS et COLLADAN.

La voici!

LÉONIDA, dans son costume de bal du quatrième acte, descend en scène.

Où sommes-nous?... D'où sors-je?... (Regardant.) Pourquoi ces vêtements de fête... cette robe de gaze qui...?

Elle bâille.

ACTE CINQUIÈME.

COLLADAN, à part.

C'est un reste... (Haut.) Secouez-vous un peu.

TRICOCHE, qui est entré et a placé plusieurs objets à sa devanture ; à part, regardant Léonida et Cordenbois.

Tiens! des masques!

Il rentre en haussant les épaules.

BLANCHE.

Ah! il pleut!

CORDENBOIS.

Et pas de parapluie! Quel voyage!

COLLADAN.

Rentrez dans vos planches... ça ne sera rien...

LÉONIDA.

Oh! jamais! les ouvriers peuvent venir... et, s'ils me trouvaient dans un pareil costume..., pour qui me prendraient-ils?

CORDENBOIS, à part.

J'ai les mollets à la glace! (Haut.) Mesdames, j'ai aperçu hier un magasin... *Aux Villes de France*... il y a écrit sur la porte : Entrée publique... et on est chauffé.

BLANCHE.

Oh! allons-y!... nous regarderons les étoffes.

COLLADAN.

Surtout n'achetez rien!

CORDENBOIS.

Mesdames, je vous offre mon bras... c'est près d'ici.

ENSEMBLE.

AIR des *Mousquetaires de la Reine*.

Tous les trois, au plus vite,
Allons
Allez non loin d'ici,

Dans ces lieux qu'on visite,
Demander un abri.

Cordenbois, Blanche et Léonida sortent par la droite, entre la boutique de fruiterie et les planches servant de clôture à la construction.

SCÈNE IV

COLLADAN, puis CHAMPBOURCY, UN GARÇON DE CAFÉ, puis TRICOCHE.

COLLADAN, seul.

Je ne l'ai pas dit aux autres.... il me reste une brioche.

Il la tire de sa poche et la mange.

CHAMPBOURCY, entrant du fond gauche et se querellant avec un garçon de café qui le suit.

A la Ferté-sous-Jouarre, c'est cinq sous!

LE GARÇON.

A Paris, c'est huit sous!

COLLADAN.

Qu'est-ce qu'il y a?

CHAMPBOURCY.

Pour écrire, il m'ont forcé à prendre quelque chose... j'ai demandé un verre d'eau sucrée... c'est cinq sous..

LE GARÇON.

Huit sous!

COLLADAN, bas, à Champbourcy.

Allons, payez-le...

CHAMPBOURCY, bas.

Impossible! j'ai acheté un timbre!

ACTE CINQUIÈME.

COLLADAN.

Ah, bigre!

CHAMPBOURCY, au garçon.

Voulez-vous six sous?

COLLADAN, à part.

Notre tout!

LE GARÇON.

Quand on n'a pas d'argent, on ne consomme pas!

CHAMPBOURCY.

Soyez poli!... je vous ferai voir qui je suis! (Bas, à Colladan.) Appelez-moi « Commandant! »

LE GARÇON.

Soyez le Grand Turc si vous voulez... mais payez-moi.

CHAMPBOURCY.

Soit... suivez-moi jusqu'à mon hôtel...

COLLADAN, à part.

Il est pétri d'idées...

LE GARÇON.

Est-ce loin?...

CHAMPBOURCY.

Rue de l'Échelle... hôtel du Gaillardbois.

LE GARÇON.

Ah! vous demeurez hôtel du Gaillardbois, vous?

CHAMPBOURCY.

Inévitablement!

LE GARÇON.

Laissez-moi donc tranquille!... il est démoli depuis douze ans!

CHAMPBOURCY, à Colladan.

Sapristi! j'ai mis ma lettre à la poste!

COLLADAN.

Cinq cents francs de perdus!...

LE GARÇON.

Tenez, vous n'êtes que des faiseurs de dupes!

CHAMPBOURCY, furieux.

Polisson!...

COLLADAN.

Attendez... je vais l'arranger...

Champbourcy veut se jeter sur le garçon; mais Colladan, exaspéré, le fait pirouetter et prend sa place; le mouvement brusque qu'il imprime à Champbourcy le fait tomber sur la devanture de l'épicier, dont il casse un carreau.

TOUS.

Ah!

TRICOCHE, sortant vivement de sa boutique.

Un carreau cassé... c'est trois francs cinquante!

Le garçon rejoint Tricoche, ils restent un plan au-dessus.

CHAMPBOURCY, atterré.

Bien! deux créanciers!

SCÈNE V.

Les Mêmes, SYLVAIN, puis MADAME CHALAMEL.

SYLVAIN, entrant par le fond à gauche. — Sa mise est débraillée. Il est très-gris et chante à tue-tête.

Tiens, voilà mon cœur,
Ah!
Tiens, voilà mon cœur!

ACTE CINQUIÈME.

COLLADAN, le reconnaissant.

Mon fils!... nous sommes sauvés...

CHAMPBOURCY, au garçon et à Tricoche.

Vous allez être payés...

SYLVAIN.

Tiens! papa!

Il veut l'embrasser.

COLLADAN.

Donne-moi ton porte-monnaie... (Fouillant dans une de ses poches d'habit.) Un faux nez!

CHAMPBOURCY, qui a fouillé dans une autre poche de gilet.

Voilà le porte-monnaie!... (L'ouvrant.) Deux sous !

COLLADAN.

Pas plus!

CHAMPBOURCY, payant le garçon.

Deux et six font huit... Tenez, maroufle! (Le garçon sort.) Voilà toujours une dette éteinte!

TRICOCHE.

Eh bien, et moi?

CHAMPBOURCY.

Attendez, que diable!... si vous croyez que c'est facile!

Il feint de chercher dans ses poches.

COLLADAN, à Sylvain.

Ah çà!... comment n'es-tu pas à Grignon?...

SYLVAIN, très-gris.

Grignon? J'y ai dit bonsoir!... Je veux être garçon de café... j'ai une place au *Bœuf à la mode*...

COLLADAN.

Il est gris!... Je vais lui flanquer une danse!

SYLVAIN.

J'ai encore soif... (Appelant.) Garçon! une chope!...
Colladan le prend, le fait pirouetter et l'envoie tomber sur le panier d'œufs, qu'il casse.

TOUS.

Ah!

MADAME CHALAMEL, sortant vivement de sa boutique.

Mes œufs!... des œufs tout frais!

COLLADAN.

Je vous en enverrai d'autres...

MADAME CHALAMEL.

Du tout... c'est vingt-cinq francs!

CHAMPBOURCY.

Bien! deux créanciers!

SYLVAIN, à la fruitière.

Ne pleurez pas, la vieille!... venez chez moi, je n'ai pas le sou, mais je vous donnerai un fauteuil...

La fruitière va rejoindre l'épicier.

COLLADAN.

Chez lui!

CHAMPBOURCY.

Il a un domicile!

COLLADAN.

Nous sommes sauvés... nous vendrons ses meubles... (A Sylvain.) Où demeures-tu?

SYLVAIN, gris.

Dans une maison... (Cherchant à se rappeler.) Attendez... il faut passer un pont...

CHAMPBOURCY.

Le pont des Arts?...

ACTE CINQUIÈME.

SYLVAIN.

Non.

COLLADAN.

Le pont Neuf?...

SYLVAIN.

Non... c'est le n° 118... mais je ne me rappelle pas la rue...

COLLADAN, le bousculant et le faisant passer

Butor!

CHAMPBOURCY.

Animal!

SYLVAIN.

Je ne suis pas à mon aise!

Il va s'asseoir sur le banc qui est devant la fruitière et s'y endort. — On entend des cris dans la rue.

SCÈNE VI.

Les Mêmes, CORDENBOIS, LÉONIDA et BLANCHE.

Ils entrent en courant, du même plan que pour leur sortie.

CHAMPBOURCY et COLLADAN.

Qu'y a-t-il?...

CORDENBOIS.

Ce sont des gamins... ils me poursuivent en criant « Voilà le marquis! à la chien-en-lit! »

Il remonte.

LÉONIDA.

Et aux Villes de France, le commis m'a dit : « Madame le carnaval est passé, rentrez chez vous! »

CORDENBOIS.

Quel voyage, mon Dieu! quel voyage!

TRICOCHE, à Champbourcy.

Ah çà! est-ce pour aujourd'hui, oui ou non?...

BLANCHE.

Que demandent ces gens?

TRICOCHE, à Champbourcy.

Mon carreau!

MADAME CHALAMEL, de même.

Mes œufs!

CHAMPBOURCY.

C'est vrai! je les avais oubliés. (Il recommence à fouiller dans toutes ses poches. Colladan l'imite.) Comment sortir de là? (Tout à coup, en regardant Léonida.) Ah! nous sommes sauvés!

COLLADAN.

Encore!

CHAMPBOURCY, montrant Léonida.

Elle a ses boucles d'oreilles! on lui a laissé ses boucles d'oreilles!

COLLADAN.

Faut les vendre!

CORDENBOIS.

Hein?

Il remonte.

CHAMPBOURCY.

Je sais ce que tu vas me dire... C'est un souvenir de Cordenbois... ton compère...

LÉONIDA.

Ce n'est pas cela... mais...

ACTE CINQUIÈME.

CHAMPBOURCY, à Léonida.

Donne toujours... je cours chez le premier bijoutier.

CORDENBOIS.

Arrêtez ! c'est inutile !

TOUS.

Pourquoi ?

CORDENBOIS, très-gêné.

Mon Dieu ! je ne sais pas comment vous dire ça... c'est du faux !

TOUS.

Du faux !!!

LÉONIDA.

Ah ! le pleutre !

COLLADAN.

Le rat !

CHAMPBOURCY.

Le cuistre !

CORDENBOIS.

Ce n'est pas ma faute... dans ce moment-là, j'étais gêné... je venais de perdre une forte partie de sangsues...

CHAMPBOURCY.

Ah ! monsieur ! donner de faux diamants à une femme !... je crois que le duc de Buckingham n'eût pas fait cela...

CORDENBOIS.

Dame !... il n'avait pas perdu de sangsues... (A part.) Je m'en suis bien tiré !

TRICOCHE, s'approchant.

Ah çà ! nous ne pouvons pas perdre notre journée à vous attendre !

MADAME CHALAMEL.

Payez-nous!

CHAMPBOURCY et COLLADAN.

Attendez...

Ils recommencent à fouiller dans toutes leurs poches.

TRICOCHE.

Oh! nous en avons assez... je vais chercher M. Béchut.

Il se dirige, avec madame Chalamel, vers le fond; tous le suivent.

TOUS, effrayés.

Béchut!

COLLADAN.

Le président!

CHAMPBOURCY.

Mais non, ma brave femme!...

SCÈNE VII.

Les Mêmes, FÉLIX.

FÉLIX, entrant par la droite et les apercevant.

Ah! je vous trouve enfin!

TOUS

M. Félix!

COLLADAN.

Nous sommes sauvés!

CHAMPBOURCY, vivement à Félix.

Mon ami, ma fille est à vous!... Avez-vous de l'argent?

FÉLIX, remerciant.

Ah! monsieur...

ACTE CINQUIÈME.

CHAMPBOURCY, énergiquement.

Avez-vous de l'argent?

FÉLIX.

Oui!

TOUS.

Il en a!

CHAMPBOURCY.

Payez ces drôles... Vingt-cinq francs à cette femme... Trois francs cinquante à cet homme.

FÉLIX.

Je ne comprends pas... mais je paye...

Il paye Tricoche et madame Chalamel, qui rentrent dans leurs boutiques.

CORDENBOIS.

Quelle chance de vous avoir rencontré!

FÉLIX.

Je vous cherche depuis hier... dans tous les monuments... Cette nuit, je suis allé au bal de l'Opéra, espérant vous y trouver...

BLANCHE, à Félix.

Et vous en sortez à neuf heures?

FÉLIX.

Oh non!... je sors de chez le commissaire.

TOUS.

Comment?

CHAMPBOURCY.

Lui aussi!

FÉLIX.

Il faut vous dire que cette nuit, dans un couloir, je me suis trouvé face à face avec mon voleur...

TOUS.

Quel voleur?

FÉLIX.

Celui qui m'avait pris ma montre... hier, sur le boulevard...

CHAMPBOURCY, étonné.

Tiens!

FÉLIX.

Je l'ai fait arrêter... mais il n'a pas pu me la rendre, vu qu'il l'avait jetée dans le parapluie d'un imbécile qui regardait les gravures.

CHAMPBOURCY.

Dans le mien! c'était moi!...

TOUS.

C'était lui!...

COLLADAN.

Ah! cette fois, nous sommes sauvés!

CHAMPBOURCY.

Notre innocence sera reconnue!

CORDENBOIS.

On nous rendra la cagnotte.

CHAMPBOURCY.

Mon ami, je vous donne ma fille...

FÉLIX, remerciant.

Ah! monsieur!...

CHAMPBOURCY.

Avez-vous de l'argent?

FÉLIX.

Toujours!

ACTE CINQUIÈME.

CHAMPBOURCY.

Très-bien... nous allons commencer par déjeuner...

SYLVAIN, se réveillant.

Moi... je veux être garçon de café!

COLLADAN, allant à lui.

Puisque tu veux servir... tu serviras les vaches! Je te remmène à la Ferté-sous-Jouarre.

CHAMPBOURCY.

Après déjeuner, nous nous présenterons le front calme devant M. le commissaire.

COLLADAN.

Je lui redemanderai ma pioche.

CHAMPBOURCY.

Il nous rendra la cagnotte, et, cette fois, nous la mangerons à la Ferté-sous-Jouarre...

CORDENBOIS.

Oui... une bonne dinde truffée!

FÉLIX et BLANCHE.

Non... un bal!

COLLADAN.

Non... la foire de Crépy!

LÉONIDA.

Une visite au camp de Châlons!

CHAMPBOURCY.

Voyons, du calme!... Nous irons aux voix... Qu'est-ce qui demande la parole?...

TOUS.

Moi!... moi!...

CHAMPBOURCY.

Nous déciderons ça à la Ferté-sous-Jouarre. Allons toujours déjeuner, et la main aux dames.

TOUS.

Allons déjeuner!

CHŒUR.

Les tracas, les soucis,
Sont terminés, j'espère...
Sans regrets on peut faire
Ses adieux à Paris.

FIN DE LA CAGNOTTE.

LA PERLE
DE LA CANEBIÈRE

COMÉDIE

EN UN ACTE, MÊLÉE DE CHANT

Représentée pour la première fois, à Paris, sur le théâtre du PALAIS-ROYAL, le 10 février 1855.

COLLABORATEUR : M. MARC-MICHEL

PERSONNAGES

                                        ACTEURS
                          qui ont créé les rôles.

BEAUTENDON, ancien parfumeur.   MM. Grassot.
GODEFROID, son fils.   Brasseur.
ANTOINE, domestique.   Octave.
THÉRÉSON MARCASSE, riche Marseillaise (23 ans). Mmes Aline Duval.
MADAME DE SAINTE-POULE.   Thierret.
MIETTE, jeune Marseillaise, bonne de Théréson.   Désirée.
BLANCHE, fille de madame de Sainte-Poule.   Céluta.

La scène se passe à Paris.

LA PERLE
DE LA CANEBIÈRE

Un salon chez Beautendon. — Porte principale au fond. — Deux portes de chaque côté. — Une petite table et un fauteuil à grand dossier au premier plan de droite. — A gauche, un fauteuil. — Au fond, appliques de buffets, chaises.

SCÈNE PREMIÈRE.

ANTOINE, puis BEAUTENDON.

ANTOINE, un plumeau à la main, le nez en l'air, étouffant un éternument.

A... a... atch!... non! je n'ose pas... M. Beautendon, mon maître, m'a défendu d'éternuer dans son salon... il dit que ça fait gémir les convenances... moi, je trouve cet homme-là trop *véticuleux* dans ce qu'il est... C'est égal! je l'aime... à cause de sa bonne odeur...

AIR du *Premier prix*.
De mes sens il fait le bonheur,
Tant il exhale un fumet qui m'embaume!

D' son état d'ancien parfumeur
Il a gardé le doux arome !
Oui, j'aim' monsieur et sa maison me plaît,
Je les renifle à m'en rendre malade...
J' crois être ici l' groom d'un œillet,
Et demeurer dans un pot de pommade !
J' crois habiter un pot de pommade.

(Aspirant avec délices.) Heum !... (Éternuant malgré lui.) Atchum !

BEAUTENDON, entrant par la gauche, premier plan.

Antoine ! dans mon salon !

ANTOINE, confus

Crédié !

BEAUTENDON.

C'est donc un parti pris... un système !

ANTOINE.

Monsieur, il fallait que ça parte !

BEAUTENDON, avec douceur.

Mon ami, je sais que la nature... et loin de moi la pensée de déverser le blâme sur cette bonne mère... je sais que la nature a cru devoir nous affliger de certaines calamités dont gémissent les convenances...

ANTOINE, niaisement.

Oui, monsieur. (Le flairant, à part.) Dieu ! embaume-t-il !

BEAUTENDON, continuant.

Mais elle a permis qu'on en sentît les approches... et alors...

ANTOINE.

Quoi qu'on fait, monsieur ?

BEAUTENDON.

On prend la clef de sa chambre, on va s'y enfermer... on y paye son tribut, le plus silencieusement possible...

après quoi, on rentre dans le sein de la société avec le calme sourire d'une conscience qui a fait son devoir!

ANTOINE.

Bien, monsieur... une autre fois, je prendrai ma clef.

BEAUTENDON.

A la bonne heure.

ANTOINE.

Ah! monsieur, voilà une lettre pour vous? c'est six sous.

BEAUTENDON.

Quel est l'incivil qui n'affranchit pas ses lettres? (L'ouvrant.) Après ça, il s'agit peut-être d'une forte commande... (Lisant.) « Monsou. » Qu'est-ce que c'est que ça?

ANTOINE.

Mon sou? c'est un mendiant!

BEAUTENDON, lisant.

« Monsou, sorti viou déis dangiers léis plus féroços... siou escapa!... » (S'interrompant.) « Escapa! » Escarpin, il a voulu dire! c'est quelque cordonnier espagnol... Je me la ferai traduire... (Il la met dans sa poche.) Savez-vous si mon fils est levé?

ANTOINE.

M. Godefroid? je ne sais pas, monsieur... mais, tout à l'heure, il ronflait comme un bœuf!

BEAUTENDON, scandalisé.

Juste ciel! mon ami, quelle comparaison!

ANTOINE.

Sans comparaison, monsieur; après ça, il s'est peut-être levé depuis... voulez-vous que j'aille voir?

BEAUTENDON.

Antoine, vous me désolez.

ANTOINE, redescendant.

Moi, monsieur?

BEAUTENDON.

Que vous ai-je dit hier au soir?

ANTOINE.

Vous m'avez dit d'aller acheter *la Patrie*.

BEAUTENDON.

Il ne s'agit pas de ça! je me suis efforcé, pour la dixième fois, de vous inculquer les premiers principes d'un service selon les convenances...

ANTOINE.

Ah oui! (A part, le flairant de près.) Qu'il sent bon, mon Dieu!

BEAUTENDON.

Et, d'abord, un serviteur convenable ne se tient pas ainsi dans la poche de son maître.... il observe une distance respectueuse...

ANTOINE, reculant d'un pas.

Oui, monsieur Beautendon.

BEAUTENDON.

Il ne dit pas : « Oui, monsieur Beautendon. » Il dit : « Oui, monsieur... » tout sec.

ANTOINE, riant niaisement.

L' fait est que vous êtes seccot...

BEAUTENDON, s'impatientant.

Sac à papier!... on ne dit pas à son maître vous êtes seccot! on lui dit : « Monsieur est seccot! » on parle à la troisième personne.

ANTOINE, niaisement.

Faites excuse, monsieur... elle n'y est pas.

SCÈNE PREMIÈRE.

BEAUTENDON.

Qui ?

ANTOINE.

La troisième personne...

BEAUTENDON.

Mon Dieu ! quel âne !...

ANTOINE, souriant.

Ah ! monsieur, vous me manquez !... C'est égal, j'aime monsieur...

Il le renifle de loin.

BEAUTENDON.

Bien, mon ami !

ANTOINE.

Au point que je voudrais porter monsieur à ma boutonnière... comme une rose... (A part.) Tant il fleure bon !

BEAUTENDON.

Très-bien ! c'est cela.

ANTOINE.

Monsieur... je vas aller voir si monsieur le fils à monsieur est levé.

BEAUTENDON.

Parfait ! vous voilà convenable... Mais restez, j'ai besoin de vous... J'attends de Cambrai deux personnes du sexe qui me font l'honneur de descendre chez moi.

ANTOINE.

Des dames ! où que nous allons loger tout ça ?

BEAUTENDON, montrant la porte de droite, premier plan.

Ici, dans le petit appartement bleu tendre... le seul dont je puisse disposer... Allez le préparer... et mettez-y tous les soins imaginables...

ANTOINE.

Soyez tranquille.

BEAUTENDON, le reprenant.

Que monsieur soit tranquille! Ah! vous ôterez la gravure de *Daphnis et Chloé* et la placerez dans ma chambre... Ces personnages portent des costumes trop lestes pour des dames...

ANTOINE.

Ils n'en portent pas!

BEAUTENDON.

Précisément... une demoiselle! Vous répandrez dans la chambre un flacon d'essence... moitié iris, moitié violette.

ANTOINE, entrant à droite.

Oui, monsieur.

BEAUTENDON.

Moitié iris, moitié violette!

ANTOINE, dans la chambre.

Bien, monsieur.

SCÈNE II.

BEAUTENDON, GODEFROID, entrant par la gauche, deuxième plan.

GODEFROID, qui a entendu les derniers mots.

De la violette!

BEAUTENDON.

Ah! c'est mon fils.

GODEFROID.

Pour qui, p'pa?

SCÈNE DEUXIÈME.

BEAUTENDON, le regardant fixement.

Eh bien, Godefroid?

GODEFROID.

Quoi, p'pa?

BEAUTENDON.

Que dit-on le matin à l'auteur de ses jours?

GODEFROID.

Ah oui!... Bonjour, p'pa.

BEAUTENDON.

Bonjour, mon fils.

Il le baise au front.

GODEFROID.

Vous attendez donc quelqu'un?

BEAUTENDON, avec intention.

De Cambrai, Godefroid.

GODEFROID, effrayé.

Ah! mon Dieu! mademoiselle Blanche et sa grosse maman?

BEAUTENDON.

Elles-mêmes... ta future et sa respectable mère, madame de Sainte-Poule... Elles arrivent à midi... demain les fiançailles et le contrat...

GODEFROID.

Comme ça!... tout de suite!

BEAUTENDON.

La corbeille est commandée... Tout est convenu, arrangé, et nous allons aller à l'embarcadère du Nord, au-devant de ces dames... Tu donneras le bras à madame de Sainte-Poule.

GODEFROID, intimidé

Oh non! oh non!

BEAUTENDON.

Pourquoi donc?

GODEFROID.

Papa... elle est trop puissante!

BEAUTENDON, sévèrement.

Godefroid, soyez franc!... ce n'est pas... la puissance de cette aimable dame... c'est encore votre déplorable timidité qui vous fait louvoyer en ce moment dans le sentier du devoir.

GODEFROID, balbutiant.

Papa, ce n'est pas ma faute.

BEAUTENDON, lui frappant sur l'épaule.

Allons donc, mon garçon; sois homme, morbleu! de l'aplomb, sac à papier!... Je t'ai fait voyager tout seul, il y a trois mois, pour te donner, par le frottement du monde... cette noble hardiesse qui rend un jeune homme accompli... Il est vrai que je n'y ai pas fait mes frais.

GODEFROID.

Oh! papa!

BEAUTENDON.

Non, mon fils! comment t'es-tu conduit, notamment à Marseille, avec cette charmante petite veuve?...

GODEFROID.

Oh! la veuve Marcasse!...

BEAUTENDON.

Une correspondante de la maison veuf Beautendon... qui t'avait offert une si gracieuse hospitalité... et dont tu as quitté la demeure, nuitamment, sans présenter tes hommages.

SCÈNE DEUXIEME

GODEFROID.

Papa, elle m'effarouchait.

BEAUTENDON.

Allons donc! pour colorer autant que possible une pareille incivilité... j'ai été obligé de lui écrire que tu étais parti pour lui cacher un amour... qui serait peut-être sorti des bornes!...

GODEFROID.

Moi! amoureux de madame Marcasse?... ça n'est pas vrai!...

BEAUTENDON.

Je le sais bien! mais il fallait colorer.

GODEFROID.

Ah ben, oui!... une créature qui m'a sauté au cou à la première vue!

BEAUTENDON.

C'est un peu vif!...

GODEFROID.

Et qui me tutoyait avec son accent *marséyais!...* (Il prononce avec l'accent marseillais.) « Godefroid, tu n'as pas faim? Godefroid, tu n'as pas soif!... » C'était assommant, papa...

BEAUTENDON.

J'avoue qu'une telle familiarité... Je suis fâché d'avoir écrit à cette Méridionale de descendre chez moi, quand elle viendrait à Paris...

GODEFROID, effrayé.

Vous avez écrit ça?

BEAUTENDON.

Une politesse sans conséquence .. Heureusement elle ne

viendra pas... sa fabrique de savon la retient à Marseille... (Regardant à sa montre.) Mais, mon Dieu! les dames de Sainte-Poule vont arriver... nous n'avons que juste le temps!... voyons si ta mise est convenable... Comment! une cravate verte?...

GODEFROID.

C'est ma neuve.

BEAUTENDON.

Impossible pour la circonstance... une cravate blanche, c'est de rigueur...

GODEFROID.

Mais, papa...

BEAUTENDON.

Dépêche-toi, et viens me rejoindre au chemin de fer.

ENSEMBLE.

AIR : *Suivez-moi.*

Il faut que je me hâte,
C'est l'heure du convoi :
Mets ta blanche cravate
Et là-bas rejoins-moi.

GODEFROY.

Oui, papa, je me hâte
D'obéir; mais pourquoi
D'une blanche cravate,
M'affubler malgré moi?

Beautendon sort par le fond.

SCÈNE III.

GODEFROID, puis ANTOINE.

GODEFROID, seul, boudant.

Une cravate blanche! j'en avais une les trois fois que

papa m'a mené à Cambrai pour faire ma cour à ma future... Aussi, la première fois, je ne lui ai rien dit... la seconde fois...

ANTOINE, sortant de la droite, et tenant la gravure de *Daphnis et Chloé*, à lui-même.

Le fait est que ces costumes-là pour des dames...

GODEFROID, sursautant.

Hein!...

ANTOINE.

Rien!... C'est moi qui va accrocher *Daphnis* dans la chambre à monsieur.

Il entre à gauche.

GODEFROID, reprenant.

La seconde fois... je ne lui ai rien dit non plus!... la troisième fois... nous étions seuls dans le salon... le jour tombait... j'étais ému... j'osai lui dire : « Mademoiselle, quelle heure est-il? — Sept heures trois quarts! » fut sa réponse... Voilà les seuls mots que nous avons échangés... et pourtant je l'aime! mais l'amour est aux hommes, ce que le vinaigre est aux cornichons... il les confit.

ANTOINE, sortant de la gauche.

C'est accroché! maintenant je vais m'occuper du déjeuner.

GODEFROID.

Ah! Antoine, nous attendons du monde... tâche de ne pas me mettre à table à côté d'une dame... ni d'une demoiselle.

ANTOINE.

Ah çà! elle vous déplait donc, cette demoiselle?

GODEFROID.

Au contraire!... mais nous ne nous parlons pas... nous nous regardons...

ANTOINE.

Vous vous faites de l'œil?

GODEFROID.

Je crois que oui!... je la regarde quand elle ne me regarde pas... et elle de même; c'est chacun notre tour. Tiens! regarde-moi. (Antoine le regarde, Godefroid baisse les yeux.) Ne me regarde plus. (Antoine baisse les yeux, Godefroid le regarde tendrement.) N'est-ce pas que c'est gentil?

ANTOINE.

Oui... quand on ne louche pas.

GODEFROID.

Tandis que l'autre, celle de la Canebière... veux-tu voir comme elle me regardait?

ANTOINE.

Qui ça, la Canebière?

GODEFROID.

Tiens! voilà comme elle me regardait! (Il met un poing sur la hanche et le regarde de trois quarts avec un sourire hardi en disant avec l'accent marseillais.) Godefroâ!... Godefroâ!... (Crispé.) Crrr... (Changeant de ton.) Oh! déjà midi!... papa va me gronder... je vais mettre ma cravate blanche...

Il entre vivement dans sa chambre, au deuxième plan de gauche.

SCÈNE IV.

ANTOINE, puis THÉRÉSON MARCASSE et MIETTE.

ANTOINE, seul.

C'est égal! je trouve que monsieur le fils à monsieur est un peu jobard dans ce qu'il est.

SCÈNE QUATRIÈME.

VOIX DE THÉRÉSON, en dehors de la porte du fond appelant avec un accent provençal très-prononcé.

Mietto!

VOIX DE MIETTE, plus éloignée; même accent

Plaît-y?

ANTOINE, à part.

Qu'est-ce que c'est que ça?

THÉRÉSON, ouvrant la porte et parlant à la cantonade.

Allons! arrive! dépêche-toi... que c'est ici!

Elle entre.

MIETTE, arrivant.

Un moment! qu'on glisse dans ces escaliers... que j'ai manqué de me casser le cou.

Elles sont toutes deux chargées de paniers, de boîtes, de petites caisses.

ANTOINE, à part.

Ce sont les dames qu'on attend.

THÉRÉSON, l'apercevant.

Tè! un domestique homme!

MIETTE.

Bagasse! bon genre!

THÉRÉSON, à Antoine.

Eh! bonjour, mon bon! comment que ça va? tu ne me remets pas?

ANTOINE.

Mais...

THÉRÉSON.

Ça ne m'étonne pas... tu ne m'as jamais vue...

MIETTE, riant à se tordre.

Hi hi hi!

THÉRÉSON.

Mais on a dû te parler souvent de moi... Théréson Marcasse!

ANTOINE.

Marcasse?

THÉRÉSON.

La veuve Marcasse... la fabricante de savon... la correspondante, depuis plus de septante ans, de ce brave Beautendon... de père en fils et de mère en fille!

ANTOINE, à part.

C'est une femme bien campée!

THÉRÉSON.

Comment qu'il va, ce brave Beautendon? il va bien?

ANTOINE.

Très-bien! il est sorti.

THÉRÉSON.

Ne le dérange pas...

MIETTE, riant à se tordre.

Hi hi hi!

ANTOINE, à part, la regardant.

Elle est gaie! c'est la demoiselle!

THÉRÉSON.

Et Godefroid, ce brave Godefroid... comment qu'il va? il va bien?

ANTOINE.

Parfaitement... il met une cravate blanche.

THÉRÉSON.

Ne le dérange pas... je veux lui faire la surprise...

SCÈNE QUATRIÈME.

ANTOINE.

La surprise? mais on comptait sur vous!

THÉRÉSON.

Qu'est-ce que tu me dis là?

ANTOINE.

Et sur mademoiselle aussi... votre chambre est toute prête.

THÉRÉSON.

Eh bien, ça ne m'étonne pas! Beautendon, il devait bien comprendre qu'au reçu de son amicale... où il me dit de descendre chez lui... où il me parle de Godefroid dans des termes... Ah! mon bon, quelle lettre! veux-tu que je t'en fasse lecture?

ANTOINE, discrètement.

Oh! madame...

THÉRÉSON.

Je ne te la ferai pas... c'est des affaires de famille!

ANTOINE.

Madame ne s'assoit pas?

THÉRÉSON.

C'est pas de refus... j'ai les jambes qui me rentrent... *Assetto-ti, Mietto* *.

MIETTE.

Siou pas lasso **.

THÉRÉSON.

Assetto-ti ***.

* Assieds-toi, Miette.
** Je ne suis pas lasse.
*** Assieds-toi.

ANTOINE, à part.

Quel drôle de baragouin!

Elles s'asseyent. Théréson à droite, Miette à gauche, tirent un bas de leur poche et se mettent à tricoter.

THÉRÉSON, à Antoine.

Sais-tu qu'il y a loin depuis l'embarcadère!

ANTOINE.

Vous arrivez par le chemin de fer du Nord?

THÉRÉSON.

Non, de Lyon.

ANTOINE.

Non, du Nord... Cambrai!

THÉRÉSON.

Quoi, Cambrai?

ANTOINE.

C'est Nord.

THÉRÉSON.

Je ne dis pas que Cambrai, c'est pas Nord... il me semble pourtant bien que nous avons pris celui de Lyon.

MIETTE.

Ça me semble...

ANTOINE.

C'est possible... par embranchement.

THÉRÉSON.

Après ça, ne me parlez pas de vos chemins de fer... qu'on ne s'y reconnaît plus... ça va comme le mistral... on n'a pas le temps de rien... Ah! quel voyage, jeune homme!... Dis-moi ton nom?

ANTOINE.

Antoine!

SCÈNE QUATRIÈME.

THÉRÉSON et MIETTE, avec étonnement et se levant.

Té!!!

ANTOINE.

Quoi?

THÉRÉSON.

Tu t'appelles Toine?

ANTOINE.

Antoine!

THÉRÉSON.

J'ai mon maître portefaix qui s'appelle aussi Toine!

ANTOINE.

Ah!

MIETTE.

Mais le portefaix, il est plus large de carrure... (Montrant avec ses deux mains.) Il a ça de large, je l'ai mesuré... tandis que vous, vous êtes mince comme un fifi!

ANTOINE, à part.

Fichtre! pour une demoiselle timide, elle toise les portefaix!...

THÉRÉSON.

Tu me croiras si tu veux, bon Toine...

ANTOINE, à part.

Bon Toine!

THÉRÉSON.

Celui qui m'aurait dit le mois dernier : « Tu seras dans trois semaines à Paris chez ce brave Beautendon... » i'y aurais dit : « Ah! taisez-vous, que vous ne savez pas ce que vous dites! » Je te fais juge! est-ce que je pouvais bouger... avec une fabrique de savon sur le dos?...

ANTOINE.

Diable!

THÉRÉSON, s'attendrissant.

Surtout après l'accident cruel qui m'a rendue veuve a vingt et un ans et demi, en me privant de ce pauvre Marcasse!

ANTOINE.

Vous avez eu le malheur de le perdre?

THÉRÉSON.

De le perdre? on me l'a mangé, mon bon!

ANTOINE.

Mangé!...

THÉRÉSON.

Les Cafres, ces coquins de Cafres, ces abominables Cafres!

ANTOINE, sans comprendre.

Hein?

MIETTE, à Théréson.

Anas maï parlar d'aco*?

THÉRÉSON.

Laisso-mi li countar aqueou cruel récit**.

MIETTE.

Per vous fairé de pégin***!

THÉRÉSON.

Noun! mi soulageo lou couar****.

---

* Vous allez encore parler de cela?
** Laisse-moi lui conter ce cruel récit!
*** Pour vous faire du chagrin!
**** Non! ça me soulage le cœur.

SCÈNE QUATRIÈME.

ANTOINE, à part.

Quel drôle d'accent ont les dames de Cambrai !

THÉRÉSON.

Pour te revenir, bon Toine! il était capitaine au long cours, un homme superbe! je l'avais épousé d'inclination.

MIETTE, élevant ses mains.

Il avait ça de hauteur! je l'ai mesuré!

ANTOINE, à part.

Elle mesure tout le monde?

THÉRÉSON.

Huit jours après notre mariage, *peuchaire!* il me dit: « Faut que je m'embarque... » c'était un vendredi... Je me jette à ses pieds: « Marcasse, ne t'embarque pas un vendredi! fais-moi ce plaisir... » Il ne m'écouta pas... il était têtu!

MIETTE.

Coumo un ai*!

THÉRÉSON.

N'en digues pas de maou, que mi l'an mangia**!

ANTOINE, à part.

Mangia !

THÉRÉSON.

Pour te revenir, bon Toine!... il s'embarque un vendredi sur *la Belle-Théréson*... Son bâtiment, il portait mon nom..

ANTOINE.

Naturellement.

---

* Comme un âne!

** N'en dis pas de mal! on me l'a mangé!

THÉRÉSON.

Il part... bonne brise... vent arrière... est-nord-est... dix nœuds à l'heure... qu'il aurait mouillé à Sumatra en moins de deux mois si ça avait duré comme ça... mais je t'en fiche...

ANTOINE.

Ah!

MIETTE.

Pas plus tôt passé le détroit, voilà une tempête!...

THÉRÉSON.

Oh! mais une tempête!... une de ces tempêtes!...

ANTOINE.

Enfin, une forte tempête!...

THÉRÉSON.

AIR : *Femmes, voulez-vous éprouver.*

Battu par le flot inhumain,
Son navire fait avarie,
Et l'ouragan le jette enfin
Sur les côtes de Cafrerie...
Pauvre Marcasse, hélas! c'est là
Qu'aux Cafr's il servit de pâture.

MIETTE.

Un homme si bon !

THÉRÉSON.

C'est pour ça
Qu'ils en ont fait leur nourriture,
On n'a plus retrouvé que son gilet de flanelle...

MIETTE.

Et qu'ils en avaient mangé une manche aussi!

ANTOINE, *cherchant à les consoler.*

Que voulez-vous ?... chaque peuple a ses usages!

SCÈNE QUATRIÈME.

THÉRÉSON, se consolant tout à coup.

Tê! que faire a cela?... nous sommes tous mortels!... Voilà dix-huit mois que je le pleure... je crois qu'il doit être content.

ANTOINE.

Faudrait qu'il soit bien difficile...

THÉRÉSON.

Mais, bon Dieu!... que tu es bavard, bon Toine!

ANTOINE.

Moi?

THÉRÉSON.

Tu m'as parlé d'une chambre, et, en place de m'y mener, tu es là que tu causes... que tu causes!...

ANTOINE, à part.

Ah ben!... (Haut.) C'est par ici, si ces dames veulent passer.

THÉRÉSON, le contrefaisant.

« Veulent passer... veulent passer... » ce bon Toine!... je trouve que tu as de l'accent!

ANTOINE.

Moi? (Souriant.) Moins qu'à Cambrai!

THÉRÉSON.

Qu'est-ce qu'il a toujours à parler de Cambrai!

ENSEMBLE.

AIR : *Sur le pont d'Avignon.*

THÉRÉSON et MIETTE.

Allons! montrons-nous donc
Cette chambrette
Proprette.
Beautendon
Est si bon
Qu'il nous offre sa maison.

ANTOINE.

Venez, suivez-moi donc
Dans cette chambrette
Proprette.
Le patron
Est si bon
Qu'il vous offre sa maison.

Théréson et Miette entrent à droite, premier plan, suivies d'Antoine, qui porte leurs bagages.

SCÈNE V.

GODEFROID, puis BEAUTENDON, MADAME DE SAINTE-POULE, BLANCHE.

GODEFROID, en cravate blanche, sortant du deuxième plan de gauche.

J'ai essayé onze cravates blanches... j'ai peur d'être en retard. (Il va pour sortir, s'arrêtant intimidé.) Mais, mon Dieu!... qu'est-ce que je vais dire à ma future?... Bah! de l'aplomb!... sac à papier! comme dit papa! (Avec feu.) Je lui dirai : « Mademoiselle!... »

BEAUTENDON, au dehors.

Par ici, belles dames... nous y sommes...

GODEFROID, troublé.

Ah! mon Dieu! les voici!

BAUTENDON, chargé des ombrelles, sacs de nuit et cartons de ces dames.

Daignez pénétrer dans mon modeste asile...

MADAME DE SAINTE-POULE.

Souffrez que nous vous débarrassions...

SCÈNE CINQUIÈME.

BEAUTENDON, vivement.

Jamais! jamais!...

Il dépose les bagages au fond, à gauche.

MADAME DE SAINTE-POULE, voyant Godefroid, et avec ironie.

Ah! M. Godefroid?... nous craignions qu'il ne fût indisposé...

BEAUTENDON, revenant vivement.

Nullement. (A part.) C'est une pierre! (Haut.) Il vous a fait arranger une chambre... c'est un petit temple! (Appelant.) Antoine! Antoine!

ANTOINE, sortant de la chambre de droite, à part.

Tiens!... en voilà d'autres!

BEAUTENDON, aux dames, en montrant la chambre de droite.

Par ici, mesdames!

Elles remontent pour prendre leurs bagages.

ANTOINE, bas, vivement à Beautendon.

Pas par là... il y a du monde.

BEAUTENDON, bas.

Comment? qui ça?

ANTOINE, bas.

Une jeune veuve dont le mari a été mangé aux câpres.

BEAUTENDON.

Hein?

ANTOINE.

Une dame Marcasse!

BEAUTENDON, terrifié.

Ah! mon Dieu!

MADAME DE SAINTE-POULE.

Viens, ma fille...

Elles se dirigent vers la droite.

BEAUTENDON, vivement.

Non... pas par là!

MADAME DE SAINTE-POULE, étonnée.

Où donc, alors?

BEAUTENDON, remonte à gauche.

Par ici! par ici!...

Il indique la gauche.

MADAME DE SAINTE-POULE.

Mon Dieu! que d'embarras nous vous causons...

BEAUTENDON, avec le plus aimable sourire.

Jamais!... jamais!...

MADAME DE SAINTE-POULE, à Godefroid.

Nous allons voir votre petit temple.

Les deux dames, suivies d'Antoine, qui prend les paquets, entrent dans la chambre de Beautendon.

SCÈNE VI.

GODEFROID, BEAUTENDON, puis ANTOINE.

GODEFROID.

Qu'est-ce qu'il a donc papa? il les met dans sa chambre? mais, papa, vous vous trompez...

BEAUTENDON.

Quel événement! ta perle est ici!

GODEFROID.

Ma perle?

BEAUTENDON.

De la Canebière!

SCÈNE SIXIÈME.

GODEFROID, effrayé.

Ah bah! où ça? où ça?

BEAUTENDON.

Là, dans la chambre bleu tendre... J'ai offert la mienne à ces dames... j'irai coucher à l'hôtel...

GODEFROID.

Moi aussi!

BEAUTENDON.

Par bonheur, mon appartement est à peu près convenable.

ANTOINE, revenant de la gauche.

Monsieur... elle n'est pas faite!

BEAUTENDON.

Qui ça?

ANTOINE.

Votre chambre... les bottes sont sur la commode.

BEAUTENDON.

Ciel!

ANTOINE.

Et la perruque sur la table de nuit...

BEAUTENDON.

La table de...? (Avec effroi.) Malheureux! tu n'avais donc rien ôté?

ANTOINE.

Non, monsieur... mais j'ai accroché *Daphnis et Chloé* dans l'alcôve...

Il sort par la droite, deuxième plan.

BEAUTENDON, désolé.

Va-t'en donc, animal! quel tissu d'inconvenances! Ah!

si je n'avais pas peur d'être malhonnête... je maudirais cette Marseillaise!

GODEFROID.

Papa! mettons-la à la porte!...

BEAUTENDON, indigné.

Une femme? cosaque!

VOIX DE THÉRÉSON, dans la chambre.

Godefroid!... Godefroid!...

GODEFROID.

La! ça va commencer!

BEAUTENDON.

Mon ami, montrons-lui des visages souriants.

SCÈNE VII.

BEAUTENDON, GODEFROID, THÉRÉSON.

Théréson entre chargée de calaisons, saucissons, etc.

THÉRÉSON.

Godefroid!... c'est lui!... que j'ai reconnu sa voix!... Brasse-moi, petit!

Elle l'embrasse.

GODEFROID, à part.

V'lan!... comme à Marseille!

BEAUTENDON, saluant, à part.

Elle est fulminante de fraîcheur! (Haut.) Belle dame...

THÉRÉSON, se retournant.

Tè!... vous êtes le père!... brassez-moi, mon brave!

Elle l'embrasse.

SCÈNE SEPTIÈME.

BEAUTENDON, ahuri.

Hein?

THÉRÉSON.

Qu'il y a si longtemps que je désirais faire votre connaissance!...

BEAUTENDON, jouant le plus vif contentement.

Et moi donc!... quelle bonne et heureuse idée vous avez eue de venir nous voir!

THÉRÉSON.

Vous êtes content?

BEAUTENDON

Au comble... au comble de la joie!...

THÉRÉSON.

Et toi, Godefroid? Godefroid! tu ne dis rien?

GODEFROID.

Si... si!... Ça va bien?

THÉRÉSON.

Pauvre pichoun!... il me semble qu'il a grandi!... Mon brave Beautendon, je vous prie d'accepter ces petits cadeaux que j'apporte de Marseille. (Elle le charge de paquets et de petits barils, ainsi que Godefroid.) Tenez! tenez! tenez!...

BEAUTENDON.

Oh! c'est trop! c'est trop!

THÉRÉSON.

AIR : *Ni vu, ni connu.*

Prenez sans façon
Ces barils de thon.

BEAUTENDON.

Ah! que de reconnaissance!

THÉRÉSON.

Ces barils d' sardin's et ce saucisson,
Fruit de notre bell' Provence.

BEAUTENDON, à Godefroid.

Le saucisson est donc un fruit?

GODEFROID.

J'en doute.

BEAUTENDON.

Si le saucisson est un fruit,
Écoute :
Comment nomme-t-on l'arbre qui l' produit!

GODEFROID.

Un saucissonnier, sans doute.

THÉRÉSON, à Beautendon, lui donnant un autre baril qu'elle est allée prendre à droite.

Prenez garde! celui-ci, c'est de l'huile d'Aix...

BEAUTENDON, à part.

Pristi! ça va me tacher!

THÉRÉSON.

Godefroid!

GODEFROID, agacé.

Voilà!

THÉRÉSON.

Petit, je t'ai aussi apporté quelque chose, mais auparavant il faut que je cause avec ton brave père! Laisse nous!

GODEFROID.

Avec plaisir!

Fausse sortie.

SCÈNE VIII.

GODEFROID, THÉRÉSON, BEAUTENDON, MADAME DE SAINTE-POULE.

Madame de Sainte-Poule, tenant les bottes et la perruque en appelant.

MADAME DE SAINTE-POULE, entrant.

Antoine! Antoine!

GODEFROID.

La Sainte-Poule!

BEAUTENDON.

Avec mes bottes!

GODEFROID.

Et la perruque!

THÉRÉSON, à part.

Qu'és aco?

MADAME DE SAINTE-POULE, à Godefroid.

Voilà les ornements que j'ai trouvés dans votre petit temple.

BEAUTENDON.

Un oubli, belle dame, un oubli!... Godefroid, débarrasse madame.

GODEFROID, chargé de barils.

Papa, je suis empêtré.

BEAUTENDON, de même.

Moi aussi!

THÉRÉSON, bas, à Beautendon.

Cette grosse... c'est la nourrice?

MADAME DE SAINTE-POULE.

Comment?

BEAUTENDON, qui a mis sur les bras de Godefroid les objets dont il était chargé.

Non! non! (Prenant le bout de la perruque que tient madame de Sainte-Poule, en croyant lui prendre la main, et la présentant.) Madame de Sainte-Poule, la meilleure amie de la famille! — Madame Marcasse... la meilleure amie de la famille.

MADAME DE SAINTE-POULE, saluant, tenant toujours les bottes et la perruque.

Madame...

THÉRÉSON, à la Sainte-Poule, indiquant les bottes.

Vous faites le commerce?...

MADAME DE SAINTE-POULE.

Hein?

BEAUTENDON, vivement.

Madame est rentière!

Il débarrasse la Sainte-Poule.

THÉRÉSON.

Rentière?... c'est donc ça que vous êtes grasse à lard!

MADAME DE SAINTE-POULE.

Grasse à lard!

BEAUTENDON, vivement, bas, à madame de Sainte-Poule.

Ne faites pas attention... une locution du Midi!...

THÉRÉSON, à madame de Sainte-Poule.

Ma chère amie... je ne vous renvoie pas... mais je suis venue de Marseille pour causer avec Beautendon... Ainsi... adieu, bonne brise!

MADAME DE SAINTE-POULE, à part.

Bonne brise! c'est un matelot que cette femme-là!

SCÈNE NEUVIÈME.

BEAUTENDON, à Sainte-Poule.

Ne faites pas attention... une locution du Midi. Nous allons nous mettre à table... si votre charmante fille est prête... (A Godefroid, en le chargeant encore des bottes et de la perruque.) Porte ça à la cuisine et presse le déjeuner.

ENSEMBLE.

AIR de *Otez votre fille.*

THÉRÉSON.

J' suis d'avis
Qu'entre amis,
La franchise
Est permise.
J' vous dis donc franchement :
Vous m' gênez, allez-vous-en.

BEAUTENDON, MADAME DE SAINTE-POULE et GODEFROID.

J' suis d'avis
Qu'entre amis,
La franchise
Est permise.
Mais on n' dit pas pourtant:
« Vous m' gênez, allez-vous-en! »

Madame de Sainte-Poule rentre dans sa chambre. — Godefroid va à la cuisine, deuxième plan de droite.

SCÈNE IX.

BEAUTENDON, THÉRÉSON.

THÉRÉSON..

Nous voilà seuls, mon bon!

BEAUTENDON, à part.

Qu'est-ce qu'elle me veut?

Elle prend le bras de Beautendon sous le sien et descend la scène.

THÉRÉSON.

Beautendon, je suis de Marseille... et les gens de Marseille, ils s'expliquent toujours avec une grosse franchise.

BEAUTENDON.

C'est un des traits caractéristiques de cette estimable population.

THÉRÉSON.

Beautendon, j'ai percé vos projets... si vous m'avez fait quitter mes savons, mes bassines, mes cuites et tout... ce n'est pas uniquement pour venir voir l'éléphant de la Bastille.

BEAUTENDON.

D'autant qu'il n'existe plus.

THÉRÉSON.

Il est mort!... pauvre bête!... après ça, Marcasse aussi!... Ce qui m'a fait partir, Beautendon, c'est votre amicale du mois dernier.

BEAUTENDON.

Combien je m'en félicite!

THÉRÉSON.

Vous m'y marquez de venir vous voir... et que le petit il m'aime d'un amour insensé!

BEAUTENDON, embarrassé.

Oh! belle dame!

THÉRÉSON.

Ne dites pas non! vous me l'avez écrit!

BEAUTENDON, à part.

Maudite lettre!

THÉRÉSON, se levant.

Beautendon, Marcasse il a été mangé...

SCÈNE NEUVIÈME.

BEAUTENDON.

Ah oui! je connais l'anecdote...

THÉRÉSON.

Le petit, il m'aime... de mon côté, je le trouve joli... il me fait l'effet d'une petite caille grasse.

BEAUTENDON, à part, très-alarmé

Où veut-elle en venir?

THÉRÉSON.

Et, ma foi, si vous voulez, je ne serai pas cruelle... Eh bien, allez!... faites-moi votre demande

BEAUTENDON.

Ma demande! (A part.) Sac à papier! et la Sainte-Poule?

THÉRÉSON.

Eh bien, je vous attends.

BEAUTENDON, feignant la joie la plus vive.

Comment donc, belle dame... un tel honneur!... mais...

THÉRÉSON, l'interrompant.

Alors, touchez là, papa Beautendon... et embrassez votre belle-fille.

BEAUTENDON, à part.

Que devenir?

Ils s'embrassent.

SCÈNE X.

BEAUTENDON, THÉRÉSON,
MADAME DE SAINTE-POULE, BLANCHE,
puis GODEFROID et ANTOINE, puis MIETTE.

MADAME DE SAINTE-POULE, entrant et les voyant s'embrasser.

Oh! pardon! je vous dérange?...

THÉRÉSON.

Non! c'est fini!... (Elle remonte.) Vous pouvez rentrer à présent... nous sommes d'accord...

BEAUTENDON, à part.

Pourvu qu'elle se taise, mon Dieu!

THÉRÉSON, apercevant Blanche.

Tè!... la jolie enfant... à qui ça

MADAME DE SAINTE-POULE.

Ça! madame... c'est ma fille.

THÉRÉSON.

Une petite Poule...

MADAME DE SAINTE-POULE, choquée.

Hein?

THÉRÉSON.

Il faut la marier.

MADAME DE SAINTE-POULE.

Mais je vous prie de croire que nous y songeons, madame.

SCÈNE DIXIÈME.

THÉRÉSON, à Blanche.

Ah! petite sournoise!... et qui épouse-t-elle?

MADAME DE SAINTE-POULE.

Mais... elle épouse...

BEAUTENDON, à part.

Ah!... (Apercevant Godefroid et Antoine qui viennent de la cuisine et rapportent la table toute servie. — Criant pour interrompre la conversation.) Voilà le déjeuner! A table!... à table!

ENSEMBLE.

AIR nouveau de M. Mangeant.
Allons, à table!
Car rien ne vaut
Convive aimable,
Repas bien chaud!

On s'assoit dans l'ordre suivant : Beautendon, madame de Sainte-Poule, Blanche, Godefroid, Théréson.

THÉRÉSON, à Godefroid.

Godefroid! ta flamme elle sera couronnée, mon bon!... mets-toi près de moi... à côté de ta future... c'est de rigueur...

BEAUTENDON, toussant très-fort.

Hum! hum!...

MADAME DE SAINTE-POULE, à Beautendon.

Ah! vous lui avez fait part...?

BEAUTENDON, bas.

Oui: dans les savons, ça se fait. (A part.) Je suis assis sur des charbons! (Haut, à Théréson.) Belle dame, vous offrirai-je un peu de cette omelette?...

THÉRÉSON.

Té!... de la cuisine au beurre?

BEAUTENDON.

Oui, chère dame...

THÉRÉSON.

Pouah!... ils font des omelettes avec du beurre!... parlez-moi de la cuisine à l'huile.

BEAUTENDON.

L'huile... c'est pour la salade!... mais pour l'omelette!...

THÉRÉSON.

L'huile, c'est bon pour tout!... vous allez voir! (Appelant.) Mietto!

MIETTE, de la cuisine.

Vouéi *!*

      Elle entre tenant un plat.

BEAUTENDON, étonné.

D'où tombe-t-elle, celle-là?

THÉRÉSON.

C'est ma bonne... que j'y ai dit de nous faire un plat de mon pays. (A Miette.) *Et toun fricot* **?

MIETTE.

Lou vaqui ***?

THÉRÉSON.

Metté-lou sus la taoulo ****.

      Miette pose le plat et gagne la gauche.

BEAUTENDON.

C'est très-gentil à l'œil... comment appelez-vous ça?

---

* Oui!
** Et ton fricot!
*** Le voici
**** Mets-le sur la table

SCÈNE DIXIÈME.

THÉRÉSON.

C'est de l'ayoli.

GODEFROID, à part.

Crrr !... je connais !

THÉRÉSON.

Ça se fabrique avec de l'ail et de l'huile qu'on pile ! qu'on pile ! qu'on pile !

MIETTE, en même temps que Théréson.

Qu'on pile !... qu'on pile !... qu'on pile !

BEAUTENDON.

Qu'on pile ? qu'on pile ?...

MADAME DE SAINTE-POULE et BEAUTENDON.

De l'ail !!!

THÉRÉSON, tenant le plat.

C'est excellent pour le corps... (Offrant.) Goûtez-moi ça, mère Poule.

MADAME DE SAINTE-POULE.

Merci, je n'ai pas de cors !

THÉRÉSON, offrant à Blanche.

Un peu à la petite Poule...

BLANCHE.

Je n'ai plus faim...

THÉRÉSON.

Allons, Godefroid...

GODEFROID.

J'ai mal aux dents !

THÉRÉSON, tenant toujours le plat et se levant.

Mille diables ! personne n'en veut donc !...

BEAUTENDON, vivement, à part.

Il serait inconvenant de ne pas goûter à son plat. (Tendant son assiette.) J'accepterai... beaucoup... encore...

THÉRÉSON.

Eh ben, n'est-ce pas que c'est bon?... *avo es bouen!*

BEAUTENDON ; il y goûte et fait une affreuse grimace. — A part

C'est de la pommade à l'ail. (Haut.) C'est délicieux! délicieux!

THÉRÉSON, lui remettant le reste.

Alors, finissez le plat!... Maintenant qu'est-ce qui va chanter?

MADAME DE SAINTE-POULE.

Comment, chanter?

THÉRÉSON.

C'est d'étiquette... on chante toujours à un repas de fiançailles... Attention, Miette... tu me soutiendras au refrain!... c'est une chanson de notre belle Provence.

GODEFROID, à part.

Une chanson à l'ail!

MIETTE.

Zou!... *anas-li* *!

CHANSON MARSEILLAISE.

THÉRÉSON, se levant.

AIR nouveau de M. Mangeant.

Leis fillos dé Marsio
Au dé béous boutéous.

THÉRÉSON et MIETTE.

Leis fillos dé Marsio,

* Gai! allez-y!

SCÈNE DIXIÈME

An dé béous boutéous.

THÉRÉSON.

Li mettoun ni sarrio,
Ni brus dé gavéous.

THÉRÉSON et MIETTE.

Li mettoun ni sarrio,
Ni brus dé gavéous.
Canebiéro, bagasse!
Troun dé l'air! troun dé l'air.
Ayoli, bouillabaisso!
Troun dé l'air! troun dé l'air,
Troun dé l'air! la casquetto en l'air!

II

THÉRÉSON.

Leis nervis dé Marsio,
Qué soun poulidets!

TOUTES DEUX.

Leis nervis dé Marsio,
Qué soun poulidets!

THÉRÉSON.

Lou capéou su l'oourio!
La cassio oou bec!

TOUTES DEUX.

Lou capéou su l'oourio,
La cassio oou bec!
Canebiéro, bagasso!
Etc.

BEAUTENDON.

Ah! bravo! bravo! ravissant!...

THÉRÉSON, s'asseyant

N'est-ce pas que c'est joli?...

MADAME DE SAINTE-POULE.

Adorable!

THÉRÉSON.

J'en sais beaucoup d'autres... mais je vous les garde pour le jour de ma noce...

MADAME DE SAINTE-POULE.

Ah! madame se marie?

BEAUTENDON, effrayé.

Hum!... (Criant.) Antoine, le café!

THÉRÉSON.

Je ne suis venue de Marseille que pour ça!...

BEAUTENDON, criant.

Le café!

THÉRÉSON.

J'épouse le petit Beautendon!

Tous se lèvent de table.

MADAME DE SAINTE-POULE.

Qu'entends-je!...

BEAUTENDON et GODEFROID.

Patatras!

MADAME DE SAINTE-POULE.

Rentrez, rentrez, ma fille, rentrez!...

Blanche rentre à gauche.

THÉRÉSON, à part, restant à table.

Qu'est-ce qui lui prend à cette Poule? (Se versant à boire.) A la tienne, Godefroid!

Elle boit.

GODEFROID.

Merci! je n'ai pas soif.

Théréson se lève, Miette et Antoine emportent la table.

SCÈNE XI.

BEAUTENDON, GODEFROID, MADAME DE SAINTE-POULE, THÉRÉSON, puis MIETTE puis ANTOINE.

MADAME DE SAINTE-POULE, attirant vivement Beautendon à gauche, et à demi-voix.

Que viens-je d'entendre, monsieur?...

BEAUTENDON, à part.

Comment me tirer de là?...

MADAME DE SAINTE-POULE.

Cette femme épouse?...

BEAUTENDON, balbutiant à demi-voix.

Eh bien, oui... moi! c'est moi qui l'épouse!

MADAME DE SAINTE-POULE.

Vous?... elle a dit le petit...

BEAUTENDON.

Oui!... un terme d'amitié... dans les savons...

MADAME DE SAINTE-POULE.

Ah! c'est vous?... Au fait... quand je suis entrée... (A Théréson.) Madame, permettez-moi de vous féliciter sur l'heureuse union...

GODEFROID, étonné.

Comment?...

BEAUTENDON, appelant.

Antoine, le café!

THÉRÉSON.

Que voulez-vous!... je l'épouse d'inclination... (A Godefroid.) Pas vrai, petit?...

BEAUTENDON, vivement.

Oui... oui... petite! (Criant.) Le café!

ANTOINE, entrant du fond et apportant une corbeille de mariage sur un guéridon qu'il place au milieu.

Monsieur, v'là la corbeille de mariage qu'on vient d'apporter.

Il sort.

THÉRÉSON et MADAME DE SAINTE-POULE, courant à la corbeille.

Ah! voyons!...

BEAUTENDON, à part.

Mille pots de jasmin! elles vont se l'arracher!

MADAME DE SAINTE-POULE.

Ah! que c'est joli!

THÉRÉSON.

Ah! que c'est brave!

MIETTE, qui s'est approchée.

Pouli! pouli * !

MADAME DE SAINTE-POULE.

Un cachemire!

Elle le tire à demi.

THÉRÉSON, de même.

De la dentelle!

* Joli! joli!

SCÈNE DOUZIÈME.

MADAME DE SAINTE-POULE, examinant la dentelle que tient Théréson.

C'est de l'Angleterre!

THÉRÉSON.

Ne touchez pas, que vous allez l'abimer!

MADAME DE SAINTE-POULE, à part.

Hein?... est-ce que ça la regarde? (Haut, à Beautendon.) Ah! monsieur Beautendon, c'est trop! c'est trop!

THÉRÉSON.

Tè! qu'est-ce que ça vous fait, farceuse?

MADAME DE SAINTE-POULE.

Farceuse!...

BEAUTENDON, à madame de Sainte-Poule.

Ne faites pas attention!... c'est une locution du Midi.

MADAME DE SAINTE-POULE, après avoir soulevé le cachemire dans la corbeille.

Ah! mais c'est que c'est ravissant!... (Elle laisse retomber le cachemire.) Blanche!... ma fille!... mais viens donc voir!

Elle disparaît à gauche.

SCÈNE XII.

BEAUTENDON, GODEFROID, THÉRÉSON, MIETTE.

GODEFROID, bas.

Papa, ça va se gâter!

THÉRÉSON, prenant la corbeille à deux mains.

Ah! que c'est joli! sois tranquille, mon Godefroid... moi aussi, je t'ai apporté ton trousseau de mariage...

BEAUTENDON.

Où allez-vous?

THÉRÉSON.

Laissez-moi... je veux vous faire la surprise! A bientôt, mon Godefroid!... Viens, Miette!... (Se retournant.) Qu'il est beau, mon Godefroid!

Elles sortent par la droite avec la corbeille.

SCÈNE XIII.

BEAUTENDON, GODEFROID, ANTOINE,
puis MADAME DE SAINTE-POULE et BLANCHE.

GODEFROID, stupéfait.

Elles l'emportent!... et les autres qui vont revenir!

BEAUTENDON, à son fils.

Il n'y a plus à marchander, il faut trouver un moyen de renvoyer cette femme!

GODEFROID, reculant et mettant son mouchoir sur son nez.

Ah! pristi, papa!...

BEAUTENDON.

Quoi?

GODEFROID.

Vous sentez l'ail.

BEAUTENDON.

Hein?

GODEFROID.

Vous empoisonnez l'ail!

SCÈNE TREIZIÈME.

MADAME DE SAINTE-POULE, dans la coulisse.

Viens, mon enfant...

BEAUTENDON.

Ces dames !...

MADAME DE SAINTE-POULE, amenant Blanche.

C'est ravissant, merveilleux !... tu vas voir.

BLANCHE.

Où ça, maman?

MADAME DE SAINTE-POULE, stupéfaite.

Eh bien !...

BLANCHE.

Je ne vois rien !

MADAME DE SAINTE-POULE.

Plus de corbeille?... (Allant vers Beautendon.) Monsieur, expliquez-moi...

BEAUTENDON, se couvrant la bouche de son mouchoir, et s'éloignant d'elle.

Ne m'approchez pas...

Il fait le tour de la scène suivi par madame de Sainte-Poule, et redescend à gauche.

BLANCHE, allant à lui.

Qu'est devenue...?

BEAUTENDON, fuyant.

Ni vous non plus, mademoiselle...

MADAME DE SAINTE-POULE, piquée.

Que signifie, monsieur !... ce mouchoir?... est-ce que ma fille ou moi...?

BEAUTENDON.

Vous?... grand Dieu !... une rose et son bouton !... c'est

moi! c'est l'affreuse pâtée de cette Canebière... que je voudrais voir... (A part.) Oh! j'ai mon moyen!

Il remonte.

MADAME DE SAINTE-POULE.

Mais cette corbeille qui était là?...

BEAUTENDON, fuyant.

Tout de suite! je reviens!... ne m'approchez pas! ne m'approchez pas!

Il sort par le fond. — Pendant le mouvement, les dames sont remontées, et Miette, reparaissant à la porte de droite, a remis la corbeille à Godefroid et rentre aussitôt

GODEFROID, avec un cri de joie.

Ah! la voilà!

Il la pose sur le guéridon.

LES DEUX DAMES, redescendant.

Enfin!

MADAME DE SAINTE-POULE.

Tu vas voir, mon enfant, des dentelles, un écrin, des cachemires!...

BLANCHE.

Ah! monsieur Godefroid, vous avez fait des folies!

GODEFROID.

Ce n'est pas moi, c'est papa!

MADAME DE SAINTE-POULE, découvrant la corbeille.

C'est d'un galant! on dirait que c'est brodé par la main des fées! (Elle tire un pantalon d'homme.) Que vois-je! un pantalon!

GODEFROID, tirant un autre pantalon.

Deux pantalons!

BLANCHE.

Une pipe!

SCÈNE TREIZIÈME.

MADAME DE SAINTE-POULE.

Quelle horreur!

GODEFROID.

Qu'est-ce que c'est que ça?... qui est-ce qui a mis ça?

MADAME DE SAINTE-POULE.

Monsieur, c'est une mystification!...

BLANCHE.

Une insulte!

GODEFROID, suppliant.

Madame!... mademoiselle!...

BLANCHE, lui rendant la pipe.

Je ne fume pas, monsieur!

MADAME DE SAINTE-POULE.

Mais ces objets qui étaient là, dans la corbeille?...

GODEFROID, ahuri.

Mais je ne sais pas!... je ne sais pas!

ENSEMBLE.

MADAME DE SAINTE-POULE.

AIR : *Ah! c'est une horreur!*

Ah! c'est odieux!
Otez ces objets de mes yeux!
Pipe, gilet et pantalon!...
Vertudieu! pour qui nous prend-on?

BLANCHE.

Ah! c'est odieux!
Otez ces objets de mes yeux!
Pipe, gilet et pantalon!...
Ici, pour qui donc me prend-on?

GODEFROID.

Ah! c'est odieux!
Otons ces objets de leurs yeux!
Pipe, gilet et pantalon!
C'est un tour de la Théréson.

MADAME DE SAINTE-POULE.

Où sont passés ce cachemire,
Ces dentelles que j'admirais?

GODEFROID.

Mon Dieu, je ne sais que vous dire!

MADAME DE SAINTE-POULE.

Et ces merveilleux bracelets?

GODEFROID.

Peut-être au fond de la corbeille!

MADAME DE SAINTE-POULE.

Mais non, monsieur, je ne vois rien!
C'est une injure sans pareille!
On a tout pris, vous voyez bien!

REPRISE DE L'ENSEMBLE.

Pendant la reprise, Godefroid porte au fond le guéridon et la corbeille.

SCÈNE XIV.

GODEFROID, MADAME DE SAINTE-POULE, BLANCHE, THÉRÉSON.

THÉRÉSON, entrant parée et se pavanant.

Eh ben, comment que ça me va?

MADAME DE SAINTE-POULE et BLANCHE.

Ah! mon Dieu!

SCÈNE QUATORZIÈME.

GODEFROID, à part.

Elle est dedans!

THÉRÉSON, à Godefroid.

Et toi, petit... es-tu content de mon cadeau?

MADAME DE SAINTE-POULE.

Mais c'est le cachemire de la corbeille!...

THÉRÉSON.

Et la robe, et les bracelets, et le reste!

MADAME DE SAINTE-POULE et BLANCHE.

Oh! c'est trop fort!

MADAME DE SAINTE-POULE.

Otez ça, madame, ôtez ça!

THÉRÉSON, lui donnant une tape sur la main.

A bas les pattes! que vous allez tout faner!

GODEFROID, à part.

Elle tape!

MADAME DE SAINTE-POULE.

Je vous trouve bien hardie d'oser vous parer des objets offerts à ma fille par son futur!

THÉRÉSON.

Qu'est-ce qu'elle chante, son futur?

GODEFROID, à part.

Et papa qui me laisse seul... Si je pouvais filer!

Il remonte un peu.

THÉRÉSON.

Son futur!... Eh bien, et moi?... j'épouserais le roi de Prusse?

MADAME DE SAINTE-POULE.

Puisque vous épousez M. Beautendon père!

THÉRÉSON.

Moi? le vieux?... Turlurette! que je n'en veux pas!

MADAME DE SAINTE-POULE et BLANCHE.

Comment?

GODEFROID, à part.

Ça va éclater!... je file!

Il disparaît par la gauche.

SCÈNE XV.

Les Mêmes, moins GODEFROID.

MADAME DE SAINTE-POULE.

Mais c'était convenu... il me l'a dit!

THÉRÉSON.

C'est une craque! j'épouse l'enfant!

MADAME DE SAINTE-POULE.

C'est impossible! Mais parlez donc, monsieur Godefroid!

THÉRÉSON.

Oui!... explique-toi, troun de l'air!

Elles se retournent toutes les trois.

MADAME DE SAINTE-POULE et THÉRÉSON.

Eh bien, où est-il?

BLANCHE.

Maman, il est parti!

MADAME DE SAINTE-POULE.

Parti!... mais on trompe quelqu'un ici!

SCÈNE QUINZIÈME.

THÉRÉSON.

Ça me fait de la peine de vous le dire, ma bonne... mais crois que c'est vous !...

MADAME DE SAINTE-POULE.

Allons donc, madame, une rivale telle que vous ?...

THÉRÉSON.

Telle que moi !

MADAME DE SAINTE-POULE.

Cela ne peut être sérieux !

THÉRÉSON, se montant.

Pas sérieux ?... une femme de Marseille, que nous descendons des Grecs ?

MADAME DE SAINTE-POULE.

Des Grecs !... des Grecs !... mais il aime ma fille !

THÉRÉSON.

Votre fille ? Ah ! que j'en ris !... Si vous aviez lu la lettre du papa !...

MADAME DE SAINTE-POULE et BLANCHE.

Quelle lettre ?

THÉRÉSON.

Son amicale du 30 de l'écoulé... où il me dépeint la flamme du petit...

MADAME DE SAINTE-POULE.

De M. Godefroid !

BLANCHE.

Ah ! maman, partons ! partons !

MADAME DE SAINTE-POULE.

Oh ! oui ! car je vois qu'on s'est joué de nous ! un pareil outrage ! Madame, je retourne à Cambrai !

THÉRÉSON.

Bon voyage! et tenez-vous chaudement!

ENSEMBLE.

AIR : *Semez dans votre causerie.* (Otez votre fille.)

MADAME DE SAINTE-POULE.

Adieu, madame, l'on vous quitte!
Tous nos respects aux Beautendon!
Il faut, devant votre mérite,
Humblement baisser pavillon.

THÉRÉSON.

Adieu, madame, adieu petite!
Quittez, quittez cette maison;
A Cambrai, retournez bien vite;
Ne pensez plus aux Beautendon!

Madame de Sainte-Poule et Blanche rentrent dans leur chambre.

SCÈNE XVI.

THÉRÉSON, puis ANTOINE, puis BEAUTENDON, en marin.

THÉRÉSON.

Tê!... cette intrigante qui voulait me prendre mon Godefroid!... mais je le tiens et je le garde!

ANTOINE, entrant du fond.

Madame! madame!

THÉRÉSON.

Quoi?

ANTOINE.

C'est un homme avec un chapeau en toile cirée... il dit

qu'il ne vous connaît pas... que vous ne le connaissez pas... mais qu'il a des choses très-mystérieuses à vous dire.

THÉRÉSON, émue.

Un chapeau en toile cirée?...

ANTOINE.

Le voici !

Beautendon paraît en costume de marin, avec des favoris plein la figure, des anneaux aux oreilles. Il est manchot du bras droit ; sur son chapeau est écrit: Belle-Théréson.

BEAUTENDON, à part.

J'ai l'amour-propre de croire qu'on ne me reconnaîtra pas !

THÉRÉSON.

Un marin !

BEAUTENDON, montrant Antoine.

Chut ! balayez votre mousse !

THÉRÉSON.

Laisse-nous, bon Toine.

Antoine sort.

SCÈNE XVII.

BEAUTENDON, THÉRÉSON.

BEAUTENDON, à part.

Allons, allons ! il s'agit de la renvoyer à sa Canebière, et vivement !... Cristi ! mon favori gauche qui se décolle !

Il l'affermit.

THÉRÉSON.

Nous sommes seuls.

BEAUTENDON.

Madame... je viens de faire six cent soixante-quinze mille kilomètres pour vous parler...

THÉRÉSON.

Six cent soixante-quinze mille kilomètres! (Lui offrant une chaise.) Asseyez-vous, mon brave.

BEAUTENDON.

Merci!... je ne suis pas las pour si peu!... vous voyez devant vous le seul et dernier débris de *la Belle-Théréson*.

THÉRÉSON.

Le navire de Marcasse! (Regardant le chapeau de Beautendon.) Ce chapeau... ce nom... ah! mon Dieu! mais lui!... Marcasse?... est-ce que?...

BEAUTENDON, poussant un sanglot.

Heu! heu!... ne m'interrogez pas!

THÉRÉSON.

Achève!

BEAUTENDON

Mangia!

THÉRÉSON.

Ah!

BEAUTENDON

Un vendredi encore!

THÉRÉSON.

Oh! tais-toi! tais-toi!... pauvre diable!... il était dans sa destinée de partir toujours un vendredi!... Au moins, a-t-il pensé à moi?

SCÈNE DIX-SEPTIÈME.

BEAUTENDON.

Oh! madame!... jusqu'à son dernier morceau!

THÉRÉSON, attendrie.

Bonne biche!

BEAUTENDON.

J'étais son matelot de confiance... il avait coutume de m'appeler son bras droit.

THÉRÉSON, regardant son bras manchot.

Ah! ça m'étonne bien.

BEAUTENDON, comprenant.

Ah! oui!... ce sont les Cafres... Vous voyez... ils m'ont un peu commencé... on était au dessert, dont je faisais les frais... lorsqu'une tribu ennemie les attaqua... alors, je profitai de la mêlée pour sauver... mon reste!

THÉRÉSON.

Et Marcasse?...

BEAUTENDON.

Je vous apporte ses dernières volontés!...

THÉRÉSON.

Ses dernières volontés!... Ah! je jure sur ses cendres de m'y conformer... Donne-moi le papier.

BEAUTENDON, à part.

Oh! saprelotte!... (Haut.) Non... dans ce pays-là, le papier manque... on écrit sur l'écorce des arbres et il est défendu de les emporter...

THÉRÉSON.

Parle alors!

BEAUTENDON.

« Strombolino!... m'a-t-il dit... c'est mon nom... retourne

à Marseille... va retrouver Théréson... ma bonne Théréson... »

THÉRÉSON, émue.

Pauvre biche!

BEAUTENDON.

« Et si elle conserve encore la mémoire de son Marcasse... »

THÉRÉSON.

Ah! oui! que je la conserve!

BEAUTENDON, appuyant.

« Défends-lui de se marier... jamais! »

THÉRÉSON.

Hein?

BEAUTENDON.

Jamais!

THÉRÉSON, jetant un cri.

Ah! pécairé!... il a dit ça?

BEAUTENDON.

Textuellement... mais en d'autres termes.

THÉRÉSON.

Ah! que ça me chiffonne!... Bobino, tu ne peux pas savoir comme ça me chiffonne!

BEAUTENDON.

Allons, du courage!

THÉRÉSON.

C'est pas pour moi... c'est pour mon Godefroid... ça va lui porter le coup de la mort!

BEAUTENDON, incrédule.

Oh! oh!..

SCÈNE DIX-SEPTIÈME.

THÉRÉSON.

Ne dis pas : « Oh!... » Que tu ne le connais pas!

BEAUTENDON.

Songez que vous venez de jurer sur les cendres de votre noble époux!

THÉRÉSON.

Ah! que je suis donc fâchée que les Cafres ils ne t'aient pas mangé aussi!

BEAUTENDON.

Moi?

THÉRÉSON.

Au moins je ne connaîtrais pas ses dernières volontés... et je pourrais les respecter... en épousant mon Godefroid! Imbéciles de Cafres!

BEAUTENDON.

Vous êtes bien bonne!

THÉRÉSON.

Comment faire maintenant que j'ai la corbeille, que je suis dedans?... Les Beautendon, ils comptent sur moi...

BEAUTENDON.

En leur écrivant...

THÉRÉSON.

C'est égal... ça me chiffonne!... enfin, il le faut!

BEAUTENDON, à part.

J'ai réussi!... (Haut.) Vite! du papier... une plume!

SCÈNE XVIII.

BEAUTENDON, THÉRÉSON, GODEFROID.

Godefroid paraît en costume de mousse, avec de la barbe plein la figure et de grandes boucles d'oreilles. Il est manchot du bras gauche. Sur son chapeau est écrit : BELLE-THÉRÉSON.

GODEFROID, à la cantonade.

Il faut que je lui parle! bâbord! tribord! sabord!

THÉRÉSON.

Encore un matelot!

BEAUTENDON, étonné, à part.

Tiens! d'où sort-il celui-là?

En voyant le deuxième marin, il s'assied vivement dans un grand fauteuil à droite, dont le dossier le cache entièrement.

GODEFROID, à part.

Je viens d'avaler douze verres d'anisette! de l'aplomb, sac à papier!... (Haut.) Madame Marcasse, si bon vous semble?

THÉRÉSON.

C'est moi!

GODEFROID.

Vous voyez devant vous le seul et dernier débris de *la Belle-Théréson*.

BEAUTENDON, à part, effrayé.

Bigre!

THÉRÉSON, à part.

Ça fait deux!

SCÈNE DIX-HUITIÈME.

GODEFROID, à part.

Elle ne me reconnaît pas! (Haut.) Bâbord! tribord! sabord!

BEAUTENDON, à part.

Oh! mais c'est un vrai, celui-là!

THÉRÉSON.

Té!... il a aussi un bras de moins!

GODEFROID.

Ce sont les Cafres... ils m'ont entamé!

THÉRÉSON.

Il paraît qu'ils aiment l'aile!

GODEFROID.

Je vous apporte les dernières volontés du capitaine.

THÉRÉSON.

Ah! je les connais, mon bon!

GODEFROID.

Il vous ordonne de vous remarier!

THÉRÉSON.

Hein!

BEAUTENDON, à part.

Saprédié!

GODEFROID.

D'épouser sur-le-champ votre maître portefaix...

THÉRÉSON.

Mon maître portefaix?... Il a une femme et six enfants!

GODEFROID, à part.

Aïe!

THÉRÉSON, à part, avec soupçon.

C'est bien drôle, ça ... l'un me dit blanc, l'autre me dit

noir!... (Haut.) Ah çà! vous devez vous connaître tous les deux, puisque vous avez navigué ensemble!...

<small>Elle prend par le dossier le fauteuil dans lequel est Beautendon, et le tourne vers Godefroid.</small>

GODEFROID, à part.

Comment! il y en a un autre?

THÉRÉSON.

Et vous ne vous causez pas!... causez-vous!

BEAUTENDON, très-embarrassé, se levant.

Voilà!... voilà!... (A Godefroid.) Bonjour, camarade!

GODEFROID, balbutiant.

Oui... oui... camarade!

BEAUTENDON.

Bâbord!

GODEFROID.

Tribord!

BEAUTENDON.

Sabord! (A part.) Je suis dans mes petits souliers!

THÉRÉSON, à part.

Ces deux matelots... ils me font l'effet de deux farceurs...

GODEFROID et BEAUTENDON.

Adieu, madame...

THÉRÉSON, à Godefroid et à Beautendon qui cherchent à s'esquiver.

Un instant!... où sont vos papiers?

GODEFROID, embarrassé.

Mes papiers?

BEAUTENDON, à part.

Je n'ai que la lettre de mon cordonnier espagnol. (A Théréson.) Savez-vous l'espagnol?

SCÈNE DIX-HUITIÈME.

THÉRÉSON.

Non !

BEAUTENDON, à part.

Très-bien !... (Lui tendant la lettre.) Alors, lisez !

THÉRÉSON, jetant les yeux sur la lettre, et avec un grand cri et la plus vive émotion.

Ah ! mon Dieu ! ah ! mon Dieu !... (Criant.) Mietto ! Mietto !...

Miette entre.

MIETTE.

Quoi ?

THÉRÉSON.

Soutenez-moi !... Une lettre de Marcasse !... en patois !

MIETTE.

De Marcasse ?

THÉRÉSON.

Es pas mangia !... ès viou ! *

MIETTE.

V'a pouédi pas crèiré ! **

THÉRÉSON.

Quand ti va diou ! coouvasso ! ***

MIETTE.

Ah ! troun dé l'air ! paouré Marcasse ! ****

THÉRÉSON.

Paouré Bibi !

* Il n'est pas mangé ! il vit !
** Je ne puis le croire !
*** Quand je te le dis, grosse bête !
**** Ah ! pauvre Marcasse !

TOUTES DEUX.

Bouèns Cafrés! bravés Cafrés! l'an pas mangia! pas mangia! pas mangia! *

BEAUTENDON et GODEFROID.

Pas mangia!

THÉRÉSON.

Il vit! il m'attend à Marseille!

GODEFROID.

Est-il possible?

BEAUTENDON.

Vous n'êtes pas veuve! (A part.) Nous sommes sauvés!

<small>Beautendon et Godefroid courent chacun à la porte du fond en s'appelant réciproquement.</small>

GODEFROID, appelant.

Papa! papa!...

BEAUTENDON, appelant.

Godefroid! Godefroid!

GODEFROID, reconnaissant son père, qui a retiré sa barbe.

Comment! vous?

BEAUTENDON, même jeu.

Mon fils!

THÉRÉSON.

Ah bah! c'est vous que vous voilà!...

---

* Bons Cafres! braves Cafres! ils ne l'ont pas mangé! pas mangé! pas mangé!

SCÈNE XIX.

Les Mêmes, MADAME DE SAINTE-POULE, BLANCHE.

MADAME DE SAINTE-POULE, entrant suivie de sa fille.
A Théréson.

Madame; nous vous cédons la place... recevez nos suprêmes adieux!

GODEFROID.

Non!

BEAUTENDON.

Ne partez pas, belle dame!

MADEMOISELLE DE SAINTE-POULE.

Que nous veulent ces hommes de mer?

BEAUTENDON et GODEFROID.

Mais c'est nous! c'est nous!

THÉRÉSON.

C'est Godefroid!... vous pouvez le reprendre maintenant que j'ai retrouvé mon mari!

MADAME DE SAINTE-POULE.

Son mari?

BLANCHE.

Maman, je n'en veux pas! il a un bras de moins!

BEAUTENDON.

Ça repoussera, mademoiselle. (A Godefroid.) Tire-le! tire-le

MADAME DE SAINTE-POULE, à Beautendon.

Mais vous aussi, monsieur... Que signifie ce carnaval?

THÉRÉSON.

Oui... pourquoi que vous vous êtes masqués?

BEAUTENDON.

C'est très-simple...

GODEFROID.

Parlez, papa!

BEAUTENDON.

Présumant le retour de ce bon M. Marcasse... nous avons craint de vous porter un coup...

GODEFROID.

Parce que la joie...

BEAUTENDON.

Oui, il a raison... la joie... la joie fait peur... alors nous nous sommes habillés en matelots!

GODEFROID.

Et voilà!...

THÉRÉSON.

A la bonne heure!... Je ne comprends pas! (A Godefroid.) Eh bien, petit... tu me croiras si tu veux... je ne te regrette pas! je te trouve laid en matelot!

GODEFROID.

Comment?

THÉRÉSON.

Marcasse, il est plus bel homme!

SCÈNE DIX-NEUVIÈME.

MIETTE, élevant la main.

Il a ça de hauteur!

THÉRÉSON.

Si les Cafres ne lui ont rien mangé, pécairé!

THÉRÉSON.

AIR de Mangeant.

Loin de votre rivage,
Je pars sans chagrin.

TOUS.

Loin de notre rivage,
Partez sans chagrin.

THÉRÉSON.

Pour charmer mon voyage,
Chantez mon refrain.

TOUS.

Pour charmer son voyage,
Chantons son refrain.
Canebiéro, bagasso!
Troun dé l'air!
Ayoli, bouillabaisso!
Troun dé l'air!
La casquette en l'air!

THÉRÉSON, au public.

AIR : *Pourquoi las de vivre tranquille.* (Voyage autour de ma femme.)

Puisqu'on n'a pas mangé Marcasse,
Faut que j'aille le retrouver;
Mes bouens pichouns, ça me tracasse,
J'aurais voulu vous cultiver
Tè! vous savez où je réside,
Venez me voir à ma bastide,

Pour ne pas faire de jaloux,
Je promets de vous brasser tous.
Pichouns, je vous brasserai tous.

ENSEMBLE. — REPRISE.

Canebière, bagasso!
Troun dé l'air!...
Etc.

FIN DE LA PERLE DE LA CANEBIÈRE.

LE PREMIER PAS

COMÉDIE EN UN ACTE

Représentée pour la première fois, à Paris, sur le théâtre du GYMNASE,
le 15 mai 1862.

COLLABORATEUR : M. DELACOUR

PERSONNAGES

	ACTEURS qui ont créé les rôles.
BADINIER.	MM. Lesueur.
MAURICE.	Dieudonné.
LE DOCTEUR VOUZON.	Derval.
JEAN, domestique.	Lefort.
MADAME DÉSARNAUX.	Mmes Chéri-Lesueur.
CLÉMENCE BADINIER.	Hortense Damain.
CÉLINE.	Antonine.

La scène se passe de nos jours, à Paris.

LE PREMIER PAS

Un salon. Portes latérales et porte au fond; à gauche, cheminée, glace et canapé; à droite, table et deux portes.

SCÈNE PREMIÈRE.

MADAME DÉSARNAUX, CÉLINE, JEAN.

Au lever du rideau, Céline est assise à droite et travaille; madame Désarnaux entre par la droite pendant que Jean entre par le fond.

MADAME DÉSARNAUX, à Jean.

Ah! vous voilà... Le docteur était-il chez lui?

JEAN.

Oui, madame, il rentrait à l'instant même.

MADAME DÉSARNAUX.

Et vous l'avez prié de venir tout de suite?

JEAN.

Il m'a dit qu'il serait ici dans un quart d'heure... le temps d'expédier un rhumatisme et deux bronchites...

MADAME DÉSARNAUX.

Très-bien...

JEAN.

Pardon, madame... mais qui donc est malade?

MADAME DÉSARNAUX.

Comment pouvez-vous le demander?... mon fils... mon pauvre Maurice...

JEAN.

Bah!... Qu'est-ce qu'il a?

MADAME DÉSARNAUX.

Je n'en sais rien... Depuis quelque temps, il change, il maigrit, il m'inquiète.

CÉLINE.

Oh! moi aussi... mon pauvre cousin!

MADAME DÉSARNAUX.

Oui, je sais combien tu l'aimes... Un si brave garçon... un cœur d'or!

CÉLINE.

Et bon... affectueux... S'il allait faire une maladie grave.

MADAME DÉSARNAUX.

Oh! je passerais toutes les nuits à son chevet!

CÉLINE.

Et moi... je ne vous quitterais pas.

MADAME DÉSARNAUX.

Chère enfant! je reconnais là ton dévouement pour ta tante...

On sonne.

JEAN.

On sonne... C'est sans doute le docteur.

MADAME DÉSARNAUX, à Jean.

C'est bien... prévenez mon fils... Toi, Céline, laisse nous, je te rendrai compte de la consultation.

CÉLINE.

Oh! oui... car, jusque-là, je serai bien inquiète.

Elle entre à gauche. — Jean est entré à droite.

SCÈNE II.

MADAME DÉSARNAUX ET DOCTEUR VOUZON.

MADAME DÉSARNAUX.

Mon pauvre enfant! (Au docteur Vouzon qui entre par le fond.) Enfin vous voilà, docteur...

VOUZON.

J'accours... On est donc malade ici... sans ma permission?... Ce n'est pas vous, je suppose?...

MADAME DÉSARNAUX.

Non, il s'agit de mon fils...

VOUZON.

De Maurice?

MADAME DÉSARNAUX.

Oui.. depuis un mois, il est triste, rêveur. distrait...

VOUZON.

Ah!... ah!...

MADAME DÉSARNAUX.

C'est grave, n'est-ce pas?

VOUZON.

Nous verrons tout à l'heure.

LE PREMIER PAS.

MADAME DÉSARNAUX.

Il ne mange plus... il a de l'oppression... il pousse de gros soupirs...

VOUZON.

Ah!... ah!...

MADAME DÉSARNAUX.

Quoi?

VOUZON.

Continuez...

MADAME DÉSARNAUX.

Il passe une partie de la nuit à se promener dans sa chambre, à écrire... à parler tout haut; son œil est vif, animé... comme s'il avait la fièvre... Je crois que c'est de l'inflammation...

VOUZON.

Moi aussi... Quel âge a Maurice?

MADAME DÉSARNAUX.

Dix-neuf ans...

VOUZON.

Très-bien!... ça me suffit... je n'ai pas besoin de le voir.

MADAME DÉSARNAUX.

Comment?

VOUZON.

Tranquillisez-vous, cela ne sera rien.

MADAME DÉSARNAUX.

Mais quelle est sa maladie?

VOUZON.

Vous tenez à le savoir?

SCÈNE DEUXIÈME.

MADAME DÉSARNAUX.

Sans doute...

VOUZON.

Eh bien, entre nous, je crois que le cœur est pris...

MADAME DÉSARNAUX

Ah! mon Dieu! un anévrisme!

VOUZON

Mais non!... Il est amoureux..

MADAME DÉSARNAUX, vivement.

Mon fils?... c'est impossible! ce n'est pas vrai!

VOUZON.

Voyons, calmez-vous, ma bonne madame Désarnaux...

MADAME DÉSARNAUX.

Vous calomniez mon enfant, et vous voulez que je me calme?

VOUZON.

Mon Dieu, je ne le calomnie pas! Ceci est un chapitre d'histoire naturelle assez difficile à expliquer... Cependant je vais essayer... Voyez-vous, dans la vie des garçons il y a trois phases... la première commence au bébé... à ce délicieux petit fardeau qui se laisse porter, retourner, empaqueter avec la docilité d'un colis...

MADAME DÉSARNAUX.

Quel âge charmant!

VOUZON.

Je crois bien! c'est votre lune de miel, à vous autres mères... Aussi vous la prolongez... jusqu'à la courbature!... Malheureusement le bébé devient lourd... il faut le poser à terre... hélas!... il est déjà moins à vous; ses petites jambes rêvent l'indépendance et font courir après lui... l'enfant a disparu pour faire place au gamin... à cet infernal trésor qui tyrannise... tout en le bourrant de sucre... le vieux chien de la maison; qui brise les porcelaines, grimpe sur les meubles, touche au feu, tombe dans les bassins...

MADAME DÉSARNAUX.

Ne m'en parlez pas!

VOUZON.

A ce vaurien charmant que l'on enferme dans sa chambre et que, cinq minutes après, l'on retrouve en haut d'un cerisier...

MADAME DÉSARNAUX.

Mais c'est arrivé à Maurice... même que son pantalon...

VOUZON.

Cet âge est la mort aux pantalons... mais le vaurien se fait tout pardonner d'un mot : « Maman!... » Car il dit encore : « Maman!... » Bientôt le collégien se transforme, il devient rêveur, il prend soin de ses habits, cultive sa chevelure... et il dit : « Ma mère... » devant le monde.

MADAME DÉSARNAUX.

Ah!

VOUZON.

Ah! c'est la lune rousse qui commence... c'est le jeune homme qui paraît... Il est distrait... il soupire; il se demande avec inquiétude pourquoi les tourterelles roucoulent....

MADAME DÉSARNAUX, vivement.

Mon fils ne m'a jamais adressé de pareilles questions, je vous prie de le croire!

VOUZON, continuant.

Quelquefois il fait des vers... de mauvais vers!

SCÈNE DEUXIÈME.

MADAME DÉSARNAUX.

Pas Maurice!

VOUZON.

Cela viendra... enfin il est triste, sombre, inquiet... c'est ce qu'une chanson célèbre appelle *le Premier pas*... et ce que nous autres médecins nous nommons : la crise.

MADAME DÉSARNAUX.

La crise?

VOUZON.

Un homme me comprendrait tout de suite.

MADAME DÉSARNAUX.

Je vous comprends parfaitement... mais vous vous trompez... mon fils est honnête!

VOUZON.

Madame, je me crois parfaitement honnête... et j'ai eu ma crise...

MADAME DÉSARNAUX.

Vous, c'est possible... vous n'avez pas été élevé comme Maurice... Songez donc que, depuis dix-neuf ans, je ne l'ai pas quitté une heure, une minute... A la mort de mon mari, je me suis vouée à son éducation... Je lui ai donné un répétiteur... un homme respectable, marié, père de famille... Je le conduisais moi-même au collége, aux heures de la classe... et j'allais le chercher ensuite...

VOUZON.

Tout cela est parfait.

MADAME DÉSARNAUX.

Le soir, c'est moi qui lui faisais réciter ses leçons... J'ai appris à lire le grec... tout exprès, car je lis le grec!

VOUZON.

Mon compliment.

MADAME DÉSARNAUX.

Ça m'a donné assez de mal... Quand il a eu terminé ses études, Maurice voulait faire son droit... je m'y suis opposée... J'avais entendu dire des choses... si étranges.. sur la conduite des étudiants. Je l'ai fait entrer chez un agent de change, un de mes amis qui a été excellent pour lui... Il l'a placé dans un bureau à part... entre deux commis mûrs... honnêtes et mariés... L'un a cinquante-huit ans et l'autre soixante-deux...

VOUZON.

Mon Dieu, je ne dis pas le contraire... vous avez pris toutes vos précautions... mais quand l'heure a sonné...

MADAME DÉSARNAUX.

L'heure! Quelle heure?

VOUZON.

C'est comme la coqueluche chez les enfants... Un peu plus tôt, un peu plus tard, il faut qu'elle arrive...

MADAME DÉSARNAUX, passant devant lui.

Non! c'est impossible!... Une femme... une étrangère viendrait me prendre mon enfant?

VOUZON.

C'est épouvantable! Voir ce petit cœur, qu'on a élevé pour soi, s'ouvrir tout à coup pour une autre...

MADAME DÉSARNAUX.

Oh! jamais!

VOUZON.

Mais qu'y faire? La nature est implacable...

MADAME DÉSARNAUX.

La nature veut qu'on aime sa mère, monsieur, et je prétends..

VOUZON, voyant entrer Jean

Chut!... du monde!

SCÈNE III.

Les Mêmes, JEAN

JEAN, entrant par la droite, tenant un habit à la main.

M. Maurice va venir.

MADAME DÉSARNAUX.

C'est bien.

JEAN.

Madame, il manque un bouton à l'habit de monsieur...

MADAME DÉSARNAUX, prenant l'habit.

Donnez...

JEAN.

Monsieur sortira sans doute aujourd'hui.

MADAME DÉSARNAUX.

Je vais le recoudre tout de suite. (Elle fouille machinalement dans les poches de l'habit et y trouve un papier.) Un papier... des vers!

VOUZON.

La!... quand je vous disais que cela viendrait... C'est venu!

MADAME DÉSARNAUX.

Ils sont peut-être pour moi!

VOUZON.

Oh! je ne crois pas!

MADAME DÉSARNAUX, lisant.

Le timide baiser de la vierge naïve,
L'éclat du papillon...

(Parlé.) Qu'est-ce que c'est que ça?

VOUZON.

Ça? c'est sa crise!

JEAN, à part.

Tiens! monsieur qui a sa crise! Madame, voilà monsieur.

Il sort. Elle met vivement le papier dans sa poche.

SCÈNE IV.

MADAME DÉSARNAUX, VOUZON, MAURICE.

MAURICE, entrant.

Bonjour, docteur...

VOUZON.

Bonjour, mon garçon...

MAURICE.

Je vous demande pardon de vous avoir fait attendre

VOUZON.

Oh! il n'y a pas de mal... Nous causions de toi avec ta maman

MAURICE.

Ah!... avec ma mère...

VOUZON, bas, à madame Désarnaux

Ma mère!.. Vous entendez...

SCÈNE QUATRIÈME.

MADAME DÉSARNAUX, passant devant lui.

Maurice... mon enfant... pourquoi ne m'appelles-tu pas comme autrefois... maman?

MAURICE.

Oh! quelle idée!... Je suis trop grand maintenant... (Bas.) Quand nous serons seuls!

MADAME DÉSARNAUX, à part.

Oui, pas devant le monde! (Haut.) Mais tu m'aimes toujours, n'est-ce pas?

MAURICE.

Certainement.

MADAME DÉSARNAUX.

Tu n'aimes que moi?... que moi seule?... (S'attendrissant.) Parce que, vois-tu, Maurice... si jamais tu me trompais... si jamais... Ah! ce serait bien mal!

MAURICE.

Des larmes! Qu'est-ce que tu as?

MADAME DÉSARNAUX, se remettant.

Rien!... Je n'ai rien! je voulais simplement te dire que le docteur désirait causer avec toi...

MAURICE.

Avec moi?

MADAME DÉSARNAUX.

Oui... je vous laisse ensemble... confie-toi à lui... ouvre-lui ton cœur... c'est un ami... un vieil ami!... (Embrassant Maurice avec effusion.) Ah! mon pauvre enfant!

MAURICE, étonné.

Encore!... mais tu as quelque chose?

MADAME DÉSARNAUX, remontant et s'essuyant les yeux.

Non!... rien... rien!

MAURICE, la suivant.

Voyons... maman...

MADAME DÉSARNAUX, l'embrassant.

Ah! il a dit « Maman! » (Montrant le docteur.) Confie-toi à lui.

Elle sort par la gauche.

SCÈNE V.

MAURICE, VOUZON.

VOUZON.

Ah çà! à nous deux, monsieur le drôle!... Assieds-toi là et causons.

MAURICE.

Volontiers...

Ils s'asseyent.

VOUZON, poussant un soupir comique.

Ah! n'est-ce pas qu'elle est belle?

MAURICE.

Qui ça?

VOUZON.

Elle! l'ange aux yeux bleus... ou noirs... ou gris...

MAURICE.

Pardon, docteur... de qui me parlez-vous?

VOUZON.

Il est inutile de jouer au fin... je suis un vieux renard... Tu es amoureux!

MAURICE, riant.

Moi?

SCÈNE CINQUIÈME.

VOUZON.

Je ne t'en veux pas... C'est de ton âge. La nature t'a donné un cœur, ce n'est pas pour le garder en portefeuille.

MAURICE.

Docteur, j'en suis fâché pour la science, mais vous vous trompez.

VOUZON.

Impossible!

MAURICE, se levant.

Je ne suis pas amoureux... je ne perds pas mon temps à ces bêtises-là.

VOUZON.

Comment?

MAURICE.

Vous comprenez... Je suis jeune, j'ai ma position à faire.

VOUZON, se levant.

Ta position?

MAURICE.

Ma mère a quelque fortune... une vingtaine de mille francs de rente... C'est bien peu...

VOUZON.

Ah çà! qu'est-ce que tu me chantes avec tes rentes?

MAURICE.

De votre temps, on était chevaleresque et troubadour... on roucoulait sous les balcons... sans parapluie!

VOUZON.

Je m'en vante... J'y ai même ramassé une douleur...

MAURICE.

Tenez, vous, docteur... vous avez beaucoup aimé, beaucoup soupiré?

VOUZON.

Oh! oui!

MAURICE.

Eh bien, aujourd'hui, qu'est-ce qui vous reste de tout ça?

VOUZON.

Comment, ce qui me reste?... les souvenirs...

MAURICE.

Un rhumatisme! Voyez-vous, moi, je tiens à ma petite santé, je ne suis pas romanesque, je laisse chanter les poètes et je songe à gagner de l'argent... tout bêtement!

VOUZON.

De l'argent?... Tu aimes l'argent... à ton âge?

MAURICE.

Mon Dieu, je n'aime pas l'argent, si vous voulez, mais j'aime les cigares de première qualité... Si je monte à cheval, il m'est désagréable d'enfourcher un carcan de manége dont les secousses troublent ma digestion. Quand je vais au théâtre, j'ai du plaisir à m'asseoir dans un bon fauteuil retenu à l'avance... Enfin, j'aime à m'offrir toutes les petites satisfactions de la vie, j'aime mon bien-être..

VOUZON.

Oui, tu soignes ta bête!

MAURICE.

Ah! docteur, vous n'êtes pas poli...

VOUZON.

C'est qu'aussi tu me dis des choses... renversantes!

MAURICE.

Moi?... Je vous raconte naïvement mes petits penchants... Je connais le prix du temps, et je ne le perds pas en œillades, roucoulades et autres... castagnettes!

VOUZON.

Castagnettes!... Comme il traite l'amour! Et moi qui croyais...

MAURICE.

Quoi?

VOUZON.

Rien... (A part.) Il a déjà voyagé! (Haut.) Voyons... Maurice... ce n'est pas possible... de pareilles idées... à dix-neuf ans... Tu veux me donner le change.

MAURICE.

Sur quoi?

VOUZON.

Tout n'est pas éteint... (Lui mettant la main sur le cœur.) Et je sens encore là quelque chose qui bat...

MAURICE, riant

Ça?... c'est mon portefeuille.

VOUZON, tout à coup.

Allons donc!... Tu fais des vers! Tu es démasqué!

MAURICE.

Des vers? moi?

VOUZON.

Ta mère les a trouvés tout à l'heure. (Récitant.) « Le timide baiser de la vierge naïve... »

MAURICE.

Je les ai copiés dans un album.

VOUZON.

Ah bah! cela prouve du moins que tu aimes la poésie...

MAURICE.

Du tout... Je les ai trouvés jolis, et je me suis dit : « Cela peut me servir... si jamais je me marie. »

VOUZON.

Comment?

MAURICE.

On peut tomber sur une famille qui cultive l'album.

VOUZON.

Tu songes donc à te marier?

MAURICE.

Oh! plus tard!... puisque la nature m'a donné un cœur... Seulement, je tâcherai de le bien placer.

VOUZON, avec colère.

Sur hypothèque... à quinze pour cent!...

MAURICE.

Qu'est-ce que vous avez?

VOUZON.

Moi? rien!... Tu me fais l'effet d'un monstre... tout simplement!

MAURICE.

Voyons, pas de grands mots, docteur... Chacun son goût... Il vous plaît de loger au cinquième... dans de vieux meubles en noyer... et de vous faire servir par une femme de ménage... de l'âge de vos meubles... Si cela vous convient, vous avez raison... Vous allez à pied par tous les temps, crotté jusqu'à l'échine, vous faites encore des visites à trois francs... Il n'y a plus que vous dans

Paris... et vous oubliez souvent de les faire payer... C'est très-bien, très-honorable... et je vous estime... comme un type !

VOUZON.

Merci !

MAURICE.

Mais, moi, j'ai d'autres idées ; j'aime le luxe, l'élégance, le superflu... enfin je veux la fortune, je travaille pour l'acquérir... Où est le mal ? en quoi suis-je un monstre, s'il vous plaît ?

VOUZON.

Oh ! tu es logique ! trop logique ! il ne te manque qu'une chose... c'est d'avoir quarante ans... mais tu avances... et cela te rend laid !

MAURICE.

Tenez, docteur, on ne peut pas raisonner avec vous... vous me faites l'effet d'un fragment de Spartiate retrouvé... au Jardin d'acclimatation.

VOUZON.

Ris tant que tu voudras ! mais tu es bien malade, mon pauvre garçon... plus malade que je ne le pensais.

MAURICE.

Malade... non !... fatigué peut-être... voilà trois nuits que je passe.

VOUZON, vivement.

Au bal ?

MAURICE.

Au bal ! allons donc !... à faire des chiffres... Je rumine une grande affaire... une idée... à millions !

VOUZON.

Ah !

MAURICE, s'animant.

C'est magnifique! n'en parlez à personne.

VOUZON.

Sois tranquille!

MAURICE.

Surtout à ma mère... la pauvre femme tremble au seul mot d'affaires... elle est de votre temps.

VOUZON.

Oui... encore un fragment.

MAURICE.

Voici mon projet... Je fonde une société d'assurances mutuelles contre les expropriations... j'en serai le directeur, naturellement...

VOUZON.

Parbleu! ce n'est que pour cela qu'on fonde des sociétés...

MAURICE.

J'associe tous les propriétaires... suivez-moi bien!... au moyen d'une prime fixe à remboursement différé, parfaitement garanti d'ailleurs par un calcul différentiel et proportionnel établi par des tables dont vous allez comprendre le mécanisme...

VOUZON.

Non! assez! j'ai déjà mal à la tête! (A part.) Il est effrayant!

MAURICE.

Au fait, vous ne comprendriez pas... mais... vous pouvez peut-être m'être utile.

VOUZON.

Moi

SCÈNE SIXIÈME.

MAURICE.

Vous ne connaîtriez pas par hasard M. Monot-Lagarde, le banquier?...

VOUZON.

Non...

MAURICE.

C'est fâcheux... voilà l'homme qu'il me faut... Il est audacieux, intelligent, il se charge de ces sortes d'affaires et je suis sûr que, s'il connaissait mon projet... Il faut absolument que je me fasse présenter à lui.

VOUZON.

Tiens, Maurice... tu me fais de la peine... beaucoup de peine... J'ai connu, j'ai aimé ton brave père...

MAURICE, bas, apercevant sa mère.

Chut!

VOUZON, bas.

Plus tard... nous reprendrons cette conversation...

SCÈNE VI.

MADAME DÉSARNAUX, VOUZON, MAURICE.

MADAME DÉSARNAUX.

Maurice, voici ton habit.

MAURICE.

Merci, ma mère.

MADAME DÉSARNAUX.

Veux-tu déjeuner?

MAURICE.

Non! J'ai pris du thé ce matin... cela me suffit...

VOUZON, à part.

Ça déjeune avec du thé!... quelle génération!

MAURICE.

Il faut que je sorte... Je vais passer mon habit... Adieu! docteur.

VOUZON.

Adieu! nous nous reverrons.

Maurice entre à droite.

MADAME DÉSARNAUX, qui a regardé sortir Maurice, revenant vivement à Vouzon.

Eh bien, docteur... vous avez causé avec lui... que vous a-t-il dit? Est-ce grave?

VOUZON.

Non.. Cela ne sera rien...

MADAME DÉSARNAUX.

Voulez-vous du papier... de l'encre?

VOUZON.

Pourquoi?

MADAME DÉSARNAUX.

Pour votre ordonnance.

VOUZON, passant derrière elle.

Inutile!... Maurice a besoin de changer d'air, de quitter Paris... Faites-le voyager... Tenez! menez-le en Italie!

MADAME DÉSARNAUX, effrayée.

Ah! mon Dieu!... la poitrine?

VOUZON.

Mais non!... Il n'est pas malade.

MADAME DÉSARNAUX.

Mais alors... ce que vous me disiez ce matin... il a sa crise... Une passion?

SCÈNE SEPTIÈME.

VOUZON.

Oui... c'est cela... une passion... une vilaine passion!

MADAME DÉSARNAUX.

Ah! mon Dieu!... une mauvaise femme!

VOUZON.

Mais nous en aurons raison, je l'espère.

Il prend son chapeau.

MADAME DÉSARNAUX.

Vous partez?

VOUZON.

Quelques visites à faire.. Je reviendrai.

MADAME DÉSARNAUX.

Aujourd'hui?

VOUZON.

Je vous le promets... A bientôt!

Il sort par le fond.

SCÈNE VII.

MADAME DÉSARNAUX, puis BADINIER et CLÉMENCE.

MADAME DÉSARNAUX, seule.

Une femme!... une femme entre lui et moi!... Oh! cette dée... Je crois que je deviens jalouse!

JEAN, annonçant au fond.

M. et madame Badinier.

MADAME DÉSARNAUX, à part.

Une visite!... (Haut.) Mes chers voisins... Madame...

BADINIER.

Nous vous dérangeons?

MADAME DÉSARNAUX

Du tout!

CLÉMENCE.

Nous venons vous faire nos adieux.

MADAME DÉSARNAUX.

Vous partez?

BADINIER.

Voici le printemps... et nous allons nous établir à la campagne.

CLÉMENCE.

A Chevreuse.

BADINIER

Nous faisons aujourd'hui nos visites de départ. (A sa femme.) A propos, Clémence, as-tu pris des cartes?

CLÉMENCE.

Oui... Seulement vous m'avez tant pressée, que j'ai oublié d'indiquer que nous partions. (A madame Désarnaux.) Auriez-vous l'obligeance de me prêter une plume et de l'encre... Cela m'épargnerait la peine de remonter nos quatre étages...

BADINIER.

Trois...

CLÉMENCE.

Et l'entresol?

BADINIER.

Je ne le compte pas.

MADAME DÉSARNAUX, indiquant la table.

Vous trouverez là tout ce qu'il vous faut.

SCÈNE SEPTIÈME.

CLÉMENCE.

Merci... c'est l'affaire d'une minute. (Elle s'assied, prend des cartes dans son portefeuille, et écrit.) « P. P. C. »

BADINIER.

P. P. C. Partant pour Chevreuse.

MADAME DÉSARNAUX.

Mais non!... Pour prendre congé.

BADINIER.

En êtes-vous sûre?

MADAME DÉSARNAUX.

Parbleu! sans cela, ceux qui partent pour Versailles seraient obligés de mettre P. P. V.

BADINIER.

Et on pourrait croire qu'ils vont à Ville-d'Avray ou à Venise... C'est juste!

CLÉMENCE.

J'ai fini... Bien!... j'ai mis de l'encre à mon gant.

BADINIER.

Et nous voilà obligés de remonter nos trois étages... Je ne compte pas l'entresol.

CLÉMENCE.

C'est inutile de remonter... Il fait beau, nous ne trouverons personne... D'ailleurs je fermerai la main. (A madame Désarnaux.) Et comment allez-vous, chère amie?... je vous trouve l'air triste, ce matin...

MADAME DÉSARNAUX, assise près de la table.

En effet, je suis tourmentée... Mon fils...

BADINIER.

Il est malade?

MADAME DÉSARNAUX.

Non... Au fait... je puis bien vous le dire, des voisins... des amis... Maurice... Maurice se dérange!

BADINIER.

Comment l'entendez-vous?

MADAME DÉSARNAUX.

Il aime! il a une passion!

CLÉMENCE, avec intérêt.

Ah! le pauvre jeune homme!

BADINIER, gaiement.

Voyez-vous le gaillard! un début!

Chantant.

Le premier pas
Se fait sans qu'on y pense;
Sans qu'on y pense
On fait le premier pas.

CLÉMENCE.

Taisez-vous donc!

MADAME DÉSARNAUX.

Comprenez-vous cela?... à dix-neuf ans!

CLÉMENCE.

Un premier amour!

BADINIER, s'asseyant sur le canapé.

Ah! c'est touchant!... Ça me rappelle qu'à dix-sept ans... j'avais pour voisine une limonadière... brune... son mari aimait à casser du sucre... il était toujours comme ça... avec son petit marteau... Il faisait mon bonheur, cet homme... et sa femme donc!

CLÉMENCE.

Monsieur Badinier!

BADINIER.

Pardon... c'est un souvenir! (A madame Désarnaux.) Et sait-on quel est l'objet de cette passion?...

MADAME DÉSARNAUX.

Mais non... il est d'une discrétion...

CLÉMENCE.

Ah! il est discret? C'est bien!...

MADAME DÉSARNAUX.

Comment?

CLÉMENCE.

Je veux dire... c'est bien mal de ne pas se confier à sa mère!

BADINIER, à part.

Moi, je ne me confiais qu'à M. Vachette, cabinet numéro 8.

MADAME DÉSARNAUX.

Je n'y comprends rien... il ne va ni au bal ni au théâtre... il ne sort que pour aller à son bureau... et ne voit absolument que les personnes que je reçois.

CLÉMENCE.

Ah! vous croyez... que c'est dans la maison?

BADINIER.

C'est évident!

MADAME DÉSARNAUX, se levant.

Ce matin, j'ai trouvé des vers dans la poche de son habit.

BADINIER.

Des vers?

CLÉMENCE, vivement.

Voyons ! voyons !

Ils descendent la scène.

MADAME DÉSARNAUX, *tirant un papier de sa poche et lisant en s'attendrissant graduellement.*

Le timide baiser de la vierge naïve,
L'éclat du papillon dont l'aile fugitive
  Glisse parmi les fleurs...
L'écho retentissant des voûtes de l'église
Et le son cadencé de l'onde qui se brise
  Sur les rochers en pleurs.

(Parlé en pleurant.) Ah ! je ne peux pas... ça me fait trop de mal !

Elle passe le papier à Clémence.

CLÉMENCE, lisant.

Le rossignol chantant l'hymne de la nature
Le doux frémissement du ruisseau qui murmure,
  A travers le gazon,
Les célestes concerts des voûtes éternelles,
Le bruit que fait un ange en déployant ses ailes
  Sont moins doux que ton nom...

(Parlé avec émotion.) Ces vers... sont vraiment pleins de cœur... Que c'est intéressant, un premier amour !...

BADINIER.

Ils me rappellent ceux que j'adressais à la petite limonadière... sauf que les miens sont mieux...

Récitant.

Cupidon a brûlé mon âme,
Et, nuit et jour, je crie : « Au feu ! »

CLÉMENCE.

Ah ! laissez-nous donc en repos avec vos poésies de confiseur !

SCÈNE SEPTIÈME.

BADINIER, à part.

Elle est jalouse!

MADAME DÉSARNAUX, reprenant le papier.

Vous voyez... aucun nom... aucun indice... ces vers peuvent s'appliquer à toutes les femmes!...

BADINIER.

D'autant mieux que le nom de celle que l'on aime est toujours le plus joli... qu'elle s'appelle Clémence...

CLÉMENCE.

Hein?

BADINIER.

Non... je dis Clémence, Charlotte ou Francine... (Tout à coup.) Tiens, Francine... si c'était...

MADAME DÉSARNAUX.

Votre femme de chambre?

CLÉMENCE.

Allons donc!

BADINIER.

Elle est gentille... pas sauvage et...

CLÉMENCE.

Pas sauvage? Tenez, vous êtes révoltant!

BADINIER.

Pourquoi donc! Il y a des gens arrivés à une très-haute position qui ont commencé par l'antichambre!

SCÈNE VIII.

Les Mêmes, CÉLINE.

CÉLINE, entrant par la gauche.

Eh bien, ma tante... Ah! M. et madame Badinier...

BADINIER, saluant.

Mademoiselle...

CLÉMENCE, l'embrassant

Bonjour, chère enfant...

CÉLINE, à madame Désarnaux.

Que vous a dit le docteur? Je suis d'une inquiétude... Pauvre cousin!... Voilà deux nuits que je ne dors pas !

CLÉMENCE, à part.

Quel intérêt!

MADAME DÉSARNAUX, à part.

Ah! mon Dieu! si c'était elle!

CÉLINE.

Mais parlez donc, ma tante...

MADAME DÉSARNAUX, sèchement.

Votre cousin ne court aucun danger... rassurez-vous...

CÉLINE.

Ah! que je suis heureuse!

MADAME DÉSARNAUX.

Mais je me permettrai de vous donner un conseil... c'est de manifester vos sentiments avec plus de discrétion... ces vivacités ne sont pas convenables dans la bouche d'une demoiselle...

SCÈNE HUITIÈME.

CLÉMENCE, jalouse.

J'en faisais la remarque à l'instant.

CÉLINE.

Qu'est-ce que j'ai fait?

BADINIER, à part.

Qu'est-ce qu'elle a fait?

MAURICE, dans la coulisse.

Jean! Jean!

MADAME DÉSARNAUX, à part.

C'est lui! (Vivement, à Céline.) Rentrez, mademoiselle... Allez étudier votre piano...

CÉLINE.

Mais...

MADAME DÉSARNAUX.

Il est inutile que Maurice vous rencontre à chaque instant sur son chemin...

BADINIER.

Cependant, quand on habite la même maison...

CLÉMENCE, bas, à son mari.

Taisez-vous donc!

CÉLINE.

Je me retire, ma tante... (A part.) On me cache quelque chose... Oh! mais je parlerai au docteur!

Elle sort par la gauche au moment où Maurice entre par la droite.

SCÈNE IX.

BADINIER, CLÉMENCE, MADAME DÉSARNAUX, MAURICE.

MAURICE, paraissant en parlant à la cantonade.

Surtout ne touche à rien sur mon bureau... Je vais rentrer. (Apercevant Badinier et sa femme.) Ah! madame... Monsieur...

BADINIER.

Bonjour! (Bas.) Petit sournois!

Il lui donne un coup de coude.

MAURICE, à part, étonné.

Qu'est-ce qu'il y a?

BADINIER, à part.

Je parie que c'est Francine!

CLÉMENCE, à madame Désarnaux.

Le pauvre garçon!... comme il est changé!

MADAME DÉSARNAUX, à Clémence.

C'est sa cousine qu'il aime... j'en suis sûre!

CLÉMENCE, bas.

Vous croyez?...

MADAME DÉSARNAUX, passant derrière elle.

Je vais le savoir... (Haut.) Maurice!

MAURICE, occupé à mettre ses gants.

Ma mère?...

MADAME DÉSARNAUX.

Tu ne sais pas... j'ai une grande nouvelle à t'apprendre..

SCÈNE NEUVIÈME.

MAURICE.

Laquelle?

MADAME DÉSARNAUX.

Ta cousine... Céline... elle va se marier.

MAURICE, continuant à boutonner ses gants avec indifférence.

Ah!... Son mari est-il riche?

MADAME DÉSARNAUX.

Très-riche.

MAURICE.

Tant mieux... C'est une bonne petite fille.

MADAME DÉSARNAUX, à part.

Ce n'est pas elle!

CLÉMENCE, à part.

Il n'y pensait pas!

BADINIER, aux femmes

A mon tour! (Haut.) Maurice...

MAURICE, devant la glace, s'arrangeant.

Monsieur Badinier...

BADINIER.

J'ai aussi une grande nouvelle à vous apprendre... Francine... vous savez bien, Francine?...

MAURICE.

Votre femme de chambre?...

BADINIER.

Elle va se marier.

MAURICE.

Eh bien, qu'est-ce que cela me fait?

BADINIER, désappointé.

Mais dame!... il me semblait... parce que...

MAURICE.

Qui épouse-t-elle?

BADINIER.

Un pompier!

MAURICE, riant.

Bonne chance!

BADINIER, à part.

Ce n'est pas elle!

MADAME DÉSARNAUX.

Mon ami, remercie donc M. et madame Badinier, qui viennent nous faire leur visite d'adieu...

MAURICE, poliment à Clémence.

Comment! vous partez... déjà?

CLÉMENCE, à part.

Déjà! (Haut.) Pour Chevreuse... seulement.

BADINIER.

Heureusement que ce n'est pas au bout du monde...

CLÉMENCE.

Et l'on peut se revoir...

BADINIER, à Maurice.

Nous avons des départs toutes les heures... En prenant un aller et retour...

MAURICE.

Je vous remercie.

MADAME DÉSARNAUX.

Vous êtes trop bon... mais, de notre côté, nous allons sans doute faire un petit voyage...

SCÈNE NEUVIÈME.

CLÉMENCE.

Hein?

MAURICE.

Un voyage?

MADAME DÉSARNAUX.

Il y a bien longtemps que je désire voir l'Italie...

MAURICE.

Quitter Paris... dans ce moment surtout?... C'est impossible!

MADAME DÉSARNAUX.

Comment?

MAURICE.

Non, ma mère... Vous m'offririez un million que je ne pourrais pas partir!

MADAME DÉSARNAUX.

Un million!

BADINIER, à madame Désarnaux.

Elle le cloue ici, c'est clair!

CLÉMENCE, à part.

Comme on aime à vingt ans!

MADAME DÉSARNAUX.

C'est bien!... Nous reparlerons de cela plus tard...

BADINIER.

Mais nous oublions nos visites, madame Badinier...

CLÉMENCE.

Je suis à vous...

BADINIER.

J'ai ma liste... (Tirant un papier.) Nous commençons par Monot-Lagarde...

MAURICE, vivement.

Le banquier!... Vous le connaissez?

CLÉMENCE.

Beaucoup... c'est mon cousin germain.

BADINIER, à Maurice.

C'est notre cousin... (A madame Désarnaux.) germain.

MAURICE, bas, à Clémence.

Ah! madame!... que je suis heureux!... Si vous pouviez savoir...

CLÉMENCE, effrayée, bas.

Plus bas... Prenez garde!

MAURICE, bas.

Il faut que je vous parle... dans une heure... ici...

CLÉMENCE, bas.

Un rendez-vous! Monsieur!...

MAURICE.

Il y va de mon avenir... de mon bonheur...

CLÉMENCE.

Maurice!... pas d'imprudence.

MAURICE.

C'est juste... ma mère!...

Il s'éloigne.

CLÉMENCE, à part.

Et mon mari donc!... Un rendez-vous... comme cela... tout de suite... Oh! je n'y viendrai pas... bien certainement...

MADAME DÉSARNAUX, à Maurice, qui a pris son chapeau.

Tu sors?... Où vas-tu?

MAURICE.

Chez le papetier... à côté.

MADAME DÉSARNAUX.

Je vais y envoyer...

MAURICE.

Non... il faut que j'y aille moi-même... j'ai commandé des registres... J'ai quelques explications à donner... (Bas, à Clémence.) Dans une heure! (Haut.) Monsieur... Madame...

Il salue et sort par le fond.

SCÈNE X

MADAME DÉSARNAUX, BADINIER, CLÉMENCE.

MADAME DÉSARNAUX.

C'est bien singulier...

CLÉMENCE.

Quoi donc?

MADAME DÉSARNAUX.

Hier, il m'a quitté le bras pour entrer chez ce papetier, où il est resté plus d'une demi-heure, et aujourd'hui...

BADINIER, poussant un cri.

Ah!

MADAME DÉSARNAUX et CLÉMENCE.

Quoi?

BADINIER.

J'ai découvert l'objet de sa passion, je le connais!

CLÉMENCE, à part.

Il m'a regardée!

BADINIER.

Il aime la papetière!...

CLÉMENCE, à part.

Ah!... il m'a fait une peur!...

BADINIER.

Une femme superbe... avec un mari... qui doit casser du sucre!

MADAME DÉSARNAUX.

J'en avais l'idée...

CLÉMENCE, à son mari.

Je crois que tu as rencontré juste, mon ami... (A madame Désarnaux.) M. Badinier a un coup d'œil...

BADINIER.

Au surplus, j'éclaircirai cela aujourd'hui même... J'irai flâner dans la boutique sous prétexte de pains à cacheter.

MADAME DÉSARNAUX.

Et vous viendrez me dire ce qui en est...

CLÉMENCE.

Oh! pour moi, il n'y a plus de doute...

BADINIER.

Et nos visites!... dépêchons-nous...

CLÉMENCE, saluant.

Madame...

BADINIER, à madame Désarnaux.

A bientôt!

Badinier et sa femme sortent par le fond.

SCÈNE XI.

MADAME DÉSARNAUX, puis CÉLINE.

MADAME DÉSARNAUX, seule.

Oh! cette papetière... je l'exècre! je la hais!... mais je lutterai, je combattrai!... Je vais aller la trouver... mieux encore!... je vais écrire à son mari... et de la bonne encre!... Je lui dirai : « Monsieur le papetier, mais surveillez donc votre femme!... une coquette qui veut m'enlever le cœur d'une personne qui m'est chère... » Et je ne signerai pas! et Jean portera la lettre!... Je vais l'écrire! (Se dirigeant vers la chambre à droite pan coupé, au moment où Céline paraît à gauche.) Oh! mon pauvre enfant! perdu! perdu!

Elle disparaît.

SCÈNE XII.

CÉLINE, puis VOUZON.

CÉLINE, seule.

Perdu?... mon cousin? (Apercevant Vouzon qui entre par le fond et courant à lui.) Ah! le docteur!

VOUZON.

Où est Maurice?

CÉLINE.

Il est sorti... Docteur, ne me cachez rien... mon cousin est en danger?

VOUZON.

Qui a dit cela?

CÉLINE.

Ma tante... ici... à l'instant...

VOUZON.

La pauvre femme s'effraye...

CÉLINE.

C'est grave, n'est-ce pas?

VOUZON.

Mais non.

CÉLINE.

Si vous saviez comme je suis malheureuse...

VOUZON.

Toi, mon enfant?

CÉLINE.

Le voir souffrir... menacé... je ne vis plus... je ne dors plus.

VOUZON, à part.

Ah! mon Dieu, elle l'aime... Il ne manquait plus que cela! (Haut.) Pauvre petite!... Voyons, calme-toi..

CÉLINE.

Oh! j'en mourrai!...

VOUZON.

Non... tu n'en mourras pas... et ton cousin non plus... Maurice se porte à merveille.

CÉLINE.

Oh! vous me trompez!...

Il cherche à la calmer.

SCÈNE XIII.

Les Mêmes, CLÉMENCE.

CLÉMENCE, entrant par le fond à elle-même.

J'ai laissé mon mari faire seul nos visites... (Apercevant Vouzon.) Ah! le docteur!

MADAME DÉSARNAUX, appelant dans la coulisse.

Céline! Céline!

CÉLINE.

Voilà, ma tante... Je vous reverrai, n'est-ce pas?

Elle entre à droite sans avoir vu Clémence.

VOUZON, à part.

Pauvre enfant! elle n'a pas de chance! (Apercevant Clémence.) Ah! madame Badinier...

CLÉMENCE.

Bonjour, docteur. (A part.) Et Maurice qui va venir... Comment l'éloigner?

VOUZON.

Je ne vous demande pas des nouvelles de votre santé.

CLÉMENCE, à part.

Ah! j'y suis! (Haut.) Vous me voyez encore toute bouleversée...

VOUZON.

De quoi donc?

CLÉMENCE.

Un accident terrible... au coin de la rue.. un homme renversé par une voiture.

VOUZON.

Il est blessé?

CLÉMENCE.

Je le présume... on demandait partout un médecin.

VOUZON.

Un médecin? voilà! Vous permettez?

CLÉMENCE.

Comment donc!... Voulez-vous mon flacon?

VOUZON.

Oh! c'est inutile!

(Il sort vivement par le fond.)

SCÈNE XIV.

CLÉMENCE, puis MAURICE.

CLÉMENCE, seule.

Il est parti... enfin!... J'ai pensé qu'il valait mieux venir à ce rendez-vous... En ne venant pas, j'aurais eu l'air de craindre ce jeune homme... et cela pouvait lui donner des espérances... Tandis que je le raisonnerai... je lui démontrerai la folie de sa passion... je le gronderai même s'il le faut... (Se reprenant.) Pauvre enfant!... non... je ne le gronderai pas... je le conseillerai... doucement... je lui parlerai... comme une sœur... une amie... (Regardant sa montre.) Personne encore... j'ai eu tort de venir la première... Ah! le voici!

MAURICE.

Ah! madame, permettez-moi de vous remercier d'abord de votre exactitude.

SCÈNE QUATORZIÈME.

CLÉMENCE, minaudant.

Monsieur Maurice... j'aurais peut-être dû ne pas venir...

MAURICE, avec feu.

Oh! madame, quand vous tenez mon bonheur, mon existence entre vos mains!

CLÉMENCE.

Maurice... calmez-vous... si vous voulez que je vous écoute.

MAURICE.

Pardon... mais quand on est plein d'un sujet...

CLÉMENCE, à part.

Quel feu!

MAURICE.

Et d'abord, madame, promettez-moi de ne confier à personne ce que je vais vous dire...

CLÉMENCE, à part.

Quelle ingénuité! (Haut, avec coquetterie.) C'est donc un secret... un mystère?

MAURICE.

Oui... c'est un mystère... Mais asseyons-nous.

Il lui prend la main et veut la conduire au canapé.

CLÉMENCE, vivement, et retirant sa main.

Du tout, monsieur!... On peut très-bien causer debout... (A part.) Moi qui le croyais timide!

MAURICE.

Comme vous voudrez... En deux mots, madame, voici l'affaire...

CLÉMENCE, étonnée.

L'affaire?...

MAURICE.

Vous habitez Paris... et, comme tout le monde, vous avez été frappée du grand nombre de démolitions qu'on y fait...

CLÉMENCE.

Les démolitions?

MAURICE.

On se couche bien tranquille dans son immeuble... et le lendemain, on est exproprié, démoli...

CLÉMENCE, à part.

Quel singulier détour!

MAURICE.

Il y a des gens que l'expropriation satisfait... Il en est d'autres qu'elle mécontente... qui se trouvent lésés dans leurs intérêts les plus chers...

CLÉMENCE, cherchant à comprendre.

Oui... mais...

MAURICE.

Eh bien, madame, c'est à cette dernière classe... à ces mécontents... que je n'hésite pas à appeler les victimes du progrès... que j'ai consacré depuis deux mois mes travaux et mes veilles...

CLÉMENCE, qui a écouté avec stupéfaction.

Ah çà! monsieur, où voulez-vous en venir?

MAURICE.

A vous faire comprendre le besoin réel auquel répond ma société d'assurances mutuelles contre les expropriations...

CLÉMENCE.

Ah... il s'agit d'une affaire... industrielle?

SCÈNE QUATORZIÈME.

MAURICE.

Oui, madame... Une idée gigantesque! J'associe tous les propriétaires... suivez-moi bien!... au moyen d'une prime fixe à remboursement garanti différé parfaitement, d'ailleurs par un calcul différentiel et proportionnel établi par des tables dont vous allez comprendre le mécanisme...

CLÉMENCE.

Oh! pardon... les chiffres... Je vous avoue que je m'attendais à une confidence... d'une **tout** autre nature.

MAURICE.

Quoi donc?

CLÉMENCE.

Oh!... que sais-je! un chagrin de votre âge... une inclination contrariée pour votre cousine... ou pour toute autre femme...

MAURICE.

Oh! les femmes!... les amourettes!... Je n'ai pas le temps... j'en suis revenu.

CLÉMENCE.

A dix-neuf ans!...

MAURICE.

Complètement!

CLÉMENCE, à part.

Et il me dit cela en face! (Haut.) Alors, monsieur, a quoi votre société d'assurances peut-elle m'intéresser?

MAURICE, avec feu.

Ah! madame, c'est ici que vous pouvez être l'ange de ma vie, la fée bienfaisante de mon avenir.

CLÉMENCE.

Moi? comment?

MAURICE.

Je vous ai entendu dire tantôt que M. Monot-Lagarde, le banquier, était votre cousin.

CLÉMENCE.

Oui...

MAURICE.

Eh bien, je viens vous prier... vous supplier de me faire obtenir une entrevue.

CLÉMENCE.

Ah! je comprends!...

MAURICE.

Aujourd'hui, par exemple... à quatre heures... après la Bourse.

CLÉMENCE, avec ironie.

Comment donc! mais, pour vous être agréable... Un jeune homme si rangé... qui a des idées si sages... si raisonnables... et si calmes tout à la fois... J'y vais tout de suite!...

MAURICE.

Ah! madame!

CLÉMENCE.

Je vais prendre une voiture...

MAURICE, lui embrassant la main.

Vous êtes charmante!

CLÉMENCE, retirant sa main et sèchement.

C'est bien!...

MAURICE.

Je monterai chez vous tout à l'heure pour savoir si je puis me présenter chez monsieur votre cousin.

CLÉMENCE.

Chez moi... c'est inutile... Je m'arrêterai ici en rentrant.

MAURICE.

C'est que, pour rien au monde, je ne voudrais que ma mère apprît...

CLÉMENCE.

Si M. Monot-Lagarde peut vous recevoir, vous trouverez mon gant... sur cette chaise.

MAURICE.

C'est convenu... Je vais mettre en ordre mes notes, mes chiffres, pour les soumettre à monsieur votre cousin... Ah! madame! je vous devrai plus que le bonheur... je vous devrai la fortune!

Il entre à droite.

SCÈNE XV.

CLÉMENCE, puis MADAME DÉSARNAUX.

CLÉMENCE, seule.

Il est horrible, ce petit jeune homme!... et j'irais me déranger pour lui! un monsieur qui n'a pas le temps de regarder les femmes... Oh! non! je vais écrire à mon cousin pour le lui recommander. (Elle se met à la table et écrit.) « Mon cher Alfred, je te recommande M. Maurice Désarnaux... un petit fat, un impertinent, un homme incapable, niais, nul... et sans orthographe!... tu m'obligeras en lui refusant le service qu'il va te demander. » (Parlé.) Voilà... et je signe!... ah! post-scriptum. Écrivant :) « M. Maurice professe le plus profond mépris pour les banquiers... il les traite de loups-cerviers. » (Pliant sa lettre et mettant l'adresse.) Le post-scriptum ne fera pas mal. Ah! mon gant que j'oubliais!

Elle ôte son gant taché d'encre et le jette sur la chaise.

MADAME DÉSARNAUX, entrant et à part.

Je viens d'envoyer ma lettre au papetier. (Apercevant Clémence.) Vous, chère madame?...

CLÉMENCE, embarrassée.

Oui, j'arrive, je cherche mon mari... vous n'avez pas vu M. Badinier?

MADAME DÉSARNAUX.

Non...

CLÉMENCE.

Alors, je remonte... (A part.) Je vais faire porter ma lettre.

MADAME DÉSARNAUX.

Ah! ne me laissez pas seule... dans ma position... j'ai besoin de conseils... de consolations...

CLÉMENCE, à part.

Au fait, je ne suis pas fâchée de voir la figure de ce petit monsieur quand il reviendra de chez mon cousin. (Haut.) Je vais descendre, je vous le promets.

MADAME DÉSARNAUX.

Ah! que vous êtes bonne!... revenez bien vite, n'est-ce pas?

Elle l'accompagne et disparaît un moment avec elle.

SCÈNE XVI.

MAURICE, puis MADAME DÉSARNAUX.

MAURICE, entrant par la droite.

Là !... tout est prêt... et, si madame Badinier a pu m'obtenir cette entrevue. (Apercevant le gant sur la chaise.) Grand Dieu, le gant! (Prenant le gant, l'embrassant avec transport.) J'ai mon rendez-vous!

MADAME DÉSARNAUX, qui est rentrée sur ces derniers mots, à part.

Un rendez-vous!... Et ce gant qu'il embrasse! (Haut.) Maurice...

MAURICE, se calmant et jetant le gant sur la table.

Ma mère...

MADAME DÉSARNAUX.

J'ai besoin de ton bras... une visite à faire...

MAURICE.

Maintenant? Impossible, ma mère... j'ai moi-même une affaire importante...

MADAME DÉSARNAUX.

Ah! à quelle heure?

MAURICE.

Tout de suite... un client à voir...

MADAME DÉSARNAUX, à part.

Un client... (Haut.) Je te préviens que le papetier est averti...

MAURICE.

Le papetier? j'y vais... Des papiers à prendre.

Il se dirige vers sa chambre

MADAME DÉSARNAUX, vivement.

Maurice... tu n'iras pas! je te le défends!

MAURICE.

Désolé! mais je vous répète qu'il s'agit d'une affaire importante

Il entre vivement dans sa chambre.

MADAME DÉSARNAUX.

Il n'écoute plus la voix de sa mère!... Oh! cette femme!... comme il l'aime! comme il l'aime! Eh bien!... non!... il ne sortira pas!

Elle se précipite vers la chambre de Maurice et en ferme la porte à double tour.

VOIX DE MAURICE, dans la coulisse.

Ma mère!... Que faites-vous?

MADAME DÉSARNAUX.

Maintenant, sors si tu le peux!...

SCÈNE XVII.

MADAME DÉSARNAUX, BADINIER,
puis CLÉMENCE.

BADINIER, entrant par le fond.

Me voilà!

MADAME DÉSARNAUX.

Ah! monsieur Badinier...

SCÈNE DIX-SEPTIÈME.

BADINIER.

J'ai du nouveau... Je sors de chez la papetière...

MADAME DÉSARNAUX.

Eh bien?...

BADINIER.

Pas mal... un peu mûre... mais pour un commençant!... Voici ce qui s'est passé. Elle était seule dans son comptoir... j'entre... je lui demande quelques pains à cacheter, nous causons... j'amène adroitement la conversation sur l'encre de la petite vertu, ce qui me permet quelques plaisanteries... gauloises! Tout à coup un homme immense, un colosse... sort de dessous le comptoir... et m'applique sur la tête un énorme registre, un Doit et Avoir!...

MADAME DÉSARNAUX.

Ah! mon Dieu!

BADINIER.

C'était le papetier... il se doutait de quelque chose...

MADAME DÉSARNAUX.

Je devine... ma lettre!...

BADINIER.

Quelle lettre?

MADAME DÉSARNAUX.

Je l'avais prévenu... je lui disais de surveiller sa femme.

BADINIER.

Que le bon Dieu vous bénisse! Il a défoncé mon chapeau.

Il montre son chapeau aplati.

MADAME DÉSARNAUX.

Ah! je suis désolée... mais les choses ont marché depuis ce matin... Maurice avait un rendez-vous...

BADINIER.

Avec elle?

MADAME DÉSARNAUX.

Il voulait y aller... mais je l'ai enfermé... là... dans cette chambre...

BADINIER.

Vous avez bien fait... car cet homme vous a des registres qui sont d'un lourd!...

MADAME DÉSARNAUX.

Tout à l'heure je l'ai surpris avec un gant de femme qu'il couvrait de baisers...

BADINIER.

Un gant?

MADAME DÉSARNAUX, le prenant sur la table.

Le voici.

BADINIER.

Voyons. (Il le prend et l'examine.) Ah diable!... ceci me déroute complétement... la papetière a une main... du huit trois quarts tandis que celle-ci... c'est du six un quart au plus... Ah! mon Dieu!

MADAME DÉSARNAUX.

Quoi donc?

BADINIER.

Cette tache d'encre au bout du doigt... et ce matin... ma femme. — (Avec explosion.) C'est le gant de ma femme!

MADAME DÉSARNAUX.

Grand Dieu!

BADINIER.

Ah! le drôle! le polisson!... Et vous dites qu'il est là...

SCÈNE DIX-SEPTIÈME.

MADAME DÉSARNAUX.

Monsieur Badinier... un enfant!

BADINIER.

L'âge n'y fait rien, madame!... ah! nous allons voir!
Il se précipite dans la chambre où est enfermé Maurice. — Au même instant, Clémence entre par le fond.

MADAME DÉSARNAUX.

Monsieur Badinier!

CLÉMENCE.

Hein?

MADAME DÉSARNAUX, apercevant Clémence.

Vous!... niez tout!

CLÉMENCE.

Quoi donc?

MADAME DÉSARNAUX.

Votre mari a découvert votre gant... taché d'encre... que Maurice embrassait avec transport... il est furieux!

BADINIER, rentrant.

Personne!

MADAME DÉSARNAUX.

Comment?

BADINIER, traversant le théâtre.

Il y a près de la fenêtre une échelle de maçons... Il se sera échappé par là...

MADAME DÉSARNAUX, à part.

Je respire!

BADINIER, apercevant sa femme.

Ah! vous voilà, madame!... Nous avons à causer... (L'amenant en scène.) M'expliquerez-vous comment ce gant se trouvait entre les mains de M. Maurice, qui le couvrait de baisers?

> En disant cela, il marche sur elle le gant à la main. — Clémence recule vers la table et trempe derrière son dos le bout de son doigt dans l'encrier.

CLÉMENCE.

Ce gant?... mais ce gant n'est pas à moi!

BADINIER.

Impossible de nier... la tache d'encre!

CLÉMENCE.

Je ne sais ce que vous voulez dire... je n'ai pas changé le gants... et cette tache... la voici!...

> Elle montre son gant taché et passe devant lui.

BADINIER.

Ah bah!

MADAME DÉSARNAUX.

C'est vrai!

BADINIER, prenant la main de sa femme.

Ah!... chère amie... pardonnez-moi!... Je suis un monstre.

CLÉMENCE.

Vous ne serez plus jaloux?

BADINIER, levant la main.

Je le jure. (Apercevant son gant taché aussi.) Ah! sacrebleu!

CLÉMENCE et MADAME DÉSARNAUX.

Quoi donc?

BADINIER.

L'encre était fraîche... mon gant est taché!

CLÉMENCE, à part.

Aïe! aïe!

MADAME DÉSARNAUX, à part

Cette femme-là est forte!

BADINIER.

Vous vous êtes approchée de la table... vous avez trempé votre doigt dans l'encrier...

CLÉMENCE.

Mon ami... je te jure...

BADINIER.

Venez, madame... vous avez une explication à me donner...

MADAME DÉSARNAUX.

Monsieur Badinier!...

CLÉMENCE.

Gustave!

BADINIER.

Il n'y a plus de Gustave!... il n'y a ici qu'un juge!... Lui prenant le bras.) Marchons!...

Il sort vivement en emmenant sa femme.

SCÈNE XVIII.

MADAME DÉSARNAUX, puis JEAN.

MADAME DÉSARNAUX, seule.

Quelle scène terrible!... et les suites... M. Badinier est offensé... il voudra se venger... (Avec effroi.) Un duel!... oh! non!... (Elle sonne vivement. — Paraît Jean.) Dès que mon fils rentrera, vous lui direz de venir me parler... Surtout qu'il ne ressorte pas sans m'avoir vue... c'est très-important.

Elle rentre.

SCÈNE XIX.

JEAN, puis VOUZON, puis MAURICE, puis CÉLINE.

JEAN, seul.

Qu'est-ce qu'il y a?... madame est tout effarée...

VOUZON, entrant et à lui-même.

Qu'est-ce que m'a donc conté cette dame Badinier? Je me suis informé... j'ai questionné... personne n'a été écrasé. (Apercevant Jean.) Ah!... Maurice est-il rentré?

JEAN.

Non, monsieur... mais madame est là... je vais vous annoncer.

VOUZON.

Il faut absolument que je cause avec Maurice.

MAURICE, entrant par le fond, furieux.

Imbécile! idiot!

JEAN.

Monsieur...

MAURICE.

Laisse-moi tranquille!

Jean sort.

VOUZON.

A qui en as-tu?

MAURICE.

Je sors de chez ce banquier... il n'a pas même voulu m'écouter... mais je sais pourquoi... Enfin, il y a des jours néfastes dans la vie... Je viens de la Bourse... une hausse effrayante!

SCÈNE DIX-NEUVIÈME.

VOUZON.

Ah! tant mieux!

MAURICE.

Comment, tant mieux?... Est-ce que vous êtes acheteur?

VOUZON.

Moi?... Je ne suis rien.

MAURICE.

Eh bien, alors de quoi vous mêlez-vous? « Tant mieux! » Je suis vendeur, moi... vendeur à découvert...

VOUZON.

Comment! tu tripotes?

MAURICE.

Comprenez-vous!... le 3 qui ferme hier à 25 et qui ouvre ce matin à 60?

VOUZON.

C'est horrible!

MAURICE.

Et le Saragosse qui rattrape son coupon en une Bourse... Je perds cinq mille.

Céline paraît au fond et écoute.

VOUZON.

Comment! tu perds...?

MAURICE.

Cinq mille francs... en liquidation. Impossible de les demander à ma mère... Que faire?... Ah! que je suis malheureux!

Il va tomber sur le canapé.

CÉLINE, s'approchant.

Mon cousin... c'est là ce qui vous chagrine?

MAURICE.

Parbleu!... Ils vont m'exécuter... Je suis perdu... déshonoré...

CÉLINE.

Oh! ne désespérez pas... J'ai peut-être un moyen de vous sauver...

MAURICE.

Toi?

CÉLINE.

Attendez!... oh!... si cela pouvait suffire... que je serais heureuse!...

MAURICE, se levant.

Mais...

CÉLINE.

Attendez!... je reviens!

Elle sort vivement par la gauche.

SCENE XX.

MAURICE, VOUZON.

MAURICE, étonné.

Que va-t-elle faire?

VOUZON.

Je n'en sais rien... mais je suis tranquille... elle fera quelque chose de bien... quelque chose que tu ne ferais pas, toi.

MAURICE.

Pourquoi donc?

SCÈNE VINGTIÈME.

VOUZON.

Parce qu'elle a là... un petit ressort qu'on appelle le cœur... et qui est en bien mauvais état chez toi.

MAURICE.

Mais je ne vois pas...

VOUZON.

Il y a bien d'autres choses que tu ne vois pas... As-tu jamais considéré cette enfant?

MAURICE.

Ma cousine?

VOUZON.

Oui... As-tu regardé ses yeux quand ils se reposent sur toi? as-tu senti frémir sa main quand tu la prends dans la tienne?

MAURICE, étonné.

Comment?

VOUZON.

Elle t'aime!

MAURICE.

Céline?

VOUZON.

Elle te croit grand, noble, généreux... enfin tu es son roman... Pauvre fille!

MAURICE.

Ah! mon Dieu!... ce que vous me dites là... En effet... il me semble me souvenir...

VOUZON.

Ah! c'est bien heureux!... mais l'amour!.. qu'est-ce que cela te fait?... C'était bon de notre temps... aujourd'hui, vous avez remplacé ça par le Saragosse!

MAURICE.

Ah! vous allez recommencer?

VOUZON.

J'en aurais le droit... car j'en ai gros sur le cœur... Tu t'es moqué de moi et de mes roucoulades... Eh bien, je ne donnerais pas ma jeunesse pour la tienne... Oh! nous étions bien ridicules, bien chauvins! nous chantions l'amour, la gloire...

MAURICE, ironiquement

Le vin!

VOUZON.

Pourquoi pas?... quand il est bon... Enfin, nous chantions tout ce qui était beau, tout ce qui était grand, tout ce qui était jeune... Nous chantions même la liberté... quand ce n'était pas indiscret.

MAURICE.

Chacun son opinion...

VOUZON.

Nous croyions à l'amitié... au désintéressement.

MAURICE, ironiquement.

Le désintéressement!

VOUZON.

Oui, cela te fait rire! Ah! si ton pauvre père...

MAURICE.

Mon père!...

VOUZON.

A peine si tu l'as connu... Quel cœur!... quel ami!... Nous avons étudié la médecine ensemble... nous avons eu la même jeunesse... et une fière jeunesse!... Jamais le sou!... toujours gais!... Mais nous nous aimions... C'était à qui mettrait sa montre au mont-de-piété pour retirer celle de l'autre... Un jour, ton père hérita de cinquante mille francs... Il aimait une belle jeune fille, ta mère... et, grâce à cette petite fortune, il allait l'épouser... La veille de la signature du contrat, il apprit que mon père... un pauvre fermier... venait d'être incendié... ruiné...

MAURICE.

Il n'était donc pas assuré?

VOUZON.

Probablement... A la place de ton père, qu'aurais-tu fait, toi?...

MAURICE, hésitant.

Dame... je...

VOUZON.

Il n'hésita pas, lui... Il se rappela que, dans ses jours de misère, il avait souvent partagé le pain que m'envoyait mon père... Il partit... sans rien me dire... et obligea le pauvre vieillard à accepter vingt-cinq mille francs qui le sauvèrent... Puis il dit à la famille de ta mère : « Voilà ce que j'ai fait... ma dot est réduite de moitié... Si vous ne m'acceptiez que pour elle, reprenez votre parole... Si, au contraire, vous avez confiance en moi, en mon avenir... vingt-cinq mille francs de plus ou de moins ne m'empêcheront pas de faire le bonheur de votre fille... » Ta mère lui tendit la main et voulut être de moitié dans son sacrifice... Le mariage se fit... Ah dame! on ne mit pas de diamants dans la corbeille... mais ils vinrent plus tard... peu à peu... tantôt une bague... tantôt un bracelet... aux jours de fête... et selon que l'année avait été bonne... Les diamants des honnêtes femmes se forment goutte à goutte... comme le pur cristal... Je pus enfin, grâce à mes visites à trois francs, rendre à ton père et à ta mère la somme qu'ils avaient avancée... mais je n'ai jamais oublié que je leur devais le bonheur... peut-être la vie de mon père. — Voilà ce qu'ils firent, mon pauvre enfant, ce qu'on faisait de notre temps... et ce que tu ne feras jamais...

MAURICE, ému.

Docteur!

VOUZON, avec ironie.

L'amitié!... le désintéressement!... Allons donc!... des phrases!... L'argent!

SCÈNE XXI.

Les Mêmes, CÉLINE.

CÉLINE, accourant, un coffret à la main.

Tenez, mon cousin, c'est tout ce que j'ai...

MAURICE.

Qu'est-ce que c'est?

VOUZON.

Hein?

CÉLINE.

Ce sont mes diamants... c'est-à-dire ceux de ma mère.. Il me reste une bague... La voici...

VOUZON.

Comment?

MAURICE.

Céline!

CÉLINE.

Ils ne me servent pas, et, s'il ne faut que cela pour vous sauver...

SCÈNE VINGT-DEUXIÈME.

MAURICE, très-ému.

Merci... ma bonne petite Céline... mais je n'accepte pas.

CÉLINE.

Pourquoi donc?

MAURICE.

Il faut garder les diamants de nos mères... Ils représentent le travail, le dévouement, l'honneur...

CÉLINE, émue.

Comme vous me dites cela!... Vous pleurez?

VOUZON.

Tu pleures... tu es sauvé.

MAURICE.

Ah oui! grâce à vous... Céline.

CÉLINE.

Mon cousin...

MAURICE, la serrant dans ses bras.

Oh! je t'aime! je t'aime!

VOUZON.

A la bonne heure!... c'est de mon temps, ça!

SCÈNE XXII.

Les Mêmes, MADAME DÉSARNAUX,
puis CLÉMENCE, BADINIER et JEAN.

MADAME DÉSARNAUX.

Ah! Maurice!... enfin te voilà revenu!... Il faut fuir... te cacher... M. Badinier sait tout!

MAURICE.

Quoi donc?

BADINIER, paraissant au fond avec sa femme.

Entrez, madame.

MADAME DÉSARNAUX.

Trop tard!

CLÉMENCE, à son mari.

Mais je te répète, mon ami...

BADINIER.

Pas un mot! C'est à moi qu'il appartient de procéder à l'enquête. (A Maurice.) Jeune homme, vous courtisez ma femme!

MAURICE.

Moi?

BADINIER.

Et je suis descendu pour vous prier... de porter vos dix-neuf ans ailleurs!

MAURICE.

Monsieur Badinier... veuillez lire cette lettre et vous verrez de quelle nature sont mes relations avec madame...

Il lui remet une lettre.

BADINIER.

Qu'est-ce que c'est que ça? l'écriture de Clémence. (Lisant.) « Mon cher Alfred... je te recommande M. Maurice Désarnaux... » (S'interrompant, à sa femme.) Ainsi vous le recommandiez!

MAURICE.

Veuillez continuer...

BADINIER, lisant.

« M. Maurice Désarnaux... un petit fat, un impertinent,

un homme incapable, niais, nul et sans orthographe... »

TOUS.

Comment!

BADINIER

En effet, ce n'est point ainsi que parle la passion... Jeune homme, quand un bon vent vous poussera vers Chevreuse...

CLÉMENCE, bas.

Monsieur Maurice... me pardonnez-vous?

MAURICE, bas.

Vous aviez raison... car j'étais bien laid!

MADAME DÉSARNAUX.

Mais alors quel était l'objet de cette passion?

MAURICE, regardant Céline.

Ma mère... je vous le dirai plus tard... En Italie...

MADAME DÉSARNAUX.

En Italie?

MAURICE.

Si vous le voulez, nous partirons ce soir...

MADAME DÉSARNAUX.

Partir!... Mais cette affaire importante qui te retenait...

VOUZON.

Je m'en charge! (Bas, à Maurice, qui vient lui serrer la main.) Tes cinq mille francs... tu me donneras le nom de tes petits amis... nous compterons ensemble à ton retour.

MAURICE, bas.

Merci, docteur!

MADAME DÉSARNAUX.

Enfin il est guéri! J'ai triomphé de ma rivale... Ah! Céline, je suis bien heureuse!

CÉLINE.

Oh! moi aussi, ma tante!

MADAME DÉSARNAUX.

Toi? pourquoi?

CÉLINE.

Mais... parce que vous l'êtes!

VOUZON, à part.

Elle ne se doute pas du petit serpent qu'elle emmène!

CLÉMENCE, riant, à Maurice.

Je ne vous propose pas de lettres de recommandation.

MAURICE.

Trop bonne!

BADINIER.

Un mot... Vous allez voir la belle Italie... (Se frottant l'épaule.) Méfiez-vous des papetiers!

FIN D'UN PREMIER PAS.

UN GROS MOT

COMÉDIE-VAUDEVILLE
EN UN ACTE

Représentée pour la première fois, à Paris, sur le théâtre du Palais-Royal, le 29 septembre 1860.

COLLABORATEUR : M. DUMOUSTIER

PERSONNAGES

	ACTEURS qui ont créé les rôles.
GAILLARDIN.	MM. RAVEL.
CASCADOU.	LUGUET.
RIBOUTÉ, notaire.	LHÉRITIER.
JOSEPH, domestique.	FÉLICIEN.
JULIE, femme de Gaillardin.	Mmes CICO.
MADAME DE ROUVRES.	CRÉNISSE.
ANNETTE, femme de chambre.	DAROUX.

INVITÉS DES DEUX SEXES.

La scène se passe à Paris, chez Gaillardin.

———

UN GROS MOT

Un salon. — Portes au fond s'ouvrant sur une galerie éclairée pour un bal. — Portes latérales. — Une cheminée. — Une fenêtre. — Un guéridon avec un verre d'eau. — Ameublement riche. — Quatre fauteuils, divan.

SCÈNE PREMIÈRE.

JOSEPH, ANNETTE.

Au lever du rideau, Joseph essuie un fauteuil à droite, et Annette en essuie un autre à gauche.

JOSEPH.

Dites donc, mademoiselle Annette... qu'est-ce que vous pensez de tout ça?

ANNETTE.

De quoi?

JOSEPH.

Eh bien, du ménage de monsieur et de madame...

ANNETTE.

Ça m'intrigue!

JOSEPH.

Ils sortent séparément, ils dînent séparément...

ANNETTE.

Et, quand ils se rencontrent... ils se saluent sans se parler... comme deux étrangers...

JOSEPH.

Et ce qui est plus grave!... (Il appuie sa tête sur sa main, ferme les yeux et ronfle.) Monsieur par ici!

Il indique la droite.

ANNETTE, même jeu, indiquant la gauche.

Et madame par là!

JOSEPH.

Depuis quinze jours... car avant, monsieur...
Il penche de nouveau sa tête sur sa main, mais du côté d'Annette en souriant.

ANNETTE.

Et madame... (Elle fait le même geste, mais, cette fois, du côté de Joseph, de sorte que leurs deux têtes se rencontrent. Joseph l'embrasse.) Eh bien, monsieur Joseph?

JOSEPH.

Ça devait se passer comme ça!... du moins, je le suppose... Madame est jolie... vingt-deux ans.

ANNETTE.

Et monsieur, trente-quatre!...

JOSEPH.

Le feu et la poudre!

ANNETTE.

Mais d'où peut venir ce refroidissement?

JOSEPH.

Je ne sais pas... Il y a quinze jours, monsieur et ma-

dame sont rentrés ensemble... ils étaient tout rouges..
M Gaillardin m'a crié : « Joseph, laissez-nous!... » Ils
sont restés seuls, et, après la conférence, monsieur m'a
dit : « Vous n'êtes plus au service de madame, vous êtes
au mien... (Indiquant la droite.) Voici mon appartement;
vous y porterez mes rasoirs et mon bonnet de nuit... »

ANNETTE.

De son côté, madame m'a adressé ces simples mots !
« Je vous défends de prendre les ordres de monsieur... »
Et elle a fait poser un verrou de sûreté à sa chambre.

Elle indique la gauche.

JOSEPH.

Côté de monsieur!...

ANNETTE.

Côté de madame!...

JOSEPH.

Quant à ce salon, il est commun!...

ANNETTE.

C'est la frontière!...

JOSEPH.

Nous le faisons de compte à demi... chacun deux fauteuils...

ANNETTE.

Et le divan?

JOSEPH.

Il est neutre... et les neutres ne doivent jamais être battus.

Il le frappe, il en sort une poussière effroyable. Coup de sonnette

ANNETTE.

On sonne...

JOSEPH.

Côté de monsieur !... Ça me regarde.

Il entre à droite.

SCÈNE II.

ANNETTE, puis JULIE.

ANNETTE, seule.

C'est égal, je donnerais bien quelque chose pour savoir...

Julie paraît au fond. Costume de ville et chapeau.

JULIE.

Annette !

ANNETTE.

Oh ! c'est madame qui rentre !

JULIE.

Avez-vous prévenu le glacier, le tapissier, le fleuriste ?...

ANNETTE.

Oui, madame...

JULIE.

Je crains d'avoir oublié quelque chose... C'est une grande affaire qu'un bal... surtout lorsqu'on est seule pour penser à tout... (A Annette.) Vous avez fait porter toutes mes invitations ?

ANNETTE.

Toutes, madame...

JULIE, à elle-même, tirant un billet de sa ceinture.

Il ne m'en reste plus qu'une à remettre... celle de monsieur mon mari... Je le traite comme un invité!... Je ne puis me dispenser de le convoquer... pour le monde.

Elle va à la porte de droite et frappe.

JOSEPH, paraissant.

Madame...

JULIE.

M. Gaillardin est-il chez lui?

JOSEPH.

Oui, madame.

JULIE.

Veuillez lui remettre ce billet.

JOSEPH.

Bien, madame.

Il sort.

ANNETTE.

Madame a-t-elle besoin de moi?

JULIE.

Tout à l'heure... je vous sonnerai pour m'habiller... (A part.) Il sera furieux!..

Elle rentre à gauche.

SCÈNE III.

ANNETTE, GAILLARDIN.

GAILLARDIN, sortant de la droite.

A-t-on jamais vu! un billet d'invitation... à moi! (Regardant son paletot.) Allons, bon! encore un bouton de moins à mon paletot!... ça fait trois!... (Apercevant la bonne.) Ah! Annette!...

ANNETTE.

Monsieur?

GAILLARDIN.

Vite! du fil et une aiguille... et recouds-moi ces trois boutons...

ANNETTE.

Oh! monsieur, c'est impossible!

GAILLARDIN.

Pourquoi?

ANNETTE.

Madame me l'a défendu.

GAILLARDIN.

Ah!... c'est madame... (A part.) Elle est bonne, ma femme!

ANNETTE.

Monsieur n'a pas besoin d'autre chose?

GAILLARDIN.

Peut-être.. mais d'abord quels sont les services que ta maîtresse t'a permis de me rendre?

ANNETTE.

Aucun... sans exception!

GAILLARDIN.

Merci... ça suffit... Tu peux te retirer.

Annette entre à gauche.

SCÈNE IV.

GAILLARDIN, seul; puis ANNETTE

CAILLARDIN.

Si ça continue, il faudra que j'achète du fil et que j'apprenne à coudre... Si c'est comme cela que ma femme compte se faire pardonner ses énormités à mon égard!... Car Julie a été d'une inconvenance!... Il y a trois semaines, nous étions chez mon notaire, maître Ribouté, un imbécile qui demeure au-dessus... Il s'agissait d'un bail à renouveler... Mon locataire demandait du papier velouté à six francs le rouleau... Mais, comme il est doué d'une femme que j'avais eu l'imprudence de trouver jolie... madame Gaillardin lui en refuse énergiquement... du velouté! Moi, pour mettre tout le monde d'accord, je consens à un petit écossais à un franc vingt-cinq centimes... Là-dessus, Julie s'emporte, s'échauffe... Je réplique et elle m'appelle... Non!... je n'oserai jamais le répéter... c'est un gros mot!... Oh! non, pas si gros que ça... Au fait, j'aime mieux le dire, parce qu'on pourrait croire des choses!... Elle m'a appelé... Enfin, elle m'a donné le nom d'un de ces petits fruits qu'on fait confire dans le vinaigre... pas les petits oignons... et par-devant notaire! car cet imbécile de Ribouté écrivait sous ma dictée... et par mégarde il a inséré le mot dans son acte... « Entre monsieur... d'une part... » Je sais bien qu'on l'a biffé... en mettant en marge un mot rayé nul... mais l'injure n'en reste pas moins sur la minute timbrée et enregistrée!... Certes, je ne suis pas susceptible, mais un mari doit tenir à sa dignité... Aussi, en descendant de chez Ribouté... cet imbécile de Ribouté... j'ai eu une explication avec Julie... Il le fallait!... j'ai mis une main dans mon gilet... comme ceci. (Changement de main.) Non, c'était l'autre... ça ne fait rien... et je lui ai fait la déclaration suivante : « Madame, tant que vous n'aurez pas retiré le mot... dont je ne veux pas souiller mes lèvres... il n'y aura rien de commun entre nous... et vous pouvez dès aujourd'hui vous considérer comme étant madame veuve Gaillardin... Je vous salue!... » Et, depuis trois semaines, nous en sommes là!... Elle vient de m'envoyer cette lettre d'invitation pour son bal de ce soir... La politesse exige que je lui dépose ma carte... cornée.

Il prend une carte dans son portefeuille et frappe à gauche. — Annette paraît.

GAILLARDIN, à Annette.

Madame Gaillardin est-elle chez elle?

ANNETTE.

Oui, monsieur, si vous voulez entrer?

GAILLARDIN.

Merci... je suis un peu pressé... veuillez lui remettre cette carte.

ANNETTE.

Tout de suite, monsieur.

Elle disparaît.

GAILLARDIN, seul.

Dans huit jours, je lui en déposerai une seconde... également cornée... et je serai parfaitement en règle avec les convenances.

SCÈNE V.

GAILLARDIN, JULIE, puis JOSEPH.

JULIE, entrant. — Apercevant Gaillardin

Ah! pardon... je vous croyais parti...

Elle fait un mouvement pour se retirer.

GAILLARDIN.

Ce salon est commun... vous pouvez rester.

JULIE.

Vous êtes trop bon...

GAILLARDIN.

J'ai reçu tout à l'heure votre lettre d'invitation.

JULIE.

Et moi votre carte...

GAILLARDIN.

Je ne sais comment vous remercier d'avoir bien voulu songer à moi.

JULIE.

C'est tout naturel... un voisin!

Ils se rapprochent.

GAILLARDIN.

Ah! c'est comme voisin?... Vous vous êtes dit : « Je donne un bal, il faut que j'invite mon petit voisin! »

JULIE.

Vous êtes un excellent valseur...

GAILLARDIN.

On le dit... (Avec galanterie.) Mais je n'aurai pas l'honneur de vous inviter, madame.

JULIE.

Je ne vous le demande pas, monsieur...

GAILLARDIN.

A moins que vous ne retiriez le mot... retirez-vous le mot?

JULIE.

Vous m'avez dit quelquefois que j'étais jolie...

GAILLARDIN.

C'est vrai... j'ai commis cette maladresse!

JULIE.

Eh bien, monsieur, sachez qu'une jolie femmme ne fait jamais d'excuses à un homme... tant qu'elle n'a pas atteint la trentaine!...

GAILLARDIN.

Ah! et vous marchez sur vingt-trois... C'est bien, madame... j'attendrai... j'attendrai sept ans... je ne suis pas pressé...

JULIE.

Ni moi non plus, monsieur.

GAILLARDIN.

Je vois votre calcul... vous comptez sur la puissance de vos charmes pour me réduire... mais vous êtes dans l'erreur la plus complète... Ces attraits dont vous vous exagérez l'importance...

JULIE, piquée.

Monsieur!...

GAILLARDIN.

Pardon, c'est mon opinion... (Reprenant.) dont vous vous exagérez l'importance... n'auront pas sur moi l'empire que vous leur supposez... et, tant que vous n'aurez pas

SCÈNE CINQUIÈME.

retiré le mot... dont je ne veux pas souiller mes lèvres... vous ne serez pour moi qu'une statue...

JULIE.

Hein?

GAILLARDIN.

Plus ou moins réussie... en bois... en marbre... ou en plâtre... qu'on regarde, mais à laquelle on ne touche pas... Voilà, madame, ce que j'étais bien aise de vous dire.

JULIE.

Oh! c'est singulier!

GAILLARDIN.

Quoi donc?

JULIE.

Lorsque je vous écoute, lorsque arrive à mon oreille la douce harmonie de votre voix... les brillantes saillies de votre esprit... j'ai beau lutter, je me sens saisie malgré moi.

GAILLARDIN, avec espoir.

Vous vous sentez saisie?

JULIE.

D'une profonde envie de dormir.

GAILLARDIN, furieux.

Madame!

JULIE.

Voilà, monsieur, ce que j'étais bien aise de vous dire!

Elle salue.

GAILLARDIN, saluant.

Je vois que nous nous entendons parfaitement.

v. *Ils font quelques pas pour se retirer.*

JULIE, changeant de ton.

Je pense qu'on vous verra ce soir à mon bal?

GAILLARDIN.

Je viendrai faire un tour... mais un peu tard...

JULIE.

Ah! pourquoi?

GAILLARDIN.

J'ai un ami à dîner... M. Cascadou, qui arrive de Beaucaire.

JULIE.

Comment! vous n'avez pas encore dîné... à huit heures?

GAILLARDIN.

Cascadou est en retard... mais, quand on arrive de Beaucaire... (Mouvement pour sortir.) Je vous demanderai la permission de vous le présenter... c'est un danseur.

JULIE.

Présenté par vous!...

JOSEPH, entrant.

Il y a là une personne qui demande monsieur.

GAILLARDIN.

Son nom?

JOSEPH.

M. Cascadou.

GAILLARDIN.

C'est lui! Faites entrer. (Joseph sort.) Vous permettez, madame, que je le reçoive dans ce salon?

JULIE.

Comment donc! n'est-il pas commun?

SCÈNE SIXIÈME.

GAILLARDIN.

Du reste, pour votre soirée, je le mets entièrement à votre disposition.

JULIE.

Vous êtes charmant.

GAILLARDIN.

Je le serai comme cela pendant sept ans. (A part.) La guerre de sept ans!...

JULIE, saluant.

Monsieur...

GAILLARDIN.

Madame...

Ils échangent une profonde révérence. Gaillardin donne la main à Julie qui entre à gauche.

SCÈNE VI.

GAILLARDIN, CASCADOU, puis JOSEPH.

CASCADOU, entrant, accent méridional.

Me voilà! Que tu ne m'attendais plus?

GAILLARDIN.

Tu es un peu en retard.

CASCADOU.

Mille regrets... que c'est la faute de l'omnibus...

GAILLARDIN.

Un accident?

CASCADOU.

Non,.. j'étais monté dedans pour venir ici... et que

voilà que je me trouve à côté d'une petite... de l'œil ! du nez ! de la dent !

GAILLARDIN.

Eh bien?

CASCADOU.

Que je lui pousse le coude... elle ne dit rien... bon signe !

GAILLARDIN.

Ah ! ah ! gaillard !

CASCADOU.

Que nous passons devant ta rue... elle ne descend pas, je reste !... que nous passons devant la barrière... elle ne descend pas, je reste !

GAILLARDIN.

Bigre !

CASCADOU.

Donc que nous voilà à Boulogne...

GAILLARDIN.

Sur mer?

CASCADOU.

Non... à Boulogne-sur-Bois... Elle descend, je lui cause... et elle me donne son adresse...

GAILLARDIN.

Noble femme !

CASCADOU.

Chut ! elle est mariée... que son mari habite Boulogne...

GAILLARDIN.

Sur-Bois ! (A part) C'est un dix-cors !

SCÈNE SIXIÈME.

CASCADOU.

Alors que je reprends l'omnibus... mais voilà que je me retrouve à côté d'une autre petite... de l'œil! du nez! de la dent! que je lui pousse le coude...

GAILLARDIN.

Elle ne dit rien... bon signe!

CASCADOU.

Et que me voilà à la barrière du Trône!... j'avais encore passé ta rue...

GAILLARDIN.

Et la petite?

CASCADOU.

Elle m'a donné son adresse... Chut! elle est mariée!

GAILLARDIN.

Encore?

CASCADOU, remontant près de la cheminée.

Il paraît, mon bon, que l'omnibus, il développe le sentiment des femmes à Paris.

GAILLARDIN.

C'est depuis l'annexion de la banlieue... car, auparavant, jamais, jamais! on n'avait entendu parler de rien mais on a introduit dans nos murs le treizième arrondissement.

CASCADOU.

Malpeste! c'est le mien!

GAILLARDIN.

Ah çà! depuis que je ne t'ai vu, tu es donc devenu un ravageur de femmes, un égrugeur de cœurs?

CASCADOU.

Je ne m'en cache pas... j'aime les belles!... Là-bas, on m'avait surnommé le brasier de Beaucaire!

GAILLARDIN.

Et pourquoi as-tu quitté le centre de tes opérations?

CASCADOU.

Peuh! j'étais rassasié!... Manger toujours des fruits des Bouches-du-Rhône!... J'ai fait un héritage et je viens pour croquer...

GAILLARDIN.

Ton héritage?

CASCADOU.

Non! un peu de ces Parisiennes! (Revenant en scène.) Ah çà! tu es marié qu'on m'a dit?

GAILLARDIN.

Depuis un an...

CASCADOU.

Ta femme est-elle piquante?

GAILLARDIN, étonné.

Mais... c'est une beauté sévère.

CASCADOU.

Moi, je les aime, les beautés sévères... A-t-elle de l'œil, du nez, de la dent?

GAILLARDIN.

Qu'est-ce que ça te fait? Est-ce que ça te regarde?

CASCADOU.

Ah! tu es jaloux?

GAILLARDIN.

Non... mais...

CASCADOU.

Tiens! tu me rappelles le mari de la belle Bordelaise...

SCÈNE SIXIÈME.

GAILLARDIN.

La belle Bordelaise...

CASCALOU.

Ah! mon ami! que c'est une histoire à faire craquer la maison!... Nous sommes entre hommes... je vais te la raconter...

GAILLARDIN.

Je ne te la demande pas.

CASCADOU, racontant.

La belle Bordelaise, c'est une femme qu'elle pesait trois cent... et des...

JOSEPH, entrant.

Le dîner est servi.

GAILLARDIN, vivement.

Ah! enfin!... A table! tu me raconteras ça à table!

CASCADOU.

Méfie-toi que ça fera claquer tes assiettes comme des castagnettes!

GAILLARDIN.

Et sauter les bouchons... J'ai justement un chambertin..

AIR : *Du dîner et des égards.*

CASCADOU.

Tin, tin, tin,
Du médoc et du chambertin,
Tin, tin, tin,
Reconnais-tu ce vieux refrain?
Aux dames ainsi je débute;
Et puis après, gais compagnons,
C'est une polka de bouchons
Qu'en leur honneur on exécute.

ENSEMBLE.

Tin, tin, tin,
  Etc.

GAILLARDIN.

Chut! ici des chansons à boire,
Y penses-tu?... devant mes gens!
Dans ce salon, soyons décents,

Lui poussant le coude.

Mais passons vite au réfectoire.

En sourdine.

Tin, tin, tin,
En chantant quelque gai refrain,
Tin, tin, tin,
On goûte mieux le chambertin.

REPRISE. — ENSEMBLE.

Gaillardin et Cascadou entrent à droite.

SCÈNE VII.

JOSEPH, INVITÉS, puis JULIE, puis MADAME DE ROUVRES, puis RIBOUTÉ.

JOSEPH, seul.

Ça a l'air d'un gaillard, l'ami de monsieur. (La porte du fond s'ouvre et on aperçoit les invités dans la galerie.) Ah! les invités de madame... ça ne me regarde pas... défense de leur offrir un échaudé.

Il sort par la droite; les invités entrent en scène.

SCÈNE SEPTIÈME.

CHOEUR.

AIR des *Pages du duc de Vendôme:*
Ah ! ne redoutez point ces fleurs.

Voyez, voyez, partout des fleurs !
Leur éclat qu'on admire,
En vain, à vos dépens conspire.
Ce soir, à nos
Près de nos danseurs.
vos

UN DOMESTIQUE, annonçant.

Madame de Rouvres !

JULIE, allant au-devant de madame de Rouvres

Laure !... Eh bien, seule ?

MADAME DE ROUVRES.

Mon mari a été forcé de partir ce matin pour affaires.

UN DOMESTIQUE, annonçant.

M. Ribouté !

JULIE.

Ah ! notre cher notaire... Eh bien, et madame Ribouté ?

RIBOUTÉ.

Elle a sa migraine... ça lui a pris au moment où le facteur sortait...

JULIE.

Une mauvaise nouvelle, peut-être ?

RIBOUTÉ.

Non... c'est une lettre de Saint-Germain en Laye, de notre cousin, le dragon... Il viendra peut-être nous demander l'hospitalité ce soir... Ce pauvre garçon ! il n'a pas de chance... chaque fois qu'il vient, je suis obligé de sortir... mais ça ne l'empêche pas de venir... c'est une bonne nature !... Ah çà ! je ne vois pas Gaillardin ?...

JULIE.

Mon mari?... il doit être dans les salons...

RIBOUTÉ, à Julie.

Je ne puis plus le regarder sans rire, depuis le fameux bail... un mot rayé nul!

Il rit. — On entend l'orchestre.

JULIE.

Voici l'orchestre... Allons, messieurs, invitez ces dames!

MADAME DE ROUVRES, à Julie.

Je te rejoins... Un coup d'œil à ma coiffure!

Les messieurs offrent leurs bras aux dames.

REPRISE DU CHOEUR.

Voyez, voyez, partout des fleurs,
Etc.

SCÈNE VIII.

MADAME DE ROUVRES, GAILLARDIN, puis JULIE.

Madame de Rouvres est devant la glace et arrange sa coiffure.

GAILLARDIN, sortant de la droite; il a passé un habit.

J'ai quitté la table... Coquin de chambertin!... Le Cascadou vous a des histoires... celle de la belle Bordelaise surtout!... nom d'un petit bonhomme! (Apercevant madame de Rouvres.) Dieu! les belles épaules! (S'approchant.) Lumineuses!

MADAME DE ROUVRES, se retournant.

Tiens!

GAILLARDIN.

Madame de Rouvres!

SCENE HUITIÈME.

MADAME DE ROUVRES.

C'est vous, monsieur Gaillardin... Que faites-vous là?

GAILLARDIN.

Mais... je regarde... j'admire... je n'avais jamais vu vos épaules en toilette de bal et... Comment se porte monsieur votre mari?

MADAME DE ROUVRES.

Très-bien... il est à Strasbourg...

GAILLARDIN.

Ah! il est à Strasbourg!

MADAME DE ROUVRES.

Ma toilette vous plait-elle?

GAILLARDIN.

Ah! oui!... surtout le haut!

MADAME DE ROUVRES.

Hein?

GAILLARDIN.

Ah! que vous avez donc bien fait de sortir vos diamants de leur écrin...

MADAME DE ROUVRES.

En vérité, je ne vous reconnais plus...

GAILLARDIN, à voix basse.

Puisqu'il est à Strasbourg!...

MADAME DE ROUVRES.

Vous! un mari modèle!

GAILLARDIN.

C'est vous qui êtes une femme... modèle!

MADAME DE ROUVRES

Encore! (On entend l'orchestre.) Tenez! invitez-moi à valser... cela vaudra mieux...

GAILLARDIN.

C'est bien dangereux... faire valser l'allumette avec le phosphore!

MADAME DE ROUVRES.

Voulez-vous vous taire!... Je le dirai à votre femme!

GAILLARDIN.

Les belles épaules!... lumineuses! lumineuses!

JULIE, entrant

Tiens, mon mari qui valse!

SCÈNE IX.

JULIE, CASCADOU.

CASCADOU, sortant de la droite en mettant ses gants, à part.

Un bal de grand monde!... gantons de jaune le brasier de Beaucaire.

JULIE, à part.

Quel est ce monsieur?

CASCADOU, à part.

Une dame qui me lorgne... de l'œil! du nez! de la dent! Attaquons! (Haut, avec empressement.) Madame cherche quelque chose? Parlez! je suis ici chez moi...

JULIE.

Comment?

CASCADOU.

Cascadou... l'ami de Gaillardin.

SCÈNE NEUVIÈME.

JULIE, à part.

Ah! le monsieur de Beaucaire.

CASCADOU, empressé.

Madame est venue seule au bal? Gaillardin m'a chargé spécialement de reconduire les dames... et, quand vous serez pour partir, je me ferai un plaisir...

JULIE.

C'est inutile... je demeure dans la maison..

CASCADOU.

Une voisine? (A part.) Voisinons!

JULIE.

D'ailleurs, j'ai mon mari...

CASCADOU.

Un mari!... que ça ne m'effraye pas, au contraire.
Il lui pousse le coude et rit.

JULIE, se reculant étonnée.

Hein!

CASCADOU, à part.

Elle ne dit rien... bon signe! (Haut.) Y a-t-il de l'indiscrétion de demander à madame si elle va quelquefois se promener en omnibus?

JULIE.

Moi? par exemple!

CASCADOU.

Je compte m'y faire brouetter demain de midi à quatre heures, (Finement.) pour voir les beautés de la capitale... Quelle ligne me conseillez-vous de suivre?

JULIE, étouffant un rire.

Mais... la ligne de Charenton.

CASCADOU, à part.

Un rendez-vous! j'y serai. (Haut.) J'y serai belle colombe.
On entend l'orchestre.

JULIE.

Pardon... je suis invitée... (A part.) C'est un impertinent, ou un imbécile.
Elle rentre dans le bal.

SCÈNE X.

CASCADOU, GAILLARDIN, puis RIBOUTÉ.

CASCADOU.

Elle est superbe, cette femme!... il n'y a pas sa pareille dans toutes les Bouches-du-Rhône!

GAILLARDIN, entrant, à lui-même.

La valse vient de finir... malheureusement... Quelles épaules!

CASCADOU, apercevant Gaillardin.

Mon bon... quelle est cette dame belle, jolie, piquante... qui demeure dans la maison?

GAILLARDIN.

Dans la maison?... je ne vois que la femme de Ribouté.. cet imbécile de Ribouté... mon notaire...

CASCADOU.

Mon ami, j'en suis fou!... que je n'en déjeunerai pas de main matin!

GAILLARDIN.

Comment, madame Ribouté? Eh bien, tant mieux! vas-y, ça me fera plaisir!

CASCADOU.

A la bonne heure! Tu comprends les devoirs d'un maître de maison, toi!... Tu lui en veux à ce mari?

GAILLARDIN.

Un animal!... qui ne peut pas me rencontrer sans me dire : « Un mot rayé nul! »

CASCADOU.

Quel mot?

GAILLARDIN.

Rien! vas-y! ça me fera plaisir! (Apercevant Ribouté.) Chut! le voici!

CASCADOU, bas.

Bonne tête! garde-le-moi... je vais retrouver sa femme. (Passant devant Ribouté, et le saluant.) Monsieur...

RIBOUTÉ.

Monsieur...

CASCADOU.

Que je suis bien charmé d'avoir fait la vôtre!

Il sort.

SCÈNE XI.

GAILLARDIN, RIBOUTÉ.

RIBOUTÉ.

Il est très-poli, ce jeune homme! (Descendant la scène.) Ah! c'est vous Gaillardin!... (Il s'approche de Gaillardin.) Un mot rayé nul!

GAILLARDIN.

Parbleu!

RIBOUTÉ.

J'ai raconté l'histoire hier dans un dîner de notaire... Nous en avons bien ri!

GAILLARDIN.

J'espère que vous ne m'avez pas nommé!

RIBOUTÉ.

Oh! non!... je n'ai nommé que madame Gaillardin

GAILLARDIN.

Ah! bien!

RIBOUTÉ.

Adieu, je vais à la bouillotte. (En se retournant.) Un mot rayé nul!

Il disparaît à gauche.

GAILLARDIN, vivement.

Tu me le payeras!

SCÈNE XII.

GAILLARDIN,
puis JULIE et MADAME DE ROUVRES.

JULIE, entrant vivement avec madame de Rouvres.

Viens par ici, chère amie...

GAILLARDIN.

Madame de Rouvres! Qu'y a-t-il donc?

JULIE.

Rien! un accident de toilette!

MADAME DE ROUVRES.

Un volant de ma robe... déchiré

SCÈNE DOUZIÈME.

JULIE, à Gaillardin.

Les tables de jeu sont installées dans mon appartement... Voulez-vous prêter votre chambre pour une seconde?

GAILLARDIN, avec passion.

Comment donc! pour l'éternité. (A madame de Rouvres.) Entrez donc, madame, entrez donc!

Il veut la suivre.

JULIE, l'arrêtant.

Ah! non! pas vous!

Elle entre à droite à la suite de madame de Rouvres.

GAILLARDIN, seul.

Madame de Rouvres dans mon sanctuaire... avec ses belles épaules... et un mari à Strasbourg!... Il me semble qu'on m'appelle... (Il s'approche de la porte et regarde.) Oh! oh! oh! (Se ravisant.) Non, je ne vois rien!... ma femme est devant!... Elle tient une jarretière à la main... une jarretière rose! celle de madame de Rouvres sans doute... (Faisant le geste d'écarter.) Mais ôte-toi donc!... ôte-toi donc! (La porte s'ouvre brusquement, Gaillardin la reçoit sur le nez.) Aïe!

JULIE.

Eh bien, que faisiez-vous là?

GAILLARDIN, décontenancé.

Moi? vous voyez... Je consultais le baromètre.

JULIE.

Où voyez-vous un baromètre?

GAILLARDIN.

Ah! c'est vrai... il est dans la salle à manger...

MADAME DE ROUVRES, rentrant, à Julie.

La!... tout est réparé!

GAILLARDIN, à part, contemplant madame de Rouvres, qui s'arrange devant la glace.

Est-elle gentille!... elle a rattaché sa petite jarretière rose... sournoisement.

UN INVITÉ, à madame de Rouvres.

Madame...

MADAME DE ROUVRES.

Volontiers, monsieur...

GAILLARDIN.

Lumineuse!... lumineuse!

Madame de Rouvres sort avec son cavalier.

JULIE, à Gaillardin.

Eh bien, que regardez-vous là?

GAILLARDIN, à Julie.

Madame, l'instant est solennel... nous touchons à une crise...

JULIE.

Ah! mon Dieu!

GAILLARDIN.

Retirez-vous le mot? Je vous conseille de retirer le mot.

JULIE.

Ah! une scène de ménage en plein bal!... je ne vous inviterai plus!

GAILLARDIN.

Ne raillez pas!... ne raillez pas!... vous ignorez...

UN MONSIEUR, paraissant à la porte de la salle de jeu.

On demande un rentrant à la bouillotte...

JULIE, à Gaillardin.

Allons, monsieur... la bouillotte a été inventée pour les maris grognons... qui ne dansent pas...

SCENE TREIZIÈME.

GAILLARDIN.

Permettez, madame...

JULIE.

Alors, invitez-moi!

GAILLARDIN.

Moi?... Dans sept ans... (Saluant.) Madame...

JULIE, de même.

Monsieur...

Gaillardin entre dans la salle de jeu

SCÈNE XIII.

JULIE, puis CASCADOU.

JULIE.

Il est entêté, mon mari!... mais je ne céderai pas!

CASCADOU, paraissant.

Ah! vous voilà!... que je vous cherche!... vous me glissez entre les doigts comme une anguille!...

JULIE, à part.

Ah! l'ennuyeux personnage!

CASCADOU.

Eh bien, où est-il?

JULIE.

Qui ça?

CASCADOU.

Votre mari...

JULIE.

Mon mari?... il est à la bouillotte...

CASCADOU, gaiement.

Ah! c'est une bonne idée!... le seul mérite d'un mari que c'est d'être continuellement à la bouillotte. (Il lui pousse le coude.) Elle ne dit rien, bon signe!

JULIE.

Par exemple!... mais je vous prie de croire que mon mari a beaucoup d'autres mérites!

CASCADOU.

Allons donc! (A part.) Je vais lui aplatir son notaire. (Haut.) C'est un petit gueux!

JULIE.

Hein?

CASCADOU.

Qui néglige sa femme... car il vous néglige...

JULIE.

Mais...

CASCADOU.

Il me l'a dit!... pour courir après d'autres... des drôlesses pour lesquelles il se ruine! (Haut.) Heing! sur le notaire!

JULIE.

Mon mari!... mais c'est faux, monsieur!

CASCADOU.

Ah! ça m'a échappé!... j'avais promis le secret!...

JULIE.

Parlez, monsieur, je le veux...

CASCADOU, minaudant.

C'est peut-être mal, ce que je vais faire... trahir l'amitié!... (La prenant et la caressant.) Mais vous serez reconnaissante?..

SCÈNE TREIZIÈME.

JULIE.

Oui... oui... parlez! Mon mari a une intrigue?

CASCADOU.

Chut!... il en a sept! pour tous les jours de la semaine... même le dimanche!

JULIE, indignée.

Monsieur!

CASCADOU, à part.

Heing! sur le notaire! (Haut.) Si vous connaissiez sa dernière aventure... l'histoire de la belle Bordelaise... il vient de me la raconter.

JULIE.

Je veux la connaître!

CASCADOU.

Ah! non! c'est impossible!

JULIE.

Pourquoi? c'est donc bien terrible?

CASCADOU.

Épouvantable!... cependant, si vous insistez...

JULIE.

Non! (A elle-même.) Ah! j'étouffe! je suffoque! (A Cascadou.) Faites-moi donner un verre d'eau...

CASCADOU, à part.

Un verre de punch... ça l'étourdira! (Apercevant un garçon qui passe avec un plateau dans la galerie au fond.) Hé! garçon! garçon!... Je reviens!... Garçon!

Il sort en courant après le garçon.

SCÈNE XIV.

JULIE, GAILLARDIN.

GAILLARDIN, entrant, et à part.

Je viens de gagner cent francs au notaire... ça n'a pas été long!

JULIE.

Ah! vous voilà, monsieur... Je vous fais mon compliment sur votre ami.

GAILLARDIN.

Cascadou?... c'est un charmant garçon... il est un peu...

JULIE.

Il me fait la cour, monsieur!

GAILLARDIN.

A vous aussi?

JULIE.

Comment?

GAILLARDIN.

Tout à l'heure c'était à madame Ribouté...

JULIE.

Madame Ribouté?... elle n'est pas venue au bal.

GAILLARDIN.

Ah bah! Mais quelle est donc cette dame dont il m'a parlé... qui demeure dans la maison?

JULIE.

Mais c'est moi, monsieur.

SCÈNE QUATORZIÈME.

GAILLARDIN.

Ah! bigre! (A part.) Et moi qui lui ai dit : « Vas-y! »

JULIE.

Au reste, j'ai des remerciements à lui adresser... il m'a ouvert les yeux, il m'a édifié sur votre conduite!

GAILLARDIN.

Ma conduite?

JULIE.

Il m'a tout raconté... tout... même l'histoire de la belle Bordelaise!

GAILLARDIN.

Comment! il a osé?

JULIE.

Ainsi, vous en convenez?

GAILLARDIN.

Mais cette histoire n'est pas la mienne!... Je vais rétablir les faits... je vais te la raconter...

JULIE.

A moi? Par exemple!

GAILLARDIN.

Il y avait une fois, une Bordelaise...

JULIE.

Laissez-moi, monsieur.

GAILLARDIN.

Qui pesait trois cents... et des...

JULIE.

Je vous défends de me parler; je ne veux pas vous entendre!

Elle se sauve à gauche.

SCÈNE XV.

GAILLARDIN, puis CASCADOU, puis UN INVITÉ.

GAILLARDIN.

Mais cet animal-là fait la cour à ma femme... et il me met sur le dos ses anecdotes... de la décadence!... Dieu! que j'ai chaud!

CASCADOU, entrant avec un verre de punch.

Voici, madame... buvez cela!

GAILLARDIN, prenant le verre et buvant.

Merci!

CASCADOU.

Eh bien, où est-elle donc?

GAILLARDIN.

Qui?

CASCADOU.

Ma notairesse! Je l'ai laissée ici.

GAILLARDIN.

Elle vient de partir, monsieur.

CASCADOU.

Hein?

GAILLARDIN.

Indignée de votre conduite!

CASCADOU.

Qu'est-ce que tu roucoules?

GAILLARDIN.

Je ne roucoule pas... Je dis que cette dame... suffoquée

SCÈNE QUINZIÈME.

par vos manières... plus qu'étranges... a fait demander son mantelet... et est remontée chez elle!

CASCADOU.

Grimace! pour te faire poser...

GAILLARDIN.

Vous dites?

CASCADOU.

Que je lui ai poussé le coude... elle n'a rien dit...

GAILLARDIN.

C'est faux!

CASCADOU.

Que faire? Comment la retrouver?

UN INVITÉ, sortant de la salle de jeu, à la cantonade.

Merci, je ne joue plus... (A Gaillardin.) Mon cher, voici un pavillon que vous avez oublié sur la table de jeu.

Il lui remet une clef.

GAILLARDIN.

Ah! merci... (L'invité entre dans le bal.) Ce pauvre Ribouté... je l'ai mis à sec... et il a exigé que je prisse la clef de son appartement, comme pavillon!

CASCADOU.

Sa clef!... quelle idée!... donne-la-moi!

GAILLARDIN.

Que veux-tu faire?

CASCADOU.

Lui reporter son éventail qu'elle a oublié.

GAILLARDIN, à part.

Tiens! ça serait drôle! (Haut.) Et vous avez pensé, monsieur, que je prêterais les mains à une pareille intrigue... envers un notaire encore!

CASCADOU.

Mais tu m'as dit toi-même...

GAILLARDIN.

Jamais! Je la mets là, cette clef... dans le premier vase... à gauche... mais je vous défends d'y toucher... Jurez-le moi!

CASCADOU.

Je le jure!

GAILLARDIN.

A la bonne heure! vous êtes un galant homme! (A part, en sortant.) Ça serait drôle!... et ça m'en débarrasserait!

Il disparaît.

CASCADOU, seul.

Parti!... Le mari est à la bouillotte. (Il prend vivement la clef dans le vase qui est sur la cheminée.) Ça m'étonnerait bien si ce notaire-là n'était pas heureux au jeu!

Il sort vivement à droite.

GAILLARDIN, reparaissant.

J'en étais sûr!... D'abord, il l'avait juré!

SCÈNE XVI.

GAILLARDIN, RIBOUTÉ.

RIBOUTÉ, entrant radieux.

Je viens de faire Charlemagne!... Je gagne trois cents francs!

GAILLARDIN, à part.

Cascadou avait raison... il est heureux au jeu!...

SCÈNE SEIZIÈME.

RIBOUTÉ, l'apercevant.

Ah! bonjour Gaillardin. (Il lui rit au nez.) Un mot rayé nul!

GAILLARDIN, riant aussi.

Ah! oui, je l'attendais! (A part.) Je ne sais pas quel est le plus drôle de nous deux!

RIBOUTÉ.

Voici vos cinq louis... rendez-moi ma clef.

GAILLARDIN, à part.

Ah! diable!

RIBOUTÉ.

Je vais retrouver ma femme...

GAILLARDIN, vivement.

Non, pas encore!

RIBOUTÉ.

Pourquoi?

GAILLARDIN.

C'est trop tôt! Je ne vous demande qu'un quart d'heure... un petit quart d'heure.

RIBOUTÉ.

Vous êtes trop aimable... mais ma clef?

GAILLARDIN.

Votre clef? Voilà!... (Il fouille dans une poche.) Non!... ce n'est pas dans celle-là!... (Fouillant dans une autre poche.) Dans l'autre!... ce n'est pas dans l'autre non plus!... Est-ce étonnant cela!... je vais recommencer! (Il fouille de nouveau.) Cherchez aussi!

RIBOUTÉ.

Elle ne peut pas être perdue; cherchez bien!

GAILLARDIN, à part.

Et l'autre qui ne revient pas! (Haut, se fouillant.) Je vais recommencer.

SCÈNE XVII.

GAILLARDIN, RIBOUTÉ, CASCADOU.

CASCADOU, entrant.

Me voilà!

GAILLARDIN, à part.

Ah!... (Bas, à Cascadou.) La clef?

CASCADOU.

Quoi?

GAILLARDIN, bas.

La clef?

CASCADOU, la lui remettant.

La voici!

GAILLARDIN, la donnant à Ribouté.

La voilà!... elle était dans ma doublure! (Bas, à Cascadou.) D'où venez-vous, garnement?

CASCADOU, bas.

Mon cher, je suis volé... Il y avait du monde!

GAILLARDIN.

Hein?

CASCADOU.

J'ai entendu une voix d'homme et le craquement d'une botte!

SCÈNE DIX-SEPTIÈME.

GAILLARDIN, à part.

Un autre? il y en avait un autre? C'est encore plus drôle!

RIBOUTÉ.

Qu'avez-vous donc?

GAILLARDIN.

Rien. (Lui riant au nez.) Un mari rayé nul!

RIBOUTÉ, le reprenant.

Un mot rayé nul!

GAILLARDIN.

C'est ce que je voulais dire...

RIBOUTÉ.

Bonsoir... je monte trouver ma femme.

GAILLARDIN.

Oh! non!

CASCADOU.

Oh! non! restez-nous!

RIBOUTÉ.

Elle m'attend...

GAILLARDIN.

Croyez-vous?

RIBOUTÉ.

Quand je ne suis pas là... elle ne dort pas...

CASCADOU.

Pauvre petite!

RIBOUTÉ.

Elle est si peureuse! (On entend marcher bruyamment au-dessus.) Hein?... quel est ce bruit?... On marche chez moi!

GAILLARDIN, à part.

Oh! oye! oh! oye!

CASCADOU.

C'est l'orchestre!

RIBOUTÉ.

Ah! je sais ce que c'est! C'est mon cousin le dragon!

GAILLARDIN.

Un dragon!

RIBOUTÉ.

Il sera peut-être venu me demander l'hospitalité...

GAILLARDIN.

Eh! eh! eh!

RIBOUTÉ.

Un enfant que j'ai fait sauter sur mes genoux.

CASCADOU.

Quel âge a-t-il, le pitchoun?

RIBOUTÉ.

Vingt-sept ans...

CASCADOU.

Ah! bou dio!

GAILLARDIN.

Alors il n'y a aucun danger!...

RIBOUTÉ.

Je vais la retrouver.

GAILLARDIN.

Eh quoi! vous nous quittez sitôt!... vous prendrez bien un potage?...

CASCADOU.

On va passer des potages...

SCÈNE XVIII.

Les Mêmes, JULIE, MADAME DE ROUVRES,

INVITÉS, avec leurs pelisses.

CHŒUR.

AIR: *Rival de Plastron.*

Allons, plus de folie,
Faisons trêve au plaisir;
Quand la fête est finie,
Hélas! il faut partir.

JULIE, aux invités.

Comment! vous partez déjà?

MADAME DE ROUVRES.

Il est bientôt deux heures.

CASCADOU, apercevant Julie.

Hein? elle! (A Ribouté, lui montrant Julie.) Votre femme est donc revenue?

RIBOUTÉ.

Non... c'est madame Gaillardin.

GAILLARDIN, à part.

V'lan!

CASCADOU.

Comment! c'est là ta femme?

GAILLARDIN.

Oui... je suis un peu son mari.

CASCADOU.

Mon compliment! Elle est piquante!... Présente-moi!

GAILLARDIN, le présentant.

M. Cascadou;... il arrive de Beaucaire.

JULIE, à Cascadou.

Vous avez dîné chez monsieur (Elle lui montre la droite.) et dansé chez madame.

Elle indique la gauche.

GAILLARDIN.

Voilà!... tu es présenté!... Bonsoir, mon ami...

CASCADOU, à part.

Elle, à gauche... et lui à droite... alors que c'est un ménage en deux morceaux!

Il remonte vivement vers la fenêtre.

GAILLARDIN.

Où vas-tu?

CASCADOU.

Je cherche mon chapeau. (A part.) Un entre-sol... et un balcon! que je vais revenir!

REPRISE DU CHŒUR.

Allons, plus de folie,
Etc.

Madame de Rouvres, Ribouté et tous les invités sortent, ainsi que Cascadou.

SCÈNE XIX.

GAILLARDIN, JULIE, puis ANNETTE et JOSEPH.

GAILLARDIN.

Madame... voici l'heure de rentrer chacun chez soi, et selon l'usage antique et solennel... je vais vous adresser ma petite question du soir : « Retirez-vous le mot? »

JULIE.

Non, monsieur..

GAILLARDIN.

Très-bien... je m'y attendais... Il ne me reste plus qu'à sonner mon domestique pour qu'il m'apporte mon bougeoir.

Il sonne.

JULIE.

Et moi, ma femme de chambre.

Elle sonne de l'autre côté. Joseph et Annette entrent chacun par une porte, avec un bougeoir allumé.

GAILLARDIN, prenant son bougeoir des mains de Joseph tout en s'approchant de sa femme.

Madame, votre petite fête était charmante... un peu trop de sucre dans le punch... pas assez dans la limonade... mais le second violon... jouait faux... pour se mettre d'accord avec la flûte sans doute.

JULIE, vexée.

Monsieur!...

GAILLARDIN.

C'était du reste parfaitement ordonné... (Saluant.) Madame... j'ai bien l'honneur... (A Joseph.) Suis-moi.

JOSEPH, à Annette, la saluant.

Madame...

Annette lui rend son salut. Gaillardin entre à droite, suivi de Joseph.

SCÈNE XX.

JULIE, ANNETTE, puis CASCADOU, puis GAILLARDIN.

JULIE.

Impertinent! (A Annette.) Annette, déshabillez-moi. (Elle ôte sa robe assistée par Annette.) Comment avez-vous trouvé le punch?

ANNETTE.

Moi?... Madame sait bien que je ne bois pas de liqueurs!... une demoiselle!

JULIE.

C'est juste!

ANNETTE.

Mais j'ai entendu dire à Joseph qu'il ne cassait pas les murs...

JULIE.

Qu'est-ce que cela signifie?

ANNETTE.

Je ne sais pas, madame...

JULIE.

C'est bien... vous pouvez vous retirer.

ANNETTE.

Bonsoir, madame.

SCÈNE VINGTIÈME.

JULIE.

Bonsoir.

Julie sort à gauche, Annette, au fond, après avoir éteint les lampes. Nuit profonde.

CASCADOU, se montrant à la fenêtre du fond.

Me voilà revenu... (Apercevant Gaillardin.) Le mari!

Il disparaît.

GAILLARDIN, une bougie à la main. La scène s'éclaire un peu.

Impossible de tenir en place! Le chambertin... les épaules de madame de Rouvres... les histoires de Cascadou... Je vais me faire un verre d'eau sucrée avec beaucoup de fleur d'orange.

Il s'approche du verre d'eau et dérange une chaise.

JULIE, sortant de gauche, un bougeoir et un vase de fleurs à la main. La scène s'éclaire davantage.

Annette qui laisse ces fleurs dans ma chambre.

GAILLARDIN, apercevant Julie.

Ah!...

JULIE, se retournant.

Ah!... mon mari!...

GAILLARDIN.

Ma femme! (Il ôte vivement son foulard de nuit.) Pardon, je venais chercher un verre d'eau.

JULIE.

Et moi, j'apportais ces fleurs.

Elle les dépose sur la cheminée.

GAILLARDIN, à part.

Ma femme dans ce simple appareil! Elle est plus touchante!

Il boit deux grands verres d'eau coup sur coup.

JULIE, cherchant à ôter les fleurs de sa coiffure et poussant un petit cri.

Ah!

GAILLARDIN, vivement.

Quoi?

JULIE.

Ce n'est rien...

GAILLARDIN, s'approchant.

Voulez-vous me permettre?

JULIE.

Vous?

GAILLARDIN.

Cela n'engage à rien. (A part, tout en détachant sa coiffure.) Lumineuses! lumineuses! (Se piquant les doigts.) Aïe!

JULIE.

Quoi?

GAILLARDIN.

C'est une épingle!...

JULIE.

Je vous demande pardon.

GAILLARDIN.

Trop heureux de pouvoir verser mon sang pour vous.

JULIE.

Je vous remercie, monsieur... je ne vous retiens pas...

GAILLARDIN, reprenant son bougeoir.

Adieu, Julie... Bonsoir, Julie... (Il se dirige lentement vers sa chambre et s'arrête.) Vous dites?

JULIE.

Moi? je ne dis rien...

SCÈNE VINGTIÈME.

GAILLARDIN.

Ah! j'avais cru entendre... Allons! Adieu, Julie... Bonsoir, Julie! (Se rapprochant.) Savez-vous que cette toilette... de bal... vous sied à merveille?... Vous êtes d'un joli! d'un joli!

JULIE.

Oh! une statue! plus ou moins réussie... qu'on regarde, mais...

GAILLARDIN.

Ah! tu as de la rancune... ce n'est pas bien... (Sentimentalement.) Julie, te souviens-tu de ces petites soirées intimes, où tu écrivais nos quittances de loyer... pendant que ton mari la joie dans le cœur et sa tapisserie dans la main...

JULIE, prenant son bougeoir.

Bonsoir, monsieur...

Ils ont tous deux leurs bougeoirs allumés à la main.

GAILLARDIN.

Julie!

JULIE.

Quoi?

GAILLARDIN.

Tu ne veux donc pas retirer le mot?

JULIE.

Quel mot?

GAILLARDIN.

Le petit fruit... dans du vinaigre.

JULIE.

Non!

GAILLARDIN.

Retires-en seulement la moitié? la première syllabe! corn...

JULIE.

Non, monsieur... Quand je connaîtrai parfaitement l'histoire de la belle Bordelaise... nous verrons!

GAILLARDIN.

Tu le retireras?

JULIE.

Peut-être...

GAILLARDIN.

Je vais te la raconter!

JULIE, vivement.

Un instant! N'oubliez pas que vous parlez devant une femme!

GAILLARDIN.

Ne crains rien... ça peut se dire devant les demoiselles.. (Entraînant Julie, et lui montrant le divan.) Il est neutre!... (Racontant.) Il y avait une fois un bûcheron et une bûcheronne... ils étaient bien pauvres et bien misérables... ils avaient sept enfants... âgés de cinq ans...

JULIE, étonnée.

Comment! tous cinq ans?

GAILLARDIN.

Oui... parce qu'il faut te dire que chez les bûcherons... un bonheur n'arrive jamais seul... il est toujours accompagné de plusieurs autres.

JULIE.

Votre histoire?...

GAILLARDIN.

Ces gens-là étaient bien pauvres et bien misérables... mon Dieu, qu'ils étaient donc pauvres et misérables!...-Un soir, le pain manqua... le bûcheron tout ému dit à la bû-

SCÈNE VINGTIÈME.

cheronne : « Que ça me fend le cœur de ne pouvoir nourrir nos sept enfants! Si nous les perdions demain matin dans la forêt? — J'y pensais! répondit cette bonne honnête femme... »

JULIE.

Mais c'est *le Petit-Poucet!*

GAILLARDIN.

Ah! tu crois?... précisément!... On dit: «Voulez-vous connaitre l'histoire de la belle Bordelaise?... et on raconte *le Petit-Poucet!* » C'est une scie que ce Cascadou a rapportée de Beaucaire... elle n'est pas bien drôle...

JULIE, incrédule.

Ah! monsieur Gaillardin!

GAILLARDIN.

Maintenant à ton tour! retire le mot... Voyons, Lilie? il ne faut pas être entêtée.

JULIE.

Vous le voulez?

GAILLARDIN.

Oui! oh oui!

JULIE.

Eh bien... (Changeant d'idée.) Tenez, vous êtes un gros bêta!

GAILLARDIN, avec joie.

A la bonne heure!... Voilà une bonne parole!.. Oh! ma Julie!... ma petite Julie!...

Il l'embrasse.

CASCADOU, entr'ouvrant la fenêtre et passant sa tête, à part.

Bigre! ils s'embrassent!...

GAILLARDIN, à Julie.

Oh! que tu es gentille!... que tu es lumineuse!... Étions-nous bêtes de nous obstiner comme ça!... A quoi cela servait-il... à brûler deux bougies au lieu d'une. ce qui est une folle dépense!

JULIE.

C'est vrai. (Ils soufflent ensemble leurs bougies, la scène devient obscure.) Ah! nous voilà dans l'obscurité! (Appelant.) Annette!

GAILLARDIN, l'arrêtant.

Non! dis donc... je ne crains pas l'obscurité... et toi?... et toi?...

CASCADOU, à part.

Je m'enrhume sur ce balcon!... (Il éternue.) Atchoum!...

Il ferme vivement la fenêtre.

JULIE, effrayée.

Hein!... ce bruit?

GAILLARDIN.

C'est madame Ribouté qui cause avec son cousin. Elle lui raconte l'histoire de la belle Bordelaise.

FIN D'UN GROS MOT.

LE CHOIX D'UN GENDRE

POCHADE EN UN ACTE

Représentée pour la premiere fois sur le théâtre du VAUDEVILLE,
le 22 avril 1869.

COLLABORATEUR : M. A. DELACOUR

PERSONNAGES

	ACTEURS qui ont créé les rôles.
FRANÇOIS, domestique d'Émile.	MM. DELANNOY.
BIDONNEAU.	ARNAL.
LE COMTE E. DE MONTMEILLAN.	SAINT-OMER.
MANDOLINA, artiste lyrique.	Mlle BIANCA.

La scène se passe à Paris, chez Émile.

LE CHOIX D'UN GENDRE

Un salon élégant à pans coupés. — Cheminée au fond. — Portes de chaque côté de la cheminée dans le pan coupé. — Un bureau à gauche ; chaises, fauteuils, table et buffet élégant à droite.

SCÈNE PREMIÈRE.

FRANÇOIS, puis ÉMILE et MANDOLINA.

Au lever du rideau, François, en livrée de domestique, est endormi sur un fauteuil. — Une bougie presque achevée brûle sur la cheminée. Émile introduit Mandolina par la porte du fond ; elle est en domino. Émile porte un habit noir, une cravate blanche et un faux nez.

ÉMILE.

Entrez, Mandolina...

MANDOLINA.

Eh bien, il faut convenir que votre domestique a l'oreille dure !

ÉMILE.

Oui... j'ai sonné comme un sourd... heureusement j'avais ma clef.

MANDOLINA.

Chut! le voici... il dort.

ÉMILE.

L'animal!

MANDOLINA, prenant la bougie et éclairant la figure de François.

Tiens!... ce n'est plus le même!

ÉMILE.

J'ai renvoyé Tom, il y a trois jours, parce qu'il mettait mes pantalons... Alors j'en ai choisi un très-grand...

MANDOLINA.

Le fait est que celui-là n'en finit pas... je lui trouve l'air bête...

ÉMILE.

Il l'est aussi... et maladroit... il casse tout...

MANDOLINA.

Alors ne le réveillons pas... (Elle souffle la bougie et repose le flambeau sur la cheminée. Le jour se fait.) Quelle heure est-il?

ÉMILE, tirant sa montre.

Sept heures...

MANDOLINA.

J'ai faim...

ÉMILE.

Mais nous venons de souper...

MANDOLINA.

Moi, j'ai une drôle de constitution... le souper me creuse...

ÉMILE.

Alors je vais commander le déjeuner...

SCÈNE DEUXIÈME.

MANDOLINA.

J'entre là pour ôter mon domino... et je reviens.

Elle entre à droite.

SCÈNE II.

ÉMILE, FRANÇOIS.

ÉMILE, toujours avec son faux nez.

Ah! j'en ai assez!... j'en ai par-dessus la tête, des bals de l'Opéra... des actrices à promener et des pâtés de foie gras à avaler entre trois et quatre heures du matin... à l'heure où dorment les honnêtes gens!... le moment est venu de rompre avec Mandolina... C'est une bonne fille... elle trouvera à se replacer... je suis décidé à me marier... On m'a fait voir l'autre jour à l'Odéon une jeune personne charmante... mademoiselle Hermance Trugadin... elle était seule avec sa mère... son père est en voyage pour huit jours... et, dès qu'il sera revenu, mon notaire doit me présenter... Ah çà! occupons-nous de faire déjeuner la jeune autruche ci-incluse. (Appelant.) François! (Tristement.) Nous allons remanger du pâté de foie gras. (Appelant.) François!... Comme il dort, cet animal-là!... (Le secouant.) Hé! François!

FRANÇOIS, se réveillant.

Hein? quoi?... Tiens! monsieur! (Il se lève, et à part.) Il a un faux nez!

ÉMILE.

Je veux déjeuner... dépêche-toi!

FRANÇOIS.

Tout de suite.

Il remonte.

ÉMILE.

Eh bien, où vas-tu? tu ne sais pas ce que je veux!... des huîtres... un perdreau truffé!...

FRANÇOIS.

Foie gras...

ÉMILE.

Toujours...

FRANÇOIS.

Je dois prévenir M. le comte qu'on lui a mis quelque chose sur le nez...

ÉMILE, ôtant son faux nez.

Tiens! c'est vrai... je m'y habituais... Va, tu mettras deux couverts...

FRANÇOIS.

Ah! M. le comte attend un ami?

ÉMILE.

Qu'est-ce que cela te fait?

FRANÇOIS.

Oh! je disais ça...

ÉMILE.

Je n'aime pas qu'on me questionne... imbécile!

Il entre à droite.

SCÈNE III.

FRANÇOIS, seul, au public.

Je parie qu'on me prend pour un domestique... Eh bien non!... on se trompe, je suis un beau-père en train d'étu dier son futur gendre! Trugadin, négociant... teinture et chinage sur coton, laine et soie... 5, rue du Mail... J'ai deux filles... Quand il s'est agi de marier l'aînée... naturellement j'ai pris des renseignements... je me suis adressé à tout le monde... à Pierre, à Paul, à Jacques et à mon notaire... il n'y avait qu'un cri... de tous côtés on me répondait : « Oscar ? charmant jeune homme ! charmant ! charmant ! charmant !... » Alors je me suis dit : « Puisqu'il est si charmant... donnons-lui ma fille... » Eh bien, j'ai mis la main sur un petit crevé de première classe !... Oscar joue, découche, entretient des cocottes, mâche des cure-dents dans les couloirs de l'Opéra et refuse obstinément de venir manger ma soupe le dimanche ! Alors nous plaidons en séparation... nous sommes à la première chambre... Mais, pour ma seconde fille, je me suis juré de prendre mes renseignements moi-même !... Car enfin, nous ne les connaissons pas, ces petits étrangers qu'on nous présente pour nos filles !... Ils sont frisés, gantés, cravatés, mais après ? C'est pile ou face ! Alors il m'est venu une idée... gigantesque !... je me suis présenté comme valet de chambre chez M. le comte Émile de Montmeillan... qui brigue la main d'Hermance. Je me suis dit : « Je passerai huit jours avec toi, je vivrai dans tes poches, j'étudierai tes mœurs, tes défauts, tes vices mêmes !... » Et voilà ! ça y est ! j'ai prétexté chez moi un voyage d'affaires, à Mulhouse... personne n'est dans le secret... excepté mon notaire... un homme sérieux ! Eh bien, jusqu'à présent, je suis très-content de ce jeune homme ! il est rangé !... l'appétit est excellent, les digestions... sont bonnes... il ne joue pas, il ne fume pas! je déteste le tabac... et, chose extraordinaire ! depuis trois jours que je suis ici, il n'est pas entré l'ombre d'une femme. (Regardant ses mains.) Sapristi ! elles sont encore rouges, ça ne s'en va pas... C'est de ma teinture ! j'ai attrapé ça à la fabrique... Bah ! pour un domestique... c'est plus nature... Par exemple, le service est rude ici... je suis tout seul, je frotte... mal ! je monte le bois, l'eau pour la cuisinière... une bonne grosse fille...

qui me regarde en coulisse... et qui me fourre des morceaux de viande à faire reculer un Limousin... donc je n'ai pas à me plaindre de la nourriture... Il n'y a que le vin de domestique qui est un peu... il ne me réussit pas... il me donne des... comment dirai-je?... des gaietés d'entrailles!... Mais c'est pour ma fille!

SCÈNE IV.

FRANÇOIS, ÉMILE

ÉMILE, entrant.

Eh bien, le déjeuner est-il prêt?

FRANÇOIS.

Prêt? je ne l'ai pas encore commandé...

ÉMILE.

Qu'est-ce que tu as fait depuis un quart d'heure?

FRANÇOIS.

Dame!... je me suis préparé à aller chez le restaurateur.

ÉMILE, l'imitant.

Je me suis préparé... grand jocrisse!

FRANÇOIS, blessé

Ah! mais, monsieur le comte!...

ÉMILE.

Mais va donc!... immense dadais!

FRANÇOIS, à part.

Il est malhonnête, mais ça ne me déplaît pas... il saura se faire servir.

Il sort par le fond à gauche

SCÈNE V.

ÉMILE, puis MANDOLINA.

ÉMILE.

Mandolina va venir... c'est l'instant de lui couler mon petit speech... En l'accompagnant de quelques billets de mille... ça ira tout seul... (Mandolina paraît.) La voici.

MANDOLINA.

J'ai changé ma coiffure... comment la trouvez-vous?

ÉMILE.

Charmante...

MANDOLINA.

N'est-ce pas que je suis gentille?

ÉMILE.

Ravissante!... Mandolina, nous avons à causer sérieusement...

MANDOLINA.

Ah! je mangerais bien des crevettes!

ÉMILE.

Oui... tout à l'heure... (Ils s'asseyent chacun d'un côté de la table.) Mandolina, vous savez si je vous aime...

MANDOLINA.

Ah! pauvre chéri!... du reste, ça ne m'étonne pas... (Avec conviction.) Je plais beaucoup, j'ai du charme, je suis comme il faut.

ÉMILE.

Oui... Mandolina.

MANDOLINA, l'interrompant.

Tu verras mon costume dans la nouvelle féerie... Je n'ai pas un grand rôle, je chante un rondeau... mais je joue le génie du feu... j'ai une robe rouge avec une bordure noire... pailletée de jaune...

ÉMILE.

Oui... Mandolina...

MANDOLINA, l'interrompant.

Et des torches tout autour de la jupe...

ÉMILE.

Oui...

MANDOLINA.

Un corsage flamme de punch... et sur la tête un diadème...

ÉMILE.

Oui... Mandolina, le moment est venu...

MANDOLINA.

Ah! tu dois être fier de moi!

ÉMILE.

Certainement...

MANDOLINA.

Une femme de théâtre!... ça monte, ça grise!... Ah! si j'étais homme... vrai... je me ferais la cour!...

ÉMILE.

Moi aussi...

MANDOLINA.

Voir toute une salle haletante, suspendue à mes lèvres

ÉMILE, à part.

Pour le rondeau.

SCÈNE SIXIÈME.

MANDOLINA.

Les lorgnettes braquées sur moi, entendre de tous côtés... à l'orchestre, ce murmure flatteur : « Quels bras ! quelles épaules ! quelles jambes ! »

ÉMILE, à part.

L'inventaire complet.

MANDOLINA.

Et quand l'enthousiasme, les bouquets, les couronnes pleuvent de toutes parts, se dire : « Cette femme, elle est à moi ! »

ÉMILE, à part.

Ou à nous !

MANDOLINA.

Ah ! tu dois être bien heureux !

ÉMILE, à part.

Pas moyen de placer un mot. (Haut.) Mandolina...

MANDOLINA.

Si je te quittais, tu mourrais, n'est-ce pas ?

ÉMILE, l'embrassant.

Oh !... (A part.) Décidément elle est bête !

SCÈNE VI.

Les Mêmes, FRANÇOIS.

FRANÇOIS, rentrant avec un plateau servi.

Voilà le déjeuner ! (A part.) Une femme ! une cocotte !
Il laisse tomber une assiette par terre.

ÉMILE.

Prends donc garde, animal!

FRANÇOIS, à part.

Par où est-elle entrée?

Il pose le déjeuner sur la table.

MANDOLINA.

Allons! à table!

ÉMILE, à part.

Si j'ai faim, je veux être pendu!

MANDOLINA, à François.

Jeune homme, du citron!

FRANÇOIS, à part, allant au buffet.

Être obligé de servir des irrégulières! Quel métier! (Haut. — *Lui présentant un citron sur une assiette.*) Voilà, mademoiselle...

MANDOLINA.

Comment t'appelles-tu?

FRANÇOIS, à part.

Elle me tutoie!... (Haut.) Mademoiselle, je vous ferai remarquer... (Se ravisant.) Je m'appelle François!

MANDOLINA.

Les bas bleus?

FRANÇOIS.

Permettez... la couleur de mes bas... ne regarde absolument que moi!

MANDOLINA.

Il a l'air d'un ahuri... c'est un Lassouche!

FRANÇOIS, indigné.

Un Lassouche!

SCÈNE SIXIÈME.

MANDOLINA.

Une assiette!

ÉMILE.

Eh bien, tu n'entends pas? une assiette!

FRANÇOIS.

Voilà... (A part.) Un Lassouche!

MANDOLINA, à Émile.

Je donne à souper ce soir... vous me le prêterez?

ÉMILE.

Ah! volontiers.

FRANÇOIS

Qui ça? moi?

MANDOLINA.

Pour servir à table...

FRANÇOIS.

Ah! non! par exemple!

MANDOLINA.

Pourquoi?

FRANÇOIS.

Je ne vais pas en ville!

ÉMILE.

Allons, c'est bien! tu feras ce que mademoiselle te demande...

FRANÇOIS.

Mais, monsieur le comte...

ÉMILE.

Assez!

FRANÇOIS, à part.

Il me prête à des cocottes!

MANDOLINA, regardant son verre, à Émile.

Mon cher, il dépose, votre vin... (Appelant.) François!

FRANÇOIS.

Mademoiselle?

MANDOLINA, lui donnant son verre.

Finis-le...

FRANÇOIS.

Quoi, finis-le?...

MANDOLINA.

C'est du sauterne, imbécile!

FRANÇOIS.

Jamais!

ÉMILE.

Ne vas-tu pas faire la petite bouche, pour boire dans le verre d'une jolie femme?

MANDOLINA.

Sans compter, mon petit, que j'en connais plus d'un qui voudraient se trouver à ta place...

FRANÇOIS.

C'est possible...

ÉMILE.

Allons, bois donc! tu nous ennuies!

FRANÇOIS.

Oui, monsieur le comte... (Il essuie les bords de son verre et dit à part.) Je m'abreuve à la coupe des plaisirs illicites... (Après avoir bu.) Tiens, il est bon... meilleur que l'autre.

MANDOLINA.

Quelle heure est-il?

SCÈNE SIXIÈME.

ÉMILE.

Onze heures... (A part.) Elle va filer...

MANDOLINA.

On commence à répéter... là-bas... à ma boutique.

ÉMILE, se levant.

Il faut y aller... vous n'avez que le temps... (A part.) Mon notaire m'a donné rendez-vous à midi... je ne sais pas ce qu'il me veut... il faut que je m'habille...

MANDOLINA, qui a quitté la table, vient s'appuyer sur l'épaule d'Émile.

Émile... je vais te faire un grand plaisir...

ÉMILE.

Lequel?

MANDOLINA.

Je veux te sacrifier ma répétition.

FRANÇOIS, à part.

Paresseuse!

ÉMILE.

Non!... je ne le souffrirai pas...

MANDOLINA.

Oh! trois francs d'amende!

ÉMILE.

Ce n'est pas ça... mais l'art!... l'art est un sacerdoce... et quand on se sent là... une étincelle de feu sacré... on travaille, on creuse ses rôles...

MANDOLINA.

Puisque j'ai mon costume...

FRANÇOIS, à part.

Au moins, il lui donne de bons conseils.

ÉMILE.

D'ailleurs, j'ai moi-même un rendez-vous d'affaires... Il faut que je te quitte... Allons, adieu!

MANDOLINA.

A tantôt... je repasserai par ici... nous prendrons le madère.

FRANÇOIS, à part.

Encore! c'est un gouffre que cette femme-là...

ÉMILE.

C'est convenu!... (A part.) Je romprai au madère...

Il entre à droite.

SCÈNE VII.

MANDOLINA, FRANÇOIS.

FRANÇOIS.

Mademoiselle veut-elle que je lui fasse avancer une voiture?

MANDOLINA, s'asseyant dans un fauteuil.

Non... tout à l'heure... donne-moi une chaise...

FRANÇOIS, allant chercher une chaise.

Une chaise!... qu'est-ce qu'elle veut en faire? elle est assise...

Il la lui présente sous le nez à bras tendu.

MANDOLINA.

Là... devant moi...

François pose la chaise devant Mandolina, qui place ses deux pieds dessus.

SCÈNE SEPTIÈME.

FRANÇOIS, à part.

Ne vous gênez pas!... elle s'allonge... A quoi est-ce bon, ces femmes-là?

MANDOLINA, qui a tiré une cigarette d'un petit étui.

Du feu!

FRANÇOIS.

Plaît-il?

MANDOLINA.

Du feu!

FRANÇOIS, enflammant une allumette.

Comment! vous allez fumer?

MANDOLINA, allumant sa cigarette.

Incontestablement.

Elle envoie une bouffée à François.

FRANÇOIS, toussant.

Hum!... prenez donc garde!

MANDOLINA.

Tu ne m'as jamais vue jouer, toi?

FRANÇOIS.

Où ça?

MANDOLINA.

Là-bas... aux Petits-Bouffes...

FRANÇOIS.

Non... ce n'est pas mon théâtre... je vais quelquefois à l'Odéon... aux Français.

MANDOLINA.

Eh bien, je veux que tu me voies ce soir... je donnerai ton nom au contrôle...

FRANÇOIS.

Vous êtes bien aimable...

MANDOLINA.

Je joue une pièce bête... mais j'ai un costume charmant... Asseois-toi donc.

FRANÇOIS, s'asseyant près d'elle.

Ce n'est pas de refus.

MANDOLINA.

Je suis en Alsacienne... j'ai une jupe très-courte... en velours... avec des passementeries sur le corsage... en zigzag... et un petit bonnet collant... je suis à croquer... vrai, ma chère!

Elle lui donne une tape sur les genoux.

FRANÇOIS, à part.

Elle m'appelle sa chère!...

MANDOLINA.

Et tu verras le public! Dès que je parais, on sent un frémissement dans la salle... je n'ai rien à dire, et ça suffit.

FRANÇOIS.

Parbleu!

MANDOLINA.

Il faut avouer aussi que la presse est bien bonne pour moi ; et pourtant je ne fais jamais de visites à ces messieurs... Moi, ce n'est pas mon genre... Il y avait avant-hier dans *le Gaulois* un article!... Tiens! je l'ai dans ma poche... par hasard! écoute ça : « On parle de l'engagement de mademoiselle Mandolina pour la Russie. Cela ne surprendra personne, car il est dans la destinée de certains oiseaux voyageurs d'émigrer vers le Nord... »

FRANÇOIS.

Les grues?...

SCÈNE HUITIÈME.

MANDOLINA.

Non... les hirondelles.

FRANÇOIS.

Les grues !... Elles vont dans le Midi, les hirondelles... ce sont les grues qui vont dans le Nord...

MANDOLINA.

Tu es sûr... et moi qui suis allée le remercier... Ah! quand je l'inviterai à mes soirées, celui-là... A propos, je n'ai plus de champagne... tu en apporteras douze bouteilles ce soir...

FRANÇOIS, lui tendant la main.

Où faudra-t-il les prendre?

MANDOLINA.

Ici... C'est convenu... viens de bonne heure... je te montrerai mes couronnes.

FRANÇOIS.

Vous êtes bien bonne.

MANDOLINA.

Adieu, mon vieux !

Elle sort par la gauche.

SCÈNE VIII.

FRANÇOIS, puis ÉMILE.

FRANÇOIS.

Son vieux !... Et voilà les femmes qui abrutissent nos gendres, mais d'où sortent-elles? où est la fabrique?... Que je la fasse exproprier pour cause de moralité publique !... C'est dommage, Émile me plaisait... il a toutes

les qualités... mais il a une chaine... une chaine bête!...
ce sont les plus solides! pourra-t-il jamais la rompre?...
Pourquoi pas?... S'il le faut, je l'y aiderai... C'est mon devoir!... et quand il devrait m'en coûter dix mille francs...
(Se ravisant.) Non!... mettons cinq!...

ÉMILE, sortant de sa chambre, à droite.

Mandolina est partie?

FRANÇOIS.

Oui... elle est allée à sa répétition... je l'ai fait causer...
elle est gentille, cette petite...

ÉMILE.

Ah! tu trouves?

FRANÇOIS, familièrement.

Oui, mais ces créatures-là sont bien dangereuses... surtout quand un homme marié tombe entre leurs mains.

ÉMILE, à lui-même, sans le regarder, mettant ses gants.

Quand on se marie, il faut savoir quitter ce monde-là...
et respecter sa femme en se respectant soi-même.

FRANÇOIS, lui prenant la main avec effusion.

Bien, jeune homme! bien!

ÉMILE, le repoussant.

Mais veux-tu me laisser! butor! animal!

FRANÇOIS, à part.

Je me suis oublié!

ÉMILE.

Eh bien, qu'est-ce que tu fais là? La table n'est pas rangée... tout est en désordre... paresseux!

FRANÇOIS.

Je ferai observer à M. le comte que je suis tout seul pour
faire l'ouvrage...

ÉMILE.

C'est vrai... mon cocher m'a quitté... Je compte en prendre un autre... il t'aidera pour la grosse besogne... En attendant, travaille! (Près de la porte.) Travaille!

Il sort par le fond à gauche.

SCÈNE IX.

FRANÇOIS, puis BIDONNEAU.

FRANÇOIS, seul.

Franchement je suis éreinté... (Prenant un morceau de serge et un plumeau.) Essuyer les meubles, ça va encore... mais fendre le bois... Enfin, c'est pour ma fille!

Il se met à essuyer.

BIDONNEAU, paraissant au fond, habit noir, cravate blanche.

M. le comte de Montmeillan, s'il vous plaît?

FRANÇOIS.

C'est ici...

BIDONNEAU, le reconnaissant.

Hein? le patron?

FRANÇOIS.

Bidonneau! mon caissier!

BIDONNEAU.

Je vous croyais à Mulhouse...

FRANÇOIS.

Chut... je n'y suis pas!

BIDONNEAU.

Je le vois bien... mais qu'est-ce que vous faites avec ce plumeau... et sous cette livrée?

FRANÇOIS.

Pas un mot!... je négocie une grande affaire... Mais toi, que viens-tu faire ici?

BIDONNEAU.

Je viens parler à M. le comte, je me suis habillé!

FRANÇOIS.

Tu le connais?

BIDONNEAU.

Je ne l'ai jamais vu... mais c'est mon propriétaire, et, comme j'ai une cheminée qui fume depuis dix-sept ans, je me suis dit: « Bah! je vais y aller... »

FRANÇOIS, lui repassant le plumeau et le morceau de serge.

Alors tu vas m'aider... ça me reposera.

BIDONNEAU.

Quoi?

FRANÇOIS, s'asseyant dans le fauteuil.

Frotte, brosse, essuie...

BIDONNEAU.

Moi? Quelle drôle d'idée! Après ça, ça ne me gêne pas... j'ai l'habitude de faire mon ménage. (A part, tout en époussetant.) Est-ce qu'il aurait quelque chose de dérangé, le patron?

FRANÇOIS, assis et le regardant.

Plus fort!... ne te ménage pas.

BIDONNEAU.

Ah! monsieur Trugadin, je viens d'encaisser douze mille francs pour la maison.

SCÈNE DIXIÈME.

FRANÇOIS.

C'est bien... tu les porteras demain à la Banque... Frotte! mon ami, frotte!

Bidonneau, se met à essuyer une chaise à droite.

SCÈNE X

Les Mêmes, ÉMILE.

ÉMILE, entrant, à part.

Mon notaire venait de partir... il faut que j'y retourne dans une demi-heure...

FRANÇOIS, à Bidonneau, sans voir Émile.

Frotte! frotte!

ÉMILE, apercevant Bidonneau.

Hein! quel est ce monsieur?...

FRANÇOIS, se levant vivement.

Monsieur le comte!

BIDONNEAU, à part.

Mon propriétaire!

ÉMILE, à Bidonneau.

Que demandez-vous?

FRANÇOIS, à Émile.

Monsieur... c'est un camarade... c'est Jean!

Émile remonte.

BIDONNEAU.

Qui ça?

FRANÇOIS, passant près de Bidonneau et bas.

Dis comme moi... je t'augmente de cinq cents francs à l'inventaire!

BIDONNEAU, bas.

Parfait. (Très-haut, à Émile.) Monsieur, je suis Jean!

FRANÇOIS.

Et, comme il est sans place, je l'ai prié de venir me donner un coup de main...

Il fait passer Bidonneau près d'Émile.

ÉMILE.

Ah! il est sans place?... (A Bidonneau.) Que savez-vous faire?

FRANÇOIS.

Tout!

BIDONNEAU.

Tout!... et le reste!

ÉMILE.

Êtes-vous en état de conduire une voiture et de soigner des chevaux?...

BIDONNEAU.

Parbleu!

ÉMILE, à part.

Il a une bonne figure. (Haut.) Eh bien, je vous arrête... comme cocher!

BIDONNEAU.

Moi?

FRANÇOIS, à part.

Sapristi! il me prend mon caissier. (Haut.) Je ferai observer à M. le comte...

ÉMILE.

Assez!... il faut toujours que tu parles, toi... Va chercher la livrée de l'ancien cocher.

SCÈNE DIXIÈME.

BIDONNEAU, à part.

On va me mettre dans une livrée...

FRANÇOIS, à Bidonneau.

Tu en seras quitte pour te faire flanquer à la porte.

Il sort par la droite.

ÉMILE, assis, à Bidonneau.

Vous avez l'habitude des chevaux?...

BIDONNEAU.

Oh! mon Dieu! j'en ai l'habitude... Sont-ils méchants vos chevaux?

ÉMILE.

Non... il y en a un qui mord.

BIDONNEAU.

Très-bien... (A part.) Je ne m'occuperai que de l'autre... Si je lui touchais un mot de ma cheminée... (Haut.) Monsieur, par le vent d'ouest...

ÉMILE.

Parlez-vous anglais?

BIDONNEAU.

Moi?

ÉMILE.

Avec les chevaux, ça fait bien...

BIDONNEAU.

Je ne soutiendrais pas une conversation avec un membre du parlement... Quant aux chevaux... j'en sais assez... pour leur répondre.

FRANÇOIS, entrant avec une livrée

Voilà l'affaire!

ÉMILE, à Bidonneau.

Otez votre habit.

FRANÇOIS.

Ote ton habit...

BIDONNEAU, à part, en ôtant son habit.

Ah bien, si je m'attendais à ça ce matin !

François pose l'habit de Bidonneau sur une chaise et l'aide à passer sa livrée.

ÉMILE.

Nous allons voir si elle lui va...

FRANÇOIS.

Comme un gant! pas un pli!

BIDONNEAU.

Si l'habit est bien fait, il doit m'aller.

ÉMILE.

Avec une perruque poudrée, il fera très-bien sur son siége.

BIDONNEAU, à part.

Je ne comprends pas beaucoup... mais puisque le patron m'augmente de cinq cents francs...

FRANÇOIS.

Maintenant tu vas monter du bois...

BIDONNEAU.

Faut que je monte du bois?...

FRANÇOIS.

Le crochet est dans la remise... va!

BIDONNEAU, à part.

Eh bien, qui est-ce qui va tenir ma caisse?

FRANÇOIS.

La Providence!

BIDONNEAU.

Elle commet souvent des erreurs... la Providence!

Il sort par le fond, à gauche.

SCÈNE XI.

ÉMILE, FRANÇOIS.

ÉMILE, tirant François par l'oreille.

Ah! grand lâche!... tu vas te faire servir par le cocher...

FRANÇOIS.

Dame! monsieur, le plus que je pourrai...

ÉMILE.

Je m'en rapporte à toi... As-tu payé le déjeuner de ce matin?

FRANÇOIS.

Oui, monsieur, voici la note. (Il la lui remet, et à part.) Dans ce moment, je tends un piége à sa délicatesse...

ÉMILE, examinant la note.

Allons, ce n'est pas cher...

FRANÇOIS.

Je le crois bien! ils ont oublié les huitres.

ÉMILE.

Tiens! c'est vrai...

FRANÇOIS.

Et vous comprenez... que je n'ai pas été assez bête pour le leur dire...

ÉMILE, sévèrement.

Monsieur François, je consens quelquefois à me laisser voler... mais je ne vole jamais les autres !

FRANÇOIS, lui prenant la main avec effusion.

Bien, jeune homme ! bien !

ÉMILE, le repoussant.

Ah çà ! veux-tu me laisser !... Il a une rage de me serre les mains !

FRANÇOIS, à part.

Toutes les qualités !... la crème des gendres !

ÉMILE.

Tu vas reporter cette note, et tu y feras ajouter les huîtres.

FRANÇOIS, avec admiration.

Oui, monsieur le comte, oui !...

Il envoie un baiser à Émile, qui lui tourne le dos.

ÉMILE, le retenant.

Attends !... j'ai un mot à écrire à mademoiselle Mandolina.

Il se met à son bureau à gauche, et écrit.

FRANÇOIS, à part.

Ah ! voilà ! toujours sa Mandolina ! il vient de la quitter il y a cinq minutes et il faut qu'il lui écrive !

ÉMILE, à part.

Je vais lui dire tout bonnement la chose... (Écrivant.) « Cher ange, on me propose un parti brillant... » (S'arrêtant.) Oh ! non ! ça a l'air d'une lettre d'affaires. (Il froisse son papier, le jette à terre et recommence.) Une pensée philosophique !... ça la touchera. (Écrivant.) « Rien n'est éternel ici-bas..

SCÈNE ONZIÈME.

L'amour pas plus que les fleurs... » (S'arrêtant.) Ah! non! elle ne comprendrait pas...

Il froisse son papier et le jette à terre.

FRANÇOIS, à part, l'observant.

Il lui fait des vers... Ça ne vient pas...

ÉMILE, à part.

Ah! que je suis bête!...

FRANÇOIS, à part.

Il fait des vers...

ÉMILE, à part.

Quelque chose de plus simple... (Il tire quelques billets de banque de son bureau.) Elle comprendra ça tout de suite...

FRANÇOIS, à part.

Des billets de banque!

ÉMILE, à part.

En les mettant sous enveloppe avec un petit mot. (Écrivant.) « N-i-ni... c'est fini! » (Parlé.) Voilà l'affaire!

Il met le tout sous enveloppe et écrit l'adresse.

FRANÇOIS, à part.

Il les lui envoie!

ÉMILE.

Tiens! ce billet à son adresse... il n'y a pas de réponse.

FRANÇOIS, d'une voix tragique.

Oui, monsieur le comte.

ÉMILE.

Qu'est-ce qu'il a? (Regardant sa montre.) Deux heures!... mon notaire doit être rentré....

FRANÇOIS.

Oui, monsieur le comte.

v.

ÉMILE.

Est-il bête!

Il sort par le fond.

SCÈNE XII.

FRANÇOIS, puis **MANDOLINA,** puis **BIDONNEAU**

FRANÇOIS, seul.

Eh bien, non!... je ne la porterai pas, ta lettre!... des vers... des billets de banque... Ce n'est pas le moyen de rompre!... et je veux que tu rompes!

MANDOLINA, chantant dans la coulisse.

J'aime les militaires. (*Bis*).

FRANÇOIS, à part.

Ah! la roucouleuse!

MANDOLINA.

C'est moi! j'ai lâché la répétition... Oh! à propos, en revenant, j'ai rencontré mon petit journaliste... sur le boulevard...

FRANÇOIS.

Eh bien?

MANDOLINA.

Il m'a expliqué son article... Ce ne sont pas les grues qui vont dans le Nord... ce sont les tourterelles...

FRANÇOIS.

Je le veux bien, moi!

MANDOLINA, s'asseyant sur un fauteuil.

Bêta!... une chaise!

SCÈNE DOUZIÈME.

FRANÇOIS, la lui apportant.

Ah oui!... le petit ménage! (Mandolina étend les pieds dessus.) Voilà! elle se rallonge!...

Il allume une allumette et la lui présente.

MANDOLINA.

Merci... je viens de fumer... Tu ne sais pas... mon directeur me fait la cour...

FRANÇOIS.

Ah bah!

MANDOLINA.

Asseois-toi donc...

FRANÇOIS, s'asseyant.

Ce n'est pas de refus...

MANDOLINA.

Il me propose un engagement de cinq ans... à huit cents francs... avec cinquante mille francs de dédit... il est évident qu'il veut me retenir...

FRANÇOIS.

Vous avez peut-être tort de vous lier... il peut vous arriver des propositions plus avantageuses.

MANDOLINA.

Ah! si je voulais... On m'a offert une position magnifique... à Maubeuge... tous les rôles à costumes!

FRANÇOIS.

Eh bien?

MANDOLINA.

Eh bien, je ne peux pas... à cause d'Émile... Si je le quittais... il se tuerait.

FRANÇOIS.

Croyez-vous?

MANDOLINA.

Il me le disait encore ce matin... il n'y a qu'une chose qui me déciderait...

FRANÇOIS.

A le laisser se tuer?

MANDOLINA.

C'est un engagement pour la Russie...

FRANÇOIS.

Ah! oui, avec les tourterelles!

MANDOLINA.

Tu comprends, ma chère, trente mille roubles, un bénéfice, des cadeaux...

Elle lui tape sur les genoux.

FRANÇOIS.

Comme ça, si on vous offrait...

MANDOLINA.

En cinq minutes, je ferais ma malle...

FRANÇOIS, à part, se levant.

Tiens!... tiens!...

BIDONNEAU, paraissant au fond, côté gauche, avec un crochet de bois sur le dos.

Où faut-il porter ça?

FRANÇOIS, à part.

Oh! une idée! (Bas, à Bidonneau, en lui donnant son habit qui est resté sur une chaise.) Va remettre ton habit... et reviens tout de suite!

BIDONNEAU, bas.

Alors je ne suis plus cocher?...

SCÈNE DOUZIÈME.

FRANÇOIS.

Avec la perruque poudrée.

BIDONNEAU.

Alors je suis toujours cocher?

FRANÇOIS.

Va! (Bidonneau sort. — A part.) Elle n'est pas forte... essayons! (Mystérieusement à Mandolina.) Chut!

MANDOLINA.

Quoi?

FRANÇOIS.

Chut!... jurez-moi de ne pas me trahir... le général est ici!...

MANDOLINA.

Quel général?

FRANÇOIS.

Celui qui fait les engagements pour la Russie.

MANDOLINA, se levant vivement et passant à gauche.

Saprelotte!... (Elle fait bouffer sa robe.) Tu le connais?

FRANÇOIS.

Oui... j'ai servi cinq ans à Saint-Pétersbourg.

MANDOLINA.

Mais comment se trouve-t-il chez Émile?

FRANÇOIS.

C'est un de ses amis.

MANDOLINA.

Alors il va me recommander...

FRANÇOIS.

Ah bien, oui! Le général parlait tout à l'heure de vous

engager... Alors M. le comte lui a dit que vous étiez mauvaise... que vous n'aviez plus de voix...

MANDOLINA.

Hein?

FRANÇOIS.

Et que vous ne saviez pas vous habiller!

MANDOLINA.

Ah! c'est trop fort!... débiner mes costumes!

FRANÇOIS.

Il vous aime tant!

MANDOLINA.

Ah! il m'ennuie!

BIDONNEAU paraît en habit et avec une perruque de cocher sur la tête; il pose sa livrée sur une chaise.

FRANÇOIS, à Mandolina.

Attention!... c'est lui!

MANDOLINA.

Le général!

FRANÇOIS, à Bidonneau, en s'inclinant profondément.

Monseigneur...

BIDONNEAU, très-étonné.

Monseigneur? qui ça?

FRANÇOIS, bas.

Tais-toi donc, animal! (Haut.) Monseigneur, permettez moi de vous présenter mademoiselle Mandolina... sur laquelle vous avez daigné prendre des informations tout à l'heure...

BIDONNEAU.

Moi?... Ah!... très-bien!

SCÈNE DOUZIÈME

MANDOLINA, le saluant.

Général...

BIDONNEAU, à part.

Je suis général à présent !...

MANDOLINA.

Il a une figure vraiment militaire !

FRANÇOIS.

Il a pris le Caucase.

MANDOLINA.

Où ça?

FRANÇOIS.

Dans le Caucase...

MANDOLINA, passant à Bidonneau.

Ah! général! c'est un beau pays que la Russie!...

BIDONNEAU.

Oui... mais c'est bien dans le Nord !... (A part.) Pourquoi me parle-t-elle de la Russie?

MANDOLINA.

Quant à moi... je ne veux pas mourir sans avoir vu Pétersbourg...

BIDONNEAU.

Je me suis laissé dire qu'on s'y enrhumait beaucoup.. et les personnes qui ont l'organe délicat...

FRANÇOIS, bas, à Mandolina.

C'est une pierre dans votre jardin... chantez !... chantez ! (A Bidonneau.) Monseigneur... prenez la peine de vous asseoir...

BIDONNEAU.

Je ne suis pas las.

FRANÇOIS, le faisant asseoir.

Asseois-toi donc, animal!

MANDOLINA, se préparant à chanter.

L'*Amour et la Folie*... hum!... hum!...
Elle chante avec accompagnement d'œillades pour **Bidonneau.**

AIR *

De prendre femme, un jour, dit-on,
L'Amour conçut la fantaisie.

BIDONNEAU, parlé.

C'est un concert.

MANDOLINA, chantant.

On lui proposa la Raison,
On lui proposa la Folie.
Quel choix fera le dieu fripon?
Chaque déesse est fort jolie.
Il prit pour femme la Raison,
Et pour maîtresse la Folie.

BIDONNEAU, parlé.

C'est très-bien, ça...

MANDOLINA, le saluant pour le remercier.

Ah! général!

BIDONNEAU.

Non... je dis : c'est très-bien de prendre pour femme la Raison...

MANDOLINA, reprenant.

Il prit pour femme la Raison,
Et pour maîtresse la Folie.

* Paroles de M. de Ségur musique de M. de Groot, chef d'orchestre du Vaudeville.

SCÈNE DOUZIÈME.

FRANÇOIS, à Mandolina, bas.

Je vais lui demander ce qu'il pense... en russe. (A Bidonneau.) Shouya papatof ventrikoff éléonor.

BIDONNEAU.

Éléonore.

FRANÇOIS, à part.

Je ne sais pas si celui-là est russe?

BIDONNEAU, étonné.

Qu'est-ce que vous dites?

FRANÇOIS, à Bidonneau.

Parle-moi donc russe, imbécile...

BIDONNEAU, bas.

Ah! bien! tout à l'heure c'était l'anglais... Si on change de langue à chaque instant... (Haut.) Kébir manékir, Bérésina Soulakof.

FRANÇOIS, à Mandolina.

Soulakof! il est enchanté!...

MANDOLINA.

Ah! général!

FRANÇOIS.

Il vous offre quinze mille roubles pour la première année...

MANDOLINA.

Ah! c'est bien peu...

BIDONNEAU.

Pas un sou de plus!

FRANÇOIS.

Trois bénéfices, n'est-ce pas, général?

BIDONNEAU.

Oui... oui... j'avais d'abord dit deux... mais mettons trois...

FRANÇOIS.

Et cinq mille francs pour vos frais de voyage.

MANDOLINA.

J'accepte.

FRANÇOIS.

A une condition... c'est que vous partirez ce soir... et que vous serez mardi à Stettin...

MANDOLINA.

C'est que mardi...

BIDONNEAU.

A midi un quart! heure militaire!

MANDOLINA, à part.

Oh! ces Russes! (Haut.) C'est convenu.

FRANÇOIS, à part.

Enlevé.

MANDOLINA.

Deux lignes d'adieu à Émile. (Elle s'approche du secrétaire et écrit.) « N-i-ni, c'est fini!... Mandolina... qui ne sait pas s'habiller! »

FRANÇOIS, bas, à Bidonneau.

Donne cinq mille francs.

BIDONNEAU, tirant un portefeuille et comptant les billets

Je suis caissier... Un... deux... trois... quatre et cinq... Je ne comprends pas un mot.

FRANÇOIS, les remettant à Mandolina.

Les voici... vous avez une heure pour faire vos malles...

SCÈNE TREIZIÈME.

MANDOLINA, à François.

Tu lui remettras ce billet...

BIDONNEAU, à part.

C'est le reçu.

MANDOLINA.

Et défends-lui de me suivre. (Elle remonte jusqu'à la porte du fond, qu'elle entr'ouvre.) Le voici !... je file par l'escalier de service. Général, enchantée... Soulakof!

Elle sort par le fond à droite.

SCÈNE XIII.

FRANÇOIS, BIDONNEAU, puis ÉMILE.

FRANÇOIS.

Vite! remets ta livrée!...

Il la lui passe par-dessus son habit.

BIDONNEAU.

Ah! je ne suis plus général... je redeviens cocher... mais patron, expliquez-moi...

ÉMILE, en dehors.

Personne dans l'antichambre...

FRANÇOIS.

Plus tard! nous n'avons pas le temps. (Lui donnant le morceau de serge.) Tiens, frotte!

Il prend le plumeau et époussette à gauche pendant que Bidonneau frotte un fauteuil à droite.

ÉMILE, entrant, à part.

Mon notaire vient de me confier que M. Trugadin était entré à mon service comme domestique pour m'étudier...

drôle d'idée! (Regardant Bidonneau et François, qui travaillent chacun de son côté.) Lequel des deux?... (Les appelant.) François!... Jean!...

BIDONNEAU et FRANÇOIS.

Monsieur?

ÉMILE.

Approchez... (Tous deux s'approchent.) Montrez-moi vos mains...

BIDONNEAU et FRANÇOIS, avançant leurs mains.

Voilà!

BIDONNEAU, à part.

Est-ce qu'il va nous dire la bonne aventure?

ÉMILE, examinant les mains et désignant celles de François, à part.

Deux grosses pattes rouges... C'est l'autre qui est Trugadin! (Haut.) François, laisse-nous... J'ai à causer avec Jean... (Se reprenant et très-gracieux.), avec M. Jean.

FRANÇOIS.

C'est que...

ÉMILE.

C'est bien! laisse-nous!

FRANÇOIS, à part, sortant.

Pourvu qu'il ne fasse pas quelque bêtise en mon absence.

Il disparaît.

SCÈNE XIV.

ÉMILE, BIDONNEAU.

ÉMILE, très-courtois.

Veuillez prendre la peine de vous asseoir, mon cher monsieur Jean.

Il lui présente un fauteuil.

BIDONNEAU, s'asseyant.

Vous êtes vraiment trop bon.

ÉMILE, prenant place sur une chaise.

Maintenant, causons!

BIDONNEAU, à part.

Il n'est pas fier avec ses domestiques...

ÉMILE.

Permettez-moi d'abord de m'excuser pour les petits travaux d'intérieur que je me suis permis de vous demander... Vous me voyez confus...

BIDONNEAU.

Mon Dieu, j'en ai l'habitude...

ÉMILE.

Tenez... faisons cesser ce quiproquo... je sais qui vous êtes...

BIDONNEAU

Ah!

ÉMILE.

Je connais les motifs qui vous ont conduit dans cette maison...

BIDONNEAU.

Eh bien, j'aime mieux ça! (A part.) Nous allons pouvoir causer de ma cheminée... Monsieur, par le vent d'ouest...

ÉMILE, avec passion.

J'ai vu mademoiselle votre fille, monsieur, il y a cinq jours, à l'Odéon...

BIDONNEAU.

Ma fille?...

ÉMILE.

Et pourquoi vous le cacherais-je?... elle a produit sur moi une impression profonde... je l'aime! (Se levant.) Et j'ai l'honneur de vous demander sa main...

BIDONNEAU, à part, se levant.

Quelle drôle de maison! J'en ai mal à la tête!

ÉMILE.

Vous ne me répondez pas...

BIDONNEAU.

Dame!

ÉMILE.

Vous hésitez? Ah! je comprends! c'est Mandolina qui vous effraye... Avouez-le!...

BIDONNEAU.

Eh bien, oui!... je l'avoue!...

ÉMILE.

Rassurez-vous, je lui ai écrit ce matin... et, à l'heure qu'il est, tout est rompu...Vous ne me croyez pas? je vais vous en donner une preuve.

Il sonne.

BIDONNEAU, à part.

Mais qu'est-ce que ça me fait tout ça?

SCÈNE XV.

Les Mêmes, FRANÇOIS.

FRANÇOIS.

Monsieur a sonné?...

ÉMILE.

Tu as porté tantôt cette lettre à mademoiselle Mandolina?

FRANÇOIS, à part.

Aïe! (Haut.) Non, monsieur... je n'ai pas eu le temps... La voici...

> Il tire la lettre de sa poche.

ÉMILE, joyeux.

C'est un coup du ciel!

BIDONNEAU.

C'est un coup du ciel.

ÉMILE, à Bidonneau.

Nous allons l'ouvrir, et vous verrez que la rupture est complète.

FRANÇOIS, avec joie.

Une lettre de rupture! Voyons! (Il ouvre la lettre.) « N-i-ni, c'est fini! « Enfin!

ÉMILE, l'apercevant.

Hein? il décachète mes lettres! animal!

> Il lui donne un coup de pied.

FRANÇOIS.

Oh! (Ouvrant ses bras à Émile.) Ah! mon gendre!

ÉMILE.

Comment, mon gendre?

FRANÇOIS.

C'est moi... Trugadin!... le père d'Hermance.

ÉMILE.

Comment! avec ces mains-là?...

FRANÇOIS.

Ne faites pas attention. (Avec fierté.) C'est de ma teinture!... Quant à vos billets... je les lui enverrai... à Stettin!

ÉMILE.

Je suis désolé du petit mouvement d'impatience...

FRANÇOIS.

Il m'a été droit au cœur!

ÉMILE.

Mais vous ne pouvez rester dans ces vêtements. (A Bidonneau.) Jean!...

FRANÇOIS

Non, c'est Bidonneau... mon caissier.

BIDONNEAU.

Et votre locataire.

ÉMILE.

Bien! je n'ai plus de domestiques!

BIDONNEAU.

Si nous causions un peu de ma cheminée... Monsieur, par le vent d'ouest...

FRANÇOIS.

Plus tard... après la noce...

BIDONNEAU.

Mais elle va continuer à fumer...

SCÈNE QUINZIÈME.

FRANÇOIS.

Bah!... en n'y faisant pas de feu...

BIDONNEAU.

Au fait... voilà l'été... je reviendrai l'année prochaine.. par le vent d'ouest...

FRANÇOIS.

Mon gendre... vous allez vous marier; j'aime à croire que vous aurez des enfants.

ÉMILE.

Je l'espère...

BIDONNEAU.

Parbleu!

FRANÇOIS, à Bidonneau.

Qu'en sais-tu?

BIDONNEAU.

Un propriétaire, il en a les moyens.

FRANÇOIS, à Émile.

Eh bien, si le ciel vous accorde des filles, faites comme moi... creusez le futur.

ÉMILE, riant.

En domestique?

FRANÇOIS.

Oui, seulement apportez votre vin!

BIDONNEAU.

Ce sera plus sûr.

FIN DU CHOIX D'UN GENDRE

LES
37 SOUS DE M. MONTAUDOIN

COMÉDIE-VAUDEVILLE
EN UN ACTE

Représentée pour la première fois, à Paris, sur le théâtre du Palais-Royal,
le 30 décembre 1862.

COLLABORATEUR : E. MARTIN

PERSONNAGES

	ACTEURS qui ont créé les rôles.
MONTAUDOIN.	MM. Geoffroy.
PÉNURI.	Hyacinthe.
ISIDORE.	Fizélier.
LEMARTOIS, notaire.	Kalkairn.
MADAME NISIDA MONTAUDOIN.	Mmes Delille.
FERNANDE, sa fille.	Damain.
JOSÉPHINE, bonne.	Protat.

INVITÉS DES DEUX SEXES.

La scène se passe à Paris, chez Montaudoin.

LES
37 SOUS DE M. MONTAUDOIN

Un salon. Portes au fond, portes latérales; cheminée à droite, avec garniture; glace à gauche, table, fauteuils, canapés; petit meuble au fond, à gauche.

SCÈNE PREMIÈRE.

MADAME MONTAUDOIN, FERNANDE, JOSÉPHINE.

JOSÉPHINE, devant la glace, à gauche.

Ah!... mademoiselle est jolie comme un cœur!

FERNANDE.

Merci, Joséphine!... Maman, où donc est papa?

MADAME MONTAUDOIN.

Montaudoin est à sa toilette.

FERNANDE.

Il faut lui dire de se dépêcher.

MADAME MONTAUDOIN, près de la cheminée.

Oh! il n'est pas en retard... ton contrat est pour midi, et il n'est qu'onze heures. (S'attendrissant.) Dans une heure, je n'aurai plus de fille!

FERNANDE.

Oh! maman, vous allez pleurer... aujourd'hui!

MADAME MONTAUDOIN.

Non... j'aurai du courage... Une chose me soutient, c'est que M. Isidore, ton prétendu, est dans une bonne position.

FERNANDE.

Je crois bien! caissier chez un gros commerçant de la rue du Sentier... deux mille quatre cents francs d'appointements.

JOSÉPHINE.

Et le déjeuner.

FERNANDE.

Et des yeux noirs!

MADAME MONTAUDOIN.

Ce qui me navre, vois-tu, ce n'est pas de te quitter... c'est de penser que je vais rester seule avec ton père...

FERNANDE.

Comment?

MADAME MONTAUDOIN.

Un homme que j'ai épousé à cause de sa gaieté, de son caractère jovial et insouciant! Il est devenu tout à coup sombre, soupçonneux, méfiant.

JOSÉPHINE.

Oh! c'est bien vrai, il fouille dans tous mes tiroirs.

FERNANDE.

Mais qu'est-ce qu'il cherche?

SCÈNE PREMIÈRE.

MADAME MONTAUDOIN.

Je n'en sais rien... je l'ai interrogé vingt fois... il a toujours refusé de s'expliquer.

JOSÉPHINE, naïvement, venant au milieu.

Dites donc, madame, il a peut-être commis un crime

FERNANDE.

Par exemple !...

MADAME MONTAUDOIN, à Joséphine.

Veux-tu te taire! lui! un si brave homme!

JOSÉPHINE.

Il demande le nom de toutes les personnes qui entrent dans la maison... il marche dans des chaussons de lisière pour faire moins de bruit, et pour mieux vous surprendre. L'autre jour, il est entré dans ma cuisine comme un gros chat... ça m'a fait peur... alors il m'a dit : « Quand une cuisinière a la conscience nette, elle ne tremble pas... » Et il m'a forcée à ôter mes souliers pour voir s'il n'y avait rien dedans.

MADAME MONTAUDOIN.

Voilà une idée!

FERNANDE.

Il a peut-être perdu quelque chose?

MADAME MONTAUDOIN.

Enfin, il vous guette, il vous épie... Au moment où on s'y attend le moins... on aperçoit une tête qui passe à travers une porte entre-bâillée et...

A ce moment, la tête de Montaudoin paraît à la porte de gauche

LES TROIS FEMMES, poussant un cri en l'apercevant.

Ah!

Joséphine remonte un peu à droite, madame Montaudoin et Fernande passent à droite.

SCÈNE II.

LES MÊMES, MONTAUDOIN

MONTAUDOIN.

C'est moi!

FERNANDE.

Oh! papa!

MADAME MONTAUDOIN.

Que le bon Dieu te bénisse! tu nous fais des peurs!

MONTAUDOIN, très-doucement.

Mes faux cols?... je n'ai pas de faux cols!

MADAME MONTAUDOIN.

Je vais t'en chercher! mais il n'est pas nécessaire de prendre un air de conspirateur pour demander des faux cols... c'est ridicule!

Elle sort.

SCÈNE III.

MONTAUDOIN, FERNANDE, JOSÉPHINE.

FERNANDE.

Eh bien, papa, tu ne m'embrasses pas?

MONTAUDOIN.

Ah! chère enfant, tu es la seule joie de ma vie... quand je sens ton front pur... (Il va pour l'embrasser et s'arrête en

SCÈNE TROISIÈME.

apercevant Joséphine.) Qu'est-ce que vous faites là? pourquoi tremblez-vous?

JOSÉPHINE, troublée.

Moi monsieur?

MONTAUDOIN.

Quand une cuisinière a la conscience nette, elle ne tremble pas!... Vous fermez bien toutes les portes?

JOSÉPHINE.

Oh! oui, monsieur.

MONTAUDOIN.

Qui est venu ce matin?

JOSÉPHINE.

Le porteur d'eau.

MONTAUDOIN.

Le nouveau?

JOSÉPHINE.

Oui, monsieur; il a l'air d'un brave homme; il m'a dit : (Accent auvergnat.) « Cherviteur, la compagnie. »

MONTAUDOIN.

Oh! je ne me laisse pas prendre à cet accent-là... on les croit Auvergnats, on laisse ses tiroirs ouverts, et après?...

JOSÉPHINE.

Après, il est venu le boulanger.

MONTAUDOIN, soupçonneux.

Ah! il vient bien souvent, celui-là!

JOSÉPHINE.

Dame!... tous les jours.

MONTAUDOIN.

Tous les jours... c'est louche!

JOSÉPHINE.

Si vous voulez manger du pain rassis, il ne viendra que toutes les semaines.

FERNANDE.

Mais, papa, pourquoi toutes ces questions?

MONTAUDOIN.

Pourquoi? Il ne te manque jamais d'argent à toi, Fernande?

FERNANDE.

Non, papa.

MONTAUDOIN.

Ah! et à vous, Joséphine, il ne vous manque jamais d'argent?

JOSÉPHINE.

Non, monsieur.

MONTAUDOIN.

Ah! vous êtes bien heureuses!

FERNANDE.

Et à toi, est-ce qu'il t'en manque?

MONTAUDOIN.

A moi? oui! (Regardant Joséphine.) Il y a dans cette maison une main invisible!... N'en parle pas à ta mère : elle craint les voleurs. Une fois, j'ai voulu lui faire part de mes soupçons, elle a eu une attaque de nerfs; alors, depuis ce temps, je me concentre... tu comprends. Chut! la voilà! soyons gais!

SCÈNE IV.

Les Mêmes, MADAME MONTAUDOIN.

MADAME MONTAUDOIN.

Les voici, tes faux cols!

MONTAUDOIN, les prenant et affectant un ton guilleret.

Merci, Nisida, merci!

MADAME MONTAUDOIN.

Tiens! tu as l'air de bonne humeur!

MONTAUDOIN.

Oui, nous étions en train de rire comme des fous avec Fernande et Joséphine.

MADAME MONTAUDOIN.

Tu riais, toi?

MONTAUDOIN.

C'est le porteur d'eau qui a dit: (Accent auvergnat.) « Cherviteur, la compagnie! » C'est impayable! c'est impayable! (Bas, à Fernande et à Joséphine.) Riez donc!

MADAME MONTAUDOIN, à part.

Ah çà! il devient fou! (Haut.) Joséphine, achève la toilette de Fernande.

JOSÉPHINE, remontant un peu à gauche.

Oui, madame!

MADAME MONTAUDOIN, à son mari.

Eh bien, et toi? J'espère que tu ne vas pas marier ta fille en chaussons de lisière? S'il est possible de se chausser comme ça!

MONTAUDOIN.

Qu'est-ce que tu veux! tous mes souliers font couic! couic! couic! ça prévient, on ne peut pas surprendre son monde.

MADAME MONTAUDOIN.

Mais qu'est-ce que tu veux surprendre?

MONTAUDOIN.

Moi? rien!... personne!... Allons nous habiller!

CHŒUR.

AIR du *Chameau*.

M. et MADAME MONTAUDOIN.

 Allez!
 Sortez!
 Partez!
 Trottez!
 L'heure presse!
 Qu'on nous laisse!
 Partez!
 Trottez!
 Partez!
 Vite, sortez!
Assez causé! c'est assez!

FERNANDE et JOSÉPHINE.

 Partons!
 Trottons!
 Partons!
 L'heure nous presse!
 On vous laisse!
 Partons!
 Trottons!
 Partons!
 Vite, sortons!
Pourquoi donc tous ces soupçons?

Joséphine et Fernande sortent par la gauche.

SCÈNE V.

MONTAUDOIN, MADAME MONTAUDOIN.

MONTAUDOIN.

Madame Montaudoin, veux-tu me mettre ma cravate?

MADAME MONTAUDOIN.

Volontiers!

MONTAUDOIN.

Ne serre pas trop... j'ai le sang à la tête!... Ah! j'attends deux personnes de plus pour la noce

MADAME MONTAUDOIN.

Diable! nous serons vingt-deux à table et on ne tient que dix-huit.

MONTAUDOIN.

Oh! en se serrant... tu mettras les chaises en biais!

MADAME MONTAUDOIN.

Et quels sont ces invités?

MONTAUDOIN.

Deux personnes d'Étampes, mon pays... mais tu les connais, l'un est Ernest Pénuri... mon ancien camarade de collége... et l'autre Champmarteau, brigadier de gendarmerie, à Étampes.

MADAME MONTAUDOIN.

Ah! voilà une idée! inviter M. Champmarteau, que nous n'avons pas vu depuis vingt ans!

MONTAUDOIN.

C'est un gendarme... et, dans ce moment, je ne serais

pas fâché d'introduire un peu de gendarmerie dans la maison.

MADAME MONTAUDOIN.

Mais pourquoi?

MONTAUDOIN.

Ah! si je te le disais, tu ne dormirais pas!

MADAME MONTAUDOIN.

Tiens! ça ne peut pas durer comme ça... maintenant surtout, que nous allons nous trouver seuls... Montaudoin, tu as quelque chose?

MONTAUDOIN.

C'est possible!

MADAME MONTAUDOIN.

Quelque chose qui te ronge... qui te mine... Je suis ta femme, j'ai le droit de tout savoir.

MONTAUDOIN.

Non... tu n'as pas le moral assez fort pour supporter une pareille confidence.

MADAME MONTAUDOIN.

Je devine : tu es jaloux!

MONTAUDOIN.

Moi? de qui?

MADAME MONTAUDOIN, piquée.

Eh bien, de moi, donc.

MONTAUDOIN.

Oh! par exemple!

MADAME MONTAUDOIN.

Montaudoin, je te le jure sur les cendres de notre fille qui va se marier... jamais, au grand jamais, je ne me suis écartée une minute de la ligne droite.

SCÈNE CINQUIÈME.

MONTAUDOIN.

Mais il n'est pas question de cela!

MADAME MONTAUDOIN.

Si! tu penses toujours à ce fatal bouquet qui m'a été adressé par une main inconnue le jour de notre mariage... Ce bouquet renfermait quatre vers...

MONTAUDOIN.

Tu appelles ça des vers... quatre machines décollées autour d'un mirliton. Je m'en souviens encore:

Récitant.

Ce bouquet fut cueilli par l'Amour et sa mère;
Il doit en ce beau jour vous être présenté;
Car les fleurs qui naissent au jardin de Cythère
Sont faites pour orner le sein de la beauté!

MADAME MONTAUDOIN, vivement.

Je n'ai jamais autorisé personne à célébrer de pareils détails.

MONTAUDOIN.

J'avoue qu'au premier abord... un jour de noce... ça m'a fait quelque chose.

MADAME MONTAUDOIN.

As-tu été assez jaloux!

MONTAUDOIN.

Oui... cela m'aurait contrarié si tu avais fait un faux s... moins pourtant que ce qui m'arrive.

MADAME MONTAUDOIN.

Mais quoi donc?... quoi donc?... Tu me fais bouillir!

MONTAUDOIN.

Rien!... tu es trop nerveuse... je vais mettre mon gilet! (Sortant par la gauche.) Ça m'aurait contrarié, mais moins que ce qui m'arrive...

SCÈNE VI.

MADAME MONTAUDOIN, puis LEMARTOIS.

MADAME MONTAUDOIN.

Pauvre homme! on dirait qu'il a un remords... ça vient de l'estomac. (Apercevant Lemartois qui entre.) Ah! voici M. Lemartois, notre notaire...

LEMARTOIS, saluant, entrant du fond.

Belle dame... je vous présente mes hommages... je suis venu un peu avant l'heure pour causer avec le prétendu, relativement au préciput.

MADAME MONTAUDOIN.

M. Isidore n'est pas encore arrivé, mais je suis bien aise de vous voir seul; j'ai un conseil à vous demander.

LEMARTOIS.

Je suis tout à vous, belle dame.

MADAME MONTAUDOIN.

Parlons bas, car si mon mari se doutait...

LEMARTOIS.

Ah! c'est un secret?

MADAME MONTAUDOIN.

Oui!... monsieur Lemartois, je désirerais ajouter à la dot de ma fille une somme de treize mille cinq cent cinq francs.

LEMARTOIS.

Quel drôle de compte! c'est bien simple, il n'y a qu'à les porter au contrat.

SCÈNE SIXIÈME.

MADAME MONTAUDOIN.

Mais mon mari le saura, et, avec son caractère...

LEMARTOIS.

Comment une pareille somme se trouve-t-elle entre vos mains?

MADAME MONTAUDOIN.

Une succession... un legs que je lui ai caché. Est-ce que je ne pourrais pas le remettre à mon gendre de la main à la main?

LEMARTOIS.

Non... il est important que cette somme figure au contrat, sans cela elle tomberait dans la communauté.

MADAME MONTAUDOIN.

Alors, comment faire?

LEMARTOIS.

Je ne vois qu'un moyen... c'est de prier un parent ou un ami de faire cette donation en son nom.

MADAME MONTAUDOIN.

Un parent!... un ami!... C'est très-embarrassant!

LEMARTOIS.

Cherchez... vous devez trouver facilement. J'ai quelques blancs à remplir sur le contrat; si vous pouvez me procurer une plume et de l'encre...

MADAME MONTAUDOIN.

Entrez là... dans le cabinet de M. Montaudoin.

LEMARTOIS, *passant à droite et saluant madame Montaudoin.*

Très-bien... N'oubliez pas de m'envoyer M. Isidore, dès qu'il arrivera... nous n'avons encore rien décidé pour le préciput.

MADAME MONTAUDOIN.

Soyez tranquille !

Lemartois sort par la porte de droite.

SCÈNE VII.

MADAME MONTAUDOIN, puis ISIDORE, puis MONTAUDOIN.

MADAME MONTAUDOIN, seule.

Un parent... un ami... Il me faudrait une personne discrète et en position de faire un pareil cadeau. Je ne vois pas dans nos connaissances...

ISIDORE, entrant par le fond

Belle maman !

MADAME MONTAUDOIN.

Isidore !

ISIDORE.

Je suis en retard ; mais, au moment de partir, mon patron m'a fait demander pour m'apprendre une bonne nouvelle.

MADAME MONTAUDOIN.

Quoi donc ?

ISIDORE.

Il m'a promis de m'associer dans sa maison de commerce, à la condition d'y placer la dot de ma femme.

MADAME MONTAUDOIN.

Comment ?

ISIDORE.

Il n'y a aucun danger, je connais la maison... c'est

SCÈNE SEPTIÈME.

du 15 pour 100. (Prenant son carnet.) Je vais faire le compte! (Écrivant.) Dot : quatre-vingt mille francs à 15 pour 100, cela fait douze mille francs; plus, mes appointements de caissier, deux mille quatre cents, font quatorze mille, plus le cadeau de la famille au jour de l'an...

MADAME MONTAUDOIN.

Plaît-il?

ISIDORE.

Je laisse le chiffre en blanc... pour mémoire... c'est environ quinze mille francs de rente. Nous en dépensons cinq, nous en plaçons dix... avec les intérêts capitalisés pendant vingt ans... (Reprenant son carnet.) Je vais faire le compte.

MADAME MONTAUDOIN.

Plus tard.

ISIDORE.

Pourquoi? Les chiffres, c'est amusant...

MADAME MONTAUDOIN.

En vérité, vous n'êtes guère amoureux un jour où... (Poussant un cri en apercevant la tête de Montaudoin qui vient de reparaître par la porte entre-bâillée.) Ah!

MONTAUDOIN, doucement.

C'est moi... Je ne trouve pas mes gants! où as-tu mis mes gants?...

MADAME MONTAUDOIN, allant à Montaudoin.

Tu es insupportable! Tu les as serrés toi-même dans le tiroir de la commode... Mais entre donc!

ISIDORE.

Bonjour, beau-père!

MONTAUDOIN.

Bonjour, mon garçon!

MADAME MONTAUDOIN.

Onze heures et demie... je vais m'habiller. Ah! monsieur Isidore, le notaire est là... il désirerait vous parler pour le contrat... A tout à l'heure!

Elle sort par la gauche.

ISIDORE.

Le notaire!... je vais...

Il se dirige vers la porte de droite.

MONTAUDOIN, l'appelant.

Isidore!

ISIDORE, descendant en scène.

Monsieur Montaudoin!

MONTAUDOIN.

Répondez-moi franchement. Il ne vous manque jamais d'argent, à vous?

ISIDORE.

Jamais! Dieu merci!... comme caissier, je serais obligé de le remettre de ma poche.

MONTAUDOIN.

Ah! tant mieux! c'est bien!... Allez trouver le notaire.

ISIDORE, à part.

Qu'est-ce qu'il a?

Il sort.

SCÈNE VIII.

MONTAUDOIN, PÉNURI, puis JOSÉPHINE.

MONTAUDOIN.

On n'en prend donc qu'à moi de l'argent!

SCÈNE HUITIÈME.

PÉNURI, entrant par le fond avec une valise qu'il dépose sur une chaise à droite.

Me voilà, moi.

MONTAUDOIN.

Pénuri!

PÉNURI.

Train d'Étampes! parti à sept heures trente-trois... une brioche à Juvisy, un verre de cassis à Saint-Michel... Ah çà! c'est bien aujourd'hui que tu maries ta fille?

MONTAUDOIN.

Oui... mon ami; à midi... on signe.

PÉNURI.

Ah! tant mieux! nous allons rire! moi, dans les noces, j'ai du montant!

MONTAUDOIN.

Tu es seul?... Où est donc Champmarteau?

PÉNURI.

Le brigadier! Il n'a pas pu venir, il est retenu par la révision.

MONTAUDOIN.

Allons, bien!... c'est fait pour moi!

PÉNURI.

C'est dommage! c'est une bonne fourchette! Mais il doit 'écrire pour te complimenter.

MONTAUDOIN.

Ce n'est pas la même chose... Je comptais sur son uniforme... Enfin te voilà, tu passeras quelques jours avec nous; j'ai fait préparer ta chambre, au premier, près de la mienne.

PÉNURI.

Bravo! Le soir, nous ferons du punch en parlant d'E-
tampes. Ah! j'en ai de bonnes à te raconter sur Étampes!
Tu sais bien... la mère Préventin... la marchande de
tabac?

MONTAUDOIN.

Oui!

PÉNURI.

Eh bien, nous l'avons enterrée mercredi.

MONTAUDOIN.

Ah bah!

PÉNURI.

Mercredi!... plus drôle que ça! Tu sais bien le père
Gimard... qui s'est marié à soixante-dix-huit ans avec la
lingère...

MONTAUDOIN.

Oui!

PÉNURI.

Eh bien, il vient d'avoir un enfant... Jeudi!

MONTAUDOIN, riant.

Ah! elle est bonne... Le père Gimard! Qui est-ce qui
sera le parrain?

PÉNURI, avec fatuité.

On dit que c'est moi.

MONTAUDOIN.

Ah! cré Pénuri, va! Tiens, ça me fait plaisir de te voir...
ça me rafraîchit, ça me rappelle le temps où je riais!

PÉNURI.

Tu ne ris donc plus?

MONTAUDOIN.

Non

SCÈNE HUITIÈME.

PÉNURI.

Un homme ne doit cesser de rire que lorsqu'il a perdu ses dents... Voyons tes dents?

MONTAUDOIN.

Il ne s'agit pas de cela... Si tu savais!... Au fait, je puis me confier à toi, un vieil ami... Mon cher, il m'arrive une chose... agaçante et extraordinaire : on me vole!

PÉNURI.

Ça peut être agaçant, mais ce n'est pas extraordinaire.

MONTAUDOIN.

Oui, mais on ne me vole pas comme tout le monde. Un monsieur s'introduirait chez moi, forcerait mon secrétaire, me prendrait dix mille francs, je dirais : « Très-bien ! c'est son état ! il ne reviendra plus ! » Tandis que mon voleur, à moi, revient tous les jours.

PÉNURI.

Comment, tous les jours?

MONTAUDOIN.

Avec l'exactitude d'un employé qui va à son bureau... Mon Dieu, il ne me prend pas une grosse somme si tu veux... il me prend trente-sept sous par jour.

PÉNURI.

Quelle idée! Est-ce qu'un voleur prendrait trente-sept sous?

MONTAUDOIN.

Mon ami, les petits ruisseaux font les grandes rivières

PÉNURI.

Allons donc, c'est une erreur dans tes comptes.

MONTAUDOIN.

Impossible!... j'écris tout... Quand je donne deux sous

à un singe ou à un savoyard... je les écris... Tous les soirs, je fais ma balance. Eh bien, il me manque un franc quatre-vingt cinq. Il y a une fuite dans mon ménage.

PÉNURI.

C'est bien drôle!

MONTAUDOIN.

Et cela dure depuis un temps immémorial... Tiens!.. depuis la naissance de ma fille.

PÉNURI.

Est-ce que tu soupçonnerais cette enfant?

MONTAUDOIN.

Qu'est-ce qui te parle de ça? Comment supposer qu'en venant au monde, un enfant va prendre trente-sept sous à son père?

PÉNURI, avec importance.

C'est juste! A cet âge, on ne sent pas encore l'aiguillon des intérêts matériels.

MONTAUDOIN.

Comprends-tu ma position? Être volé depuis vingt ans! tous les jours!... car le gueux ne se repose même pas le dimanche! cela finit par porter sur les nerfs... Je deviens sombre, mon caractère s'aigrit, mes digestions se troublent... Je ne peux plus manger ni choux, ni crevettes, ni boudins... ça ne passe pas.

PÉNURI, avec compassion.

Ah! pauvre ami! Tu n'as donc pas cherché un moyen pour pincer ton grec?

MONTAUDOIN.

Des moyens!... mais j'en ai cherché dix, vingt, cent!.. Ils étaient tous mauvais.

SCÈNE HUITIÈME.

PÉNURI.

C'est un malin!

MONTAUDOIN.

Hier soir, j'ai posé mon porte-monnaie sur la cheminée... (Le montrant.) Le voilà... et je n'ai laissé dedans qu'une pièce de cinq francs... Nous allons voir...

Il va chercher la bourse.

PÉNURI, passant à gauche.

Voyons!... ce petit drame m'intéresse.

MONTAUDOIN

Tiens, vois toi-même, il reste trois francs trois sous.

PÉNURI.

Et trente-sept qu'il a pris, ça fait le compte.

MONTAUDOIN.

C'est à se casser la tête!

PÉNURI.

Au moins, il est honnête; il t'a rendu la monnaie de ta pièce.

MONTAUDOIN.

Qu'est-ce que tu penses de ça?

PÉNURI.

Je pense que c'est un homme qui doit dîner à trente-deux sous... et qui s'offre ensuite un cigare de cinq sous... Et tu ne soupçonnes personne?

MONTAUDOIN.

Excepté ma femme et ma fille, je soupçonne tout le monde... Devine combien de fois j'ai changé de porteur d'eau?

PÉNURI.

Quatre.

MONTAUDOIN.

Soixante-trois!... mais je vais faire venir l'eau de la ville... il n'y a qu'un robinet à tourner... et à moins qu'il ne rentre par les tuyaux... Et des bonnes! sais-tu combien j'ai renvoyé de bonnes?

PÉNURI.

Non!

MONTAUDOIN.

Quarante-neuf! J'en prends note... celle que j'ai dans ce moment est une fine mouche... Je lui fais ôter ses souliers deux fois par jour.

PÉNURI.

Pour quoi faire?

MONTAUDOIN.

Pour chercher mes trente-sept sous... mais je ne trouve rien!

PÉNURI.

Alors, ce n'est pas elle!

MONTAUDOIN.

Hum! je ne m'y fie pas, elle a une figure sinistre... Es-tu physionomiste?

PÉNURI.

Oui... j'ai assez de coup d'œil.

MONTAUDOIN.

Eh bien, je vais te la montrer... tu vas en juger... (Il sonne.) Surtout, n'ayons pas l'air...

PÉNURI.

Sois tranquille! (Apercevant Joséphine qui entre.) La voici!

Il se met à fredonner un air, Montaudoin en fredonne un autre.

JOSÉPHINE.

Monsieur a sonné?

SCÈNE HUITIÈME.

MONTAUDOIN.

Ah! c'est vous, Joséphine... Voici mon ami, M. Pénuri... Regardez-le bien en face.

PÉNURI, à part.

Elle est gentille!

MONTAUDOIN, bas, à Pénuri.

Je parie qu'elle les a cachés dans son corsage.

PÉNURI, à part.

Il serait peut-être bon de s'en assurer!

MONTAUDOIN, à Joséphine.

Maintenant, prenez la valise de monsieur? (A Pénuri.) Elle est fermée?

PÉNURI.

Oui.

MONTAUDOIN.

Et portez-la dans la chambre verte... au premier.

JOSÉPHINE.

Oui, monsieur!...

Elle prend la valise et se dispose à sortir.

MONTAUDOIN, la rappelant.

Joséphine!

JOSÉPHINE.

Monsieur?

MONTAUDOIN.

Souvenez-vous qu'aux yeux de la société, celui qui prend trente-sept sous est aussi coupable que celui qui prend un million.

JOSÉPHINE.

Mais, monsieur...

MONTAUDOIN.

Je ne nomme personne... Allez!

Joséphine sort.

SCÈNE IX.

PÉNURI, MONTAUDOIN.

MONTAUDOIN.

Eh bien c'est une vilaine nature, n'est-ce pas?

PÉNURI.

Je ne trouve pas; mais on ne peut pas juger comme cela... Je me réserve de l'interroger... à tête reposée.

MONTAUDOIN.

Voilà! voilà ma vie... toujours soupçonner!

PÉNURI.

A ta place, je ne mettrais un jour dans ma bourse que trente-six sous... pour voir!

MONTAUDOIN.

C'est ce que j'ai fait!... mais, le lendemain, on m'en a pris trente-huit; je n'y ai rien gagné!

PÉNURI.

Je comprends... c'est un prix fait!

MONTAUDOIN, avec mélancolie.

Oh! vous êtes heureux à Étampes!

VOIX DE MADAME MONTAUDOIN, dans la coulisse.

Montaudoin! ton habit!

MONTAUDOIN.

On y va! (Continuant.) Loin du bruit des villes, au sein de la nature immense...

MADAME MONTAUDOIN, dans la coulisse.

Montaudoin!

MONTAUDOIN.

On y va! (Reprenant.) Au sein de la nature immense... dont le spectacle...

PÉNURI.

Deux fois par semaine!

MONTAUDOIN, s'interrompant.

Ah! je ne sais plus ce que je voulais dire!... On y va! Attends-moi, je vais mettre mon habit!

Il sort à gauche.

SCÈNE X.

PÉNURI, puis MADAME MONTAUDOIN, puis MONTAUDOIN.

PÉNURI, seul.

Et moi qui suis venu pour m'amuser à cette noce!... Montaudoin est lugubre avec ses histoires de trente-sept sous; si j'étais à sa place, j'écrirais tous les jours sur mon livre de dépenses : « *Item*, pour mon voleur! trente-sept sous! » et je n'y penserais plus. Si j'allais interroger la bonne? Qu'est-ce qui ballotte donc dans ma poche?... Ah! c'est mon cadeau de noces! douze ronds de serviette, avec cette inscription : « Bon appétit! » Moi, je voulais offrir une lampe... modérateur, cela cachait un enseignement pour le mari... Mais ma femme m'a dit : « Il vaut mieux donner quelque chose qui ne se dérange pas... » J'ai rédigé aussi quelques vers pour la mariée... C'est l'usage à Étampes... Je les lirai au moment du contrat... quand je dis que j'ai rédigé... ce n'est pas tout à fait exact, je les ai empruntés à Champmarteau, notre brigadier, qui les avait commis pour la fête de ma femme... Ces choses-là, ça se repasse. Il a cela de particulier, notre brigadier, il est poëte!... c'est une bonne fourchette!... qui tourne le vers. J'ai trouvé les siens jolis, je les ai copiés... et je compte sur un murmure flatteur.

MADAME MONTAUDOIN, entrant par la gauche, en grande toilette.

Je crois que cette robe est...

PÉNURI.

Frissonnante! frissonnante!

MADAME MONTAUDOIN.

Monsieur Pénuri! vous êtes arrivé!

PÉNURI.

Depuis dix minutes... J'ai déjà embrassé Montaudoin, et si vous voulez me le permettre?...

MADAME MONTAUDOIN.

Bien volontiers! (Au moment où Pénuri l'embrasse, elle aperçoit la tête de Montaudoin qui passe par la porte entr'ouverte. Elle pousse un cri.) Ah!

PÉNURI.

Quoi?

MONTAUDOIN, à la porte de gauche.

C'est moi!

PÉNURI.

Tu arrives bien... j'embrasse ta femme!

MONTAUDOIN.

Où est mon épingle?... Je ne trouve pas mon épingle.

SCÈNE DIXIÈME.

MADAME MONTAUDOIN.

Dans la coupe, sur la cheminée.

MONTAUDOIN.

Ne vous dérangez pas... Je vais la chercher.

Il disparaît.

PÉNURI.

Est-ce qu'il entre toujours comme ça, sans se faire annoncer?

MADAME MONTAUDOIN.

Ah! ne m'en parlez pas!

PÉNURI

Allons-nous bientôt voir apparaître la mariée? J'ai mon petit cadeau de noce à lui faire.

MADAME MONTAUDOIN.

Un cadeau!

PÉNURI.

Oh! il ne faut pas vous monter la tête, il ne s'agit pas de diamants, je suis pour l'utile.

MADAME MONTAUDOIN, à part.

Mais j'y songe!... M. Lemartois m'a dit de choisir un ami de la famille, le voilà! (Haut.) Monsieur Pénuri!

PÉNURI.

Madame?

MADAME MONTAUDOIN.

J'aurais un service... un grand service à vous demander.

PÉNURI.

A moi?

MADAME MONTAUDOIN.

Mais, d'abord, puis-je compter sur votre discrétion?

PÉNURI.

Je connais les devoirs d'un gentilhomme !

MADAME MONTAUDOIN.

Jurez-moi de ne jamais parler à Montaudoin du secret que je vais vous confier.

Elle remonte s'assurer que personne ne peut l'entendre.

PÉNURI.

Je le jure ! (A part.) Est-ce qu'elle lui aurait fait des farces ?

MADAME MONTAUDOIN.

Vous saurez donc que j'ai économisé, à l'insu de mon mari, une somme de treize mille cinq cent cinq francs.

PÉNURI.

Je comprends, vous avez fait danser l'anse dans de vastes proportions.

MADAME MONTAUDOIN.

C'est peut-être mal... Mais, dans les commencements de notre mariage, Montaudoin avait le goût de la bâtisse, toutes nos économies passaient en maçonnerie... J'en fus effrayée et, en mère prévoyante, je résolus alors d'assurer l'avenir de mon enfant !

PÉNURI.

Ah ! que c'est bien ! ah ! que c'est bien !

MADAME MONTAUDOIN.

Mais, si mon mari venait à se douter... avec son caractère inquiet et soupçonneux, il serait capable de faire des suppositions... Alors j'ai pensé... que, si vous vouliez... enfin, j'ai compté sur vous.

PÉNURI.

Ah ! pour quoi faire, bonne mère ?

SCÈNE DIXIÈME.

MADAME MONTAUDOIN.

Mais pour offrir en votre nom, comme cadeau de noce, ces treize mille cinq cent cinq francs, quand on lira le contrat.

PÉNURI.

Comment?

MADAME MONTAUDOIN.

Oh! ne me refusez pas, je vous en supplie!

PÉNURI.

Comment donc! mais au contraire... Treize mille... (A part.) C'est pour le coup que je compte sur un murmure flatteur! (Haut.) Mais c'est convenu, avec plaisir!

MADAME MONTAUDOIN.

Oh! que vous êtes bon!

Elle remonte.

PÉNURI, à part.

Et puis je ne donnerai pas les ronds de serviette... Treize mille cinq cent cinq francs et des vers... ça me paraît gentil pour un homme qui arrive d'Étampes.

MADAME MONTAUDOIN, lui remettant la somme en billets de banque.

Voilà la somme en billets de banque... plus cinq francs.

PÉNURI.

Très-bien! je vais les mettre à part. (A lui-même.) De cette façon je ne donne rien, moi, puisque les vers sont de Champmarteau, et les treize mille francs de la maman.

SCÈNE XI.

Les Mêmes, LEMARTOIS, ISIDORE, JOSÉPHINE, FERNANDE, Invités, puis MONTAUDOIN.

MADAME MONTAUDOIN.

Ah! voici nos invités!

CHŒUR.

AIR : *Coqsigrue.*

Pour nous, quelle fête !
Que chacun s'apprête
A chanter l'amour !
Pour nous, quelle fête !
Que chacun répète :
Vive ce beau jour !

Pendant l'ensemble, Joséphine a placé la table au milieu du théâtre, sur laquelle se trouvent plumes, papiers, encrier.

ISIDORE, bas, à Lemartois, sortant de la droite.

C'est bien entendu... biffez le préciput!

LEMARTOIS.

C'est fait !... (A part.) Il est serré, le prétendu!

LES INVITÉS, voyant entrer Fernande.

Voilà la mariée!

FERNANDE, saluant.

Mesdames... Messieurs...

PÉNURI, embrassant Fernande.

Que je t'embrasse, chère petite! que je t'embrass'

ISIDORE, à part.

Quel est ce monsieur?

SCÈNE ONZIÈME.

PÉNURI, à Isidore.

Ah! j'aime bien votre femme, allez!... vous le verrez tout à l'heure... (A part.) Il faut préparer la chose!

ISIDORE, le saluant.

Monsieur, je suis bien heureux! (A part.) Il a une poche énorme, c'est un oncle à cadeaux.

MADAME MONTAUDOIN.

Mais où est donc Montaudoin?

MONTAUDOIN, entrant et prenant le milieu.

Me voilà!... Mesdames... monsieur le notaire, je vous demande mille pardons.

Pendant la première partie de la scène, le notaire s'est assis à la table préparée par Joséphine.

MADAME MONTAUDOIN, bas, à son mari.

Malheureux! tu as gardé tes chaussons!

MONTAUDOIN, regardant ses pieds.

Ah! saperlotte!... après ça, en famille!... (Haut.) Mesdames... messieurs... veuillez prendre place... ne faisons pas attendre M. le notaire... Un notaire ne doit jamais attendre...

Tout le monde s'assoit sur les côtés et le notaire au milieu devant une table.

MONTAUDOIN, à Lemartois.

Voici la plume... l'encrier... lisez votre petite affaire.

Il va s'asseoir.

LEMARTOIS, lisant.

« Par-devant maître Lemartois et son collègue, notaires à Paris, ont comparu... »

PÉNURI, à part.

J'ai envie de commencer par les vers... pour graduer.

LEMARTOIS, lisant.

« M. Isidore-Athanase Dupuis... »

PÉNURI, se levant et allant au notaire.

Pardon... une minute! Je demande la permission de lire quelques vers... que j'ai rédigés... moi-même pour la mariée.

LES INVITÉS.

Oui! oui!

MONTAUDOIN, se levant.

Comment! Pénuri... tu as songé...?

ISIDORE, à part.

Des vers!... si c'est là... son cadeau!

LEMARTOIS.

Mais il faudrait peut-être d'abord lire le contrat.

MONTAUDOIN.

Ah! ça ne serait pas poli!... puisque mon ami a pris la peine de rédiger des vers...

LES INVITÉS.

Les vers! les vers!

PÉNURI, dépliant un papier.

Messieurs, je ne suis point un poète de profession... quand un vers me vient, je l'écris... en attendant l'autre... et pour ne pas le perdre.

MONTAUDOIN.

C'est de l'ordre!

PÉNURI.

Je commence... Ah! il faut vous dire que ces vers devraient être placés dans un bouquet.

UNE DAME, lui passant son bouquet.

En voilà un!

SCÈNE ONZIÈME.

PÉNURI.

Je vous remercie... je vous le rendrai... après... Je commence...

Lisant.

« Ce bouquet fut cueilli par l'Amour et sa mère,
Il doit en ce beau jour vous être présenté... »

M. et MADAME MONTAUDOIN, se levant.

Hein!

PÉNURI, continuant.

« Car les fleurs qui naissent au jardin de Cythère
Sont faites pour orner le sein de la beauté. »

LES INVITÉS.

Bravo! bravo!

MONTAUDOIN, à part, se levant.

Mais je les reconnais! ce sont ceux que j'ai trouvés dans le bouquet de ma femme! et il l'embrassait tout à l'heure.

MADAME MONTAUDOIN, à Pénuri.

Comment! c'était vous, imprudent?

PÉNURI.

Quoi? moi?

LEMARTOIS, reprenant la lecture du contrat.

« Par-devant maître Lemartois et son collègue... »

MONTAUDOIN, l'interrompant et allant à lui.

Non!... tout à l'heure!... il faut que je cause avec monsieur.

TOUS.

Comment?

MONTAUDOIN.

Entrez là, je vous prie... c'est l'affaire d'une seconde.

CHŒUR.

AIR d'Ambroise Thomas (*Vingt francs, s'il vous plaît*).

Ah! c'est bien étonnant!
Ah! c'est bien surprenant!
Qui nous dira comment
Finira l'incident?

Tout le monde entre à gauche, les mariés, madame Montaudoin les invités et le notaire, qui ferme la marche. Montaudoin et Pénuri restent en scène.

SCÈNE XII.

MONTAUDOIN, PÉNURI.

PÉNURI, à part.

Il veut me féliciter.

MONTAUDOIN.

Mon compliment!... Ils sont vraiment fort galants vos vers.

PÉNURI.

Ils ne sont pas mal... je les ai faits ce matin en chemin de fer.

MONTAUDOIN.

Ce matin? c'est singulier!... je les croyais plus anciens

PÉNURI, à part.

Ah! diable!... Est-ce qu'il saurait...?

MONTAUDOIN.

Vous vous troublez.

PÉNURI.

Moi?

SCÈNE TREIZIÈME.

MONTAUDOIN, lui serrant la main avec violence.

Nous nous comprenons!... après la noce, monsieur, après la noce!

PÉNURI.

Quoi?

MONTAUDOIN.

Mais ceci n'est qu'un incident! signons d'abord le contrat. (Appelant.) Monsieur le notaire! monsieur le notaire!

PÉNURI, à part, passant à droite.

Qu'est-ce qu'il a?

SCÈNE XIII.

Les Mêmes, LEMARTOIS, MADAME MONTAUDOIN, FERNANDE, ISIDORE, JOSÉPHINE, Invités.

CHŒUR.

AIR *Deux Aveugles* (Offenbach).

Pas de dispute;
Si l'on discute
Et si l'on lutte,
C'est pour son bien!
Pas de dispute,
Hélas! on lutte
Et l'on discute
Souvent pour rien!

MONTAUDOIN.

Mesdames... messieurs, veuillez reprendre vos places, nous allons continuer la lecture du contrat.

Chacun reprend sa place.

PÉNURI, à madame Montaudoin.

Qu'a donc votre mari?

MADAME MONTAUDOIN, bas, en le quittant.

Ne me parlez pas, il nous regarde!

PÉNURI.

Eh bien, après?

MONTAUDOIN, bas.

Il a chuchoté avec Nisida!

LEMARTOIS.

Je vais reprendre du commencement. (Lisant.) « Par-devant maître Lemartois et son collègue, notaires à Paris, ont comparu M. Isidore-Athanase Dupuis, caissier, rue du Sentier, numéro 9, et demeurant à Paris, rue Saint-Joseph, numéro 12, fils majeur de M. Jean-Pierre Dupuis, demeurant à Paris, rue Rochechouart, numéro 22... »

MONTAUDOIN, à part.

Ah çà! il nous lit l'Almanach des vingt-cinq mille adresses!

LEMARTOIS, lisant.

« Stipulant pour lui et en son nom personnel d'une part, et mademoiselle Fernande-Julie Montaudoin... »

PÉNURI, à part.

C'est le moment d'offrir les treize mille...

Il se lève.

LEMARTOIS, continuant.

« Demeurant à Paris, rue des Moulins!... »

PÉNURI, allant au notaire.

Pardon... si je vous interromps... c'est pour une communication dont on me saura quelque gré, je l'espère.

SCÈNE TREIZIÈME.

TOUS.

Quoi donc?

PÉNURI.

Monsieur le notaire, veuillez écrire... Moi, Ernest-Aglaure Pénuri, demeurant à Étampes, rue des Moutons, numéro 27, je constitue en dot et à titre de donation à mademoiselle Fernande, ici présente, une somme de treize mille cinq cent cinq francs.

TOUS LES INVITÉS.

Ah! ah! très-bien!... très-bien!

Fernande va à Pénuri.

PÉNURI, à part, debout près de la table.

Voilà le murmure flatteur!

MONTAUDOIN, étonné.

Comment! toi, une pareille somme?

MADAME MONTAUDOIN.

C'est magnifique! c'est princier!

PÉNURI, à part.

Hein, quel effet!

ISIDORE, à Pénuri.

Ah! monsieur, je ne sais comment vous remercier!

PÉNURI.

Je vous l'avais dit, jeune homme... j'aime votre femme, c'est presque mon enfant!

ISIDORE.

Et vous vous conduisez comme un père!

MONTAUDOIN, à Isidore.

Un père? Ah! mon Dieu! elle lui ressemble!...

ISIDORE, s'oubliant.

C'est frappant!

MONTAUDOIN.

Plaît-il?

ISIDORE.

Rien!

MONTAUDOIN.

Je devine tout!

LEMARTOIS, lisant.

« Par-devant maître... »

MONTAUDOIN, se retournant.

Pardon, monsieur le notaire... un fait nouveau vient de se produire... J'aurais deux mots à dire à monsieur...

PÉNURI.

A moi? encore?...

MONTAUDOIN.

Entrez là! C'est l'affaire d'une seconde!...

LEMARTOIS.

C'est insupportable!...

CHŒUR.

AIR d'Ambroise Thomas (*Vingt francs, s'il vous plaît*).

Ah! c'est bien étonnant!
Ah! c'est bien surprenant!
Qui nous dira comment
Finira l'incident?

Tout le monde entre à gauche dans le même ordre qu'à la première sortie, excepté Montaudoin et Pénuri.

SCÈNE XIV.

MONTAUDOIN, PÉNURI, puis JOSÉPHINE.

MONTAUDOIN, avec une rage concentrée.

Mon bon Pénuri!... mon brave ami!... (Il lui prend la main.) Je cherche un moyen de te remercier.

PÉNURI.

Aïe! tu me casses les doigts!

MONTAUDOIN.

Un si magnifique cadeau à une étrangère!

PÉNURI.

Ne parlons pas de ça!

MONTAUDOIN.

Comment donc! un homme qui a sept mille livres de rente... et qui trouve moyen de faire des donations de treize mille cinq cent cinq francs... à une étrangère!

PÉNURI.

J'aime beaucoup la petite!

MONTAUDOIN.

Je le vois... Mais je ne mange pas de ce pain-là... moi!

PÉNURI.

Quel pain?

MONTAUDOIN.

Nous nous comprenons... Après la noce, monsieur! après la noce!

PÉNURI.

Qu'est-ce que nous ferons après la noce?

MONTAUDOIN.

Oh! nous rirons bien!... Mais ceci n'est qu'un incident... Signons d'abord le contrat de mon enfant! (Se reprenant.) De cette enfant!

JOSÉPHINE, entrant de la droite.

Monsieur!

MONTAUDOIN, remontant.

Quoi?

JOSÉPHINE.

C'est le notaire qui s'impatiente!

MONTAUDOIN.

Tout de suite... Tu vas d'abord monter la valise de monsieur au second.

JOSÉPHINE.

Mais vous m'avez dit de la déposer au premier, dans la chambre verte.

MONTAUDOIN.

Le premier... ce n'est pas assez haut: j'ai mon idée... porte la valise au second... dans la chambre jaune! (A Pénuri.) Ça ne te fait rien de coucher dans la chambre jaune?

PÉNURI.

Oh! ça m'est égal! je ne suis pas superstitieux!

MONTAUDOIN.

C'est bien!... Pas de cyniques plaisanteries. (A Joséphine.) Allez!

Joséphine sort.

SCÈNE XV.

MONTAUDOIN, PÉNURI, LEMARTOIS, MADAME MONTAUDOIN, FERNANDE, ISIDORE, Invités.

LEMARTOIS, paraissant.

Voyons! signe-t-on le contrat, oui ou non?

MONTAUDOIN.

Quand vous voudrez... nous vous attendions.

LEMARTOIS, à la cantonade.

Mesdames... messieurs... si vous voulez vous donner la peine d'entrer?...

Tout le monde entre.

CHŒUR.

AIR des *Deux Aveugles.*

Pas de dispute!
Si l'on discute
Et si l'on lutte,
C'est pour son bien
Pas de dispute!
Hélas! on lutte
Et l'on discute
Souvent pour rien!

Chacun s'est placé pendant le chœur, toujours dans le même ordre.

LEMARTOIS, lisant.

« Par-devant maître Lemartois... »

MONTAUDOIN.

Oh! passons! nous connaissons ça!

ISIDORE.

Arrivez à l'apport de la future.

LEMARTOIS.

C'est contre tous les usages... mais si vous le désirez... (Lisant.) « La future épouse apporte en mariage et se constitue personnellement en dot une somme de quatre-vingt mille francs... »

MONTAUDOIN.

Turlututu!

LEMARTOIS.

Plaît-il?

MONTAUDOIN, assis.

Turlututu! Maintenant que je sais à quoi m'en tenir... ce serait trop bête!

TOUS.

Quoi?

ISIDORE.

Mais, monsieur Montaudoin...

LEMARTOIS.

Vous m'avez vous-même fait écrire sous votre dictée...

MONTAUDOIN, allant au notaire.

Donc, j'ai le droit de biffer, et je biffe!

Il biffe le contrat

TOUS.

Par exemple!

MADAME MONTAUDOIN

Mon ami.

LEMARTOIS.

C'est incroyable! Voyons! que donnez-vous à votre fille?

SCÈNE QUINZIÈME.

MONTAUDOIN.

Rien du tout!

TOUS.

Oh!

ISIDORE.

Pas de dot!

PÉNURI, à Montaudoin.

Ce n'est pas assez! — Et s'il m'est permis de prendre la parole...

MONTAUDOIN, à Pénuri.

Après la noce, monsieur; vous devriez rentrer sous terre.

PÉNURI.

Moi? pour quoi faire?

MADAME MONTAUDOIN, à son mari.

Montaudoin, ce n'est pas sérieux!

MONTAUDOIN, à sa femme.

Vous aussi, rentrez sous terre.

ISIDORE.

Tout était convenu... Et c'est au moment de signer le contrat...

MONTAUDOIN.

Jeune homme! il y a des secrets de famille qu'il faut savoir dérober au grand jour de la publicité! Cependant, je reconnais que je vous dois une explication... Je vais la donner à ma fille... à elle seule.

ISIDORE, à madame Montaudoin.

Cependant...

MONTAUDOIN.

Laissez-nous, je vous prie...

LEMARTOIS.

Encore!...

PÉNURI, à part.

Ce sont ses trente-sept sous qui lui portent à la tête!

LEMARTOIS.

Monsieur, j'en suis à mon cent quatorzième contrat... et je n'ai jamais rien vu de semblable...

MONTAUDOIN.

Entrez là, je vous prie! c'est l'affaire d'une seconde!

CHOEUR.

AIR d'Ambroise Thomas (*Vingt francs, s'il vous plaît*).

Ah! c'est bien étonnant!
Ah! c'est bien surprenant!
Qui nous dira comment
Finira l'incident?

Tout le monde se retire, excepté Montaudoin et Fernande, toujours dans le même ordre.

SCÈNE XVI.

MONTAUDOIN, FERNANDE.

MONTAUDOIN, à part, regardant Fernande.

La voilà, celle que je me plaisais à nommer ma fille.

FERNANDE, à part.

Comme il a l'air fâché!

MONTAUDOIN, à part.

En l'examinant bien, je trouve qu'elle ne ressemble pas à Pénuri d'une manière tellement frappante!... (Haut.) Fernande?

SCÈNE SEIZIÈME.

FERNANDE.

Papa?...

MONTAUDOIN, à part.

Papa? (Haut.) Appelle-moi bon ami... Veux-tu?

FERNANDE.

Pourquoi?

MONTAUDOIN.

Parce que... j'ai mes petites raisons.

Il tire son mouchoir et s'essuie les yeux.

FERNANDE.

Tu pleures?

MONTAUDOIN.

Ce n'est rien... c'est le rhume... J'ai un peu de rhume... Fernande! réponds-moi franchement... M'aimes-tu?

FERNANDE.

Oh! de toutes mes forces!... N'es-tu pas mon père?

MONTAUDOIN, allant s'asseoir à droite.

Dame!... je ne demande pas mieux, moi. (L'embrassant avec effusion.) Pauvre enfant! (Se calmant.) Néanmoins, appelle-moi bon ami.

FERNANDE.

Oh! je ne pourrais jamais! L'habitude!...

MONTAUDOIN.

Oui... la routine... (A part.) Elle m'aime!... par routine! (Haut, la faisant asseoir sur ses genoux.) Voyons, parle-moi franchement... Quand je suis près de toi... quand je te serre les mains... quand je t'embrasse, qu'est-ce que tu éprouves?

FERNANDE.

Je ne sais pas... Je me sens aimée... protégée.. quand

tes bras m'entourent, il me semble que je suis dans une forteresse dont personne n'ose approcher...

MONTAUDOIN, à part, se levant et la repoussant.

Une forteresse!... Ce n'est pas là la voix du sang. (Haut.) Et lui, l'aimes-tu?

FERNANDE.

Qui ça?

MONTAUDOIN.

Aglaure... Pénuri!

FERNANDE, vivement.

Oh! oui, il est si bon pour moi!

MONTAUDOIN, soupçonneux.

Ah!

FERNANDE.

Ce matin encore... ces vers qu'il m'a faits... ce magnifique présent... Et M. Isidore dit qu'il ne s'en tiendra pas là!...

MONTAUDOIN, à part.

Il ne s'en tiendra pas là! c'est clair!...

FERNANDE.

Et puis il t'aime tant!... Il aime bien maman aussi...

MONTAUDOIN.

C'est bon!

FERNANDE.

Mais je ne suis point ingrate, et involontairement, je me sens attirée vers lui!

MONTAUDOIN, à part.

Voilà!... voilà la voix du sang! (Haut.) Il n'y a plus à hésiter... Tu ignores les mystères de la vie parisienne!... Tu ne sais pas qu'il y a des tigres... qui viennent déposer leurs œufs dans le ménage des colombes!

SCÈNE SEIZIÈME.

FERNANDE.

Mais, papa, les tigres n'ont pas d'œufs!

MONTAUDOIN.

Ces reptiles ne devraient pas en avoir, mais ils en ont!... (A part.) Comme elle lui ressemble! (Haut.) Tu comprends maintenant que la position est complétement changée... Ces quatre-vingt mille francs... je les avais économisés... sou par sou... car il faut que tu saches cela... Je me privais de tout... Je me privais de prendre un fiacre... Je prenais un parapluie... Je me disais : « Ce sera pour elle!... » Quand j'allais au café... j'emportais mes morceaux de sucre... toujours pour elle!... Enfin, je n'aime pas le bœuf... ta mère nous le servait tous les jours... Et tu me voyais m'écrier d'un front radieux : « Ah! le bon bouilli!... » ah! le bon bouilli! (S'attendrissant.) C'était pour elle!... Voilà!... voilà, mon enfant, pourquoi je ne peux pas te donner de dot.

FERNANDE.

Mais je ne vois pas quel rapport?...

MONTAUDOIN.

Ah! je ne t'en veux pas, à toi... ce n'est pas ta faute... Tu es le crime, mais tu n'es pas le criminel!

FERNANDE.

Moi?

MONTAUDOIN, remontant un peu à droite.

Quant à lui!... Après la noce! après la noce! Je vais préparer la chambre jaune. (Revenant et l'embrassant.) Fernande, pense à celui qui fut quelque temps ton père.

FERNANDE.

Mais, papa!...

MONTAUDOIN, la repoussant.

Non, bon ami!... bon ami!... Je vais préparer la chambre jaune.

Il sort par le fond.

SCÈNE XVII.

ISIDORE, puis FERNANDE.

FERNANDE, seule.

Je n'ai pas compris un mot de tout ce qu'il m'a dit.

ISIDORE, entrant.

Eh bien, mademoiselle, votre père?...

FERNANDE.

Il persiste à ne pas donner de dot.

ISIDORE.

Ah! diable!

FERNANDE.

Mais que vous importe, on n'a pas besoin d'or pour s'aimer.

ISIDORE.

Sans doute, mais pour s'associer...

FERNANDE.

Nous verrons votre patron, nous l'attendrirons, nous lui parlerons de notre amour.

ISIDORE.

Oh! rue du Sentier... ça ne prend pas beaucoup, ces petites machines-là... on aime mieux l'argent. Mais pourquoi votre père ne veut-il pas vous doter?

FERNANDE.

Je n'y comprends rien... Tantôt il m'attire, puis il me repousse... Il m'appelle sa fille, puis il se reprend pour me dire mademoiselle.

ISIDORE.

Le pauvre homme! Il se doute de la chose!

FERNANDE.

Quelle chose?

ISIDORE.

Rien!... ça ne peut pas s'expliquer... mais il y a peut-être encore un moyen... (On entend Pénuri dans la coulisse.) J'entends M. Pénuri, laissez-moi avec lui.

FERNANDE.

Ne soyez pas trop longtemps...

Elle sort.

SCÈNE XVIII.

PÉNURI, ISIDORE.

PÉNURI, à lui-même.

Je viens de manger un morceau... j'ai profité de cela pour interroger la bonne. (Souriant.) Elle m'a allongé une gifle : c'est une fille qui veut se marier.

ISIDORE.

Monsieur Pénuri!

PÉNURI.

Tiens! c'est le marié! Mon ami, vous devriez prendre quelque chose, ce contrat menace de se prolonger.

ISIDORE.

Il menace de ne pas se signer.

PÉNURI.

Comment?

ISIDORE.

M. Montaudoin continue à ne pas vouloir doter sa fille.

PÉNURI.

Ne m'en parlez pas! je trouve ça d'un mesquin!

ISIDORE.

Aussi nous avons compté sur vous... Fernande et moi.. car nous vous aimons bien, allez!

PÉNURI.

Merci, mes enfants... Soyez tranquille, je parlerai à Montaudoin.

ISIDORE.

Oh! c'est inutile! il est buté!

PÉNURI.

Alors, que puis-je faire?

ISIDORE.

Oh! si vous le vouliez bien... car, après tout, vous n'avez pas d'enfant.

PÉNURI.

Tiens, comment savez-vous ça?

ISIDORE.

Je m'en suis informé...

PÉNURI.

Ah! (A part.) Il est curieux, ce petit!

SCÈNE DIX-HUITIÈME.

ISIDORE.

Et nous avons pensé Fernande et moi... que vous pourriez peut-être...

PÉNURI.

Quoi ?

ISIDORE.

Remplacer cette dot qu'on refuse.

PÉNURI.

Moi ? pourquoi cela ?

ISIDORE, riant et finement.

Dame ! c'est bien le moins.

PÉNURI.

Moi, j'ai déjà donné treize mille cinq cent cinq francs et des vers.

ISIDORE.

Oh ! qu'est-ce que c'est que ça ?

PÉNURI.

Comment ! ce que c'est que ça. (A part.) Oh ! il est carottier, ce petit !

ISIDORE.

Voyons, papa Pénuri, un bon mouvement.

PÉNURI, passant.

Fichez-moi la paix !

ISIDORE.

Interrogez votre cœur... vos souvenirs... pensez à cette pauvre enfant.

PÉNURI.

Tenez ! je donnerai les ronds de serviette... les voici... mais ne me demandez plus rien !

ISIDORE, examinant les ronds.

Ah.... c'est du plaqué!

PÉNURI.

Tiens! si vous croyez que je vais vous faire mariner dans l'argent massif! Ah! il ne faut pas être demandeur comme ça, mon ami, c'est vilain!

ISIDORE.

Il suffit, monsieur! mais il y a des gens qui ont la faiblesse de faillir et qui n'ont pas la force de réparer!

PÉNURI.

Plaît-il?

ISIDORE, se dirigeant vers la porte de droite.

Du plaqué! oh! fi!

Il sort en emportant les ronds.

SCÈNE XIX.

PÉNURI, puis MONTAUDOIN, puis LEMARTOIS.

PÉNURI, criant après lui.

Mais laissez-les, si vous n'en voulez pas! Je ne lui dois rien, moi, à ce petit!

MONTAUDOIN, à part, entrant avec une scie.

Ah! je suis plus calme... je viens de préparer la chambre jaune.

PÉNURI, à part.

Comment! il vient de scier un jour de contrat! Quelle drôle de noce!

MONTAUDOIN.

Pénuri... j'ai à te parler... car j'hésite encore... nos sou-

SCÈNE DIX-NEUVIÈME.

venirs d'enfance, l'amitié qui nous a unis si longtemps...
avant d'accomplir la chose...

PÉNURI.

Quelle chose?

MONTAUDOIN.

Tout me fait un devoir de te demander une explication

PÉNURI.

Parle.

MONTAUDOIN.

Je sais tout. Fernande n'est pas ma fille!

PÉNURI.

Ah! mon Dieu!

MONTAUDOIN.

Ne fais pas l'étonné.

PÉNURI.

Dame, une pareille nouvelle?

MONTAUDOIN.

J'ai été trompé par un ami.

PÉNURI.

Vraiment?

MONTAUDOIN.

Ne fais pas l'étonné... Un ami qui fait des vers.

PÉNURI.

Ah!

MONTAUDOIN.

Et qui se croit quitte en donnant treize mille cinq cent cinq francs à l'enfant.

PÉNURI.

Comment?

MONTAUDOIN.

Cet ami, c'est toi, c'est vous, monsieur!

PÉNURI.

Ah! par exemple! voilà autre chose! moi, je suis le père de ta fille?

MONTAUDOIN.

In-du-bi-ta-ble-ment!

PÉNURI.

J'aime le beau sexe, mais je te jure...

MONTAUDOIN.

Tout concorde, tout s'accorde, tout le prouve... D'abord ces treize mille francs; ne comptons pas les centimes.

PÉNURI.

Ah! c'est de la donation qu'il s'agit! Puisque c'est comme ça... j'aime mieux tout dire.

MONTAUDOIN.

Quoi?

PÉNURI.

Ces treize mille... c'est ta femme qui me les a remis.

MONTAUDOIN.

Nisida? ma femme?

PÉNURI.

Elle les a économisés en cachette... et, comme elle a peur de toi... elle m'a prié d'en faire la donation en mon nom... na!...

MONTAUDOIN.

Ma femme! il serait possible! Ah! mon ami! si tu disais vrai! (Appelant.) Nisida! Nisida!

LEMARTOIS, paraissant à la porte de droite.

Est-ce pour le contrat?

MONTAUDOIN.

Mais non, pas vous, ma femme, Nisida ! Il est insupportable, ce notaire !

Le notaire rentre.

SCÈNE XX.

PÉNURI, MONTAUDOIN, MADAME MONTAUDOIN.

MADAME MONTAUDOIN.

Mon ami, tu m'appelles ?

MONTAUDOIN.

Oui, approche.

MADAME MONTAUDOIN.

Ah ! mon Dieu ! qu'y a-t-il encore ?

MONTAUDOIN.

Ne tremblez pas et répondez. Est-il vrai que vous ayez remis à monsieur une somme de treize mille francs ?

MADAME MONTAUDOIN, interrompant.

Moi ? c'est faux ! jamais !

MONTAUDOIN.

Ah !

PÉNURI, allant à madame Montaudoin.

Non, laisse-moi lui parler !... Voyons, madame Montaudoin, il est inutile de nier... J'ai vendu la mèche.

MADAME MONTAUDOIN.

Je ne sais pas ce que cet homme veut dire ! C'est faux ! c'est faux !

Elle sort par la droite.

SCÈNE XXI.

MONTAUDOIN, PÉNURI, puis **LEMARTOIS,** puis **ISIDORE,** puis **FERNANDE, JOSÉPHINE, MADAME MONTAUDOIN, Invités.**

MONTAUDOIN.

Allons! les choses suivront leur cours.

PÉNURI.

Quel cours?

MONTAUDOIN.

Vous espériez me tromper, mais votre complice est plus franche que vous.

PÉNURI.

Mais quand je te jure...

MONTAUDOIN

D'ailleurs, où aurait-elle pris cette somme? Je m'en serais aperçu; je m'aperçois bien de trente-sept sous.

PÉNURI, illuminé.

Ah! mon Dieu!

MONTAUDOIN.

Quoi?

PÉNURI.

Attends... un peu... un éclair... Ces trente-sept sous qui disparaissaient depuis la naissance de ta fille... Quel âge a ta fille?

MONTAUDOIN.

Vous le savez bien... Vingt ans aujourd'hui!

SCÈNE VINGT ET UNIÈME.

PÉNURI.

Vite! une plume!... du papier!... Nous verrons si ça fait le compte!

MONTAUDOIN.

Quel compte?

PÉNURI, allant à la table, lui donnant du papier et une plume, et faisant asseoir Montaudoin.

Multiplie vingt ans par trente-sept sous... Non, trente sept sous par vingt ans! Après ça, c'est la même chose! Tout va s'éclaircir!

MONTAUDOIN.

Comment! il va me faire chiffrer maintenant!

PÉNURI.

Mais va donc! Je vais faire le compte de mon côté.

MONTAUDOIN.

Si je comprends un mot. (Comptant.) Nous disons vingt ans par trente-sept sous.

PÉNURI.

C'est un trait de lumière! trente-sept par trois cent soixante-cinq. Ne me parle pas! sept fois cinq... trente-cinq.

MONTAUDOIN, comptant.

Je pose deux et retiens trois.

PÉNURI.

Trois fois six.

MONTAUDOIN.

Quarante-quatre.

PÉNURI.

Trois fois six... quarante-quatre... et retiens quatre.

MONTAUDOIN.

Trois fois trois.

PÉNURI.

Vingt-neuf...

MONTAUDOIN.

Vingt-neuf... et reporte deux... quatorze fois douze...

PÉNURI.

Et soixante-quinze...

MONTAUDOIN.

Et quatre-vingt-deux... Je trouve quarante-huit mille quatre cent quatre-vingt-seize francs.

PÉNURI.

Et moi, soixante-trois mille, zéro cinq! ce n'est pas ça, nous sommes trop émus. Recommençons!

LEMARTOIS, entrant par le fond à droite.

Je ne peux pas pourtant passer ma journée ici!

PÉNURI.

Le notaire! nous sommes sauvés! Mettez-vous là. (Il le fait asseoir à la table.) Et multipliez trente-sept sous par vingt ans!

LEMARTOIS.

Quoi? qu'est-ce que vous me demandez?... Mais le contrat!

PÉNURI.

Après! après! Trente-sept sous par vingt ans... allez. (A Montaudoin.) Compte aussi! moi aussi! Tous tous!

SCÈNE VINGT ET UNIÈME.

MONTAUDOIN.

Laisse-moi donc tranquille!... Je te demande une explication et tu me réponds par une multiplication

PÉNURI.

Mais c'est pour ton bien... sept et huit...

MONTAUDOIN.

Trois fois sept... vingt et un...

PÉNURI.

Car tout est là... ton bonheur... trois fois six...

MONTAUDOIN.

Cent douze...

LE NOTAIRE.

Et cent douze... quatre-vingt-quatre.

PÉNURI.

Le mien... celui de ta femme... deux fois cinq... celui d'Isidore...

LEMARTOIS.

Voici le résultat.

PÉNURI.

Écoute, et tombe à mes genoux!

LEMARTOIS, lisant son calcul.

Trois millions sept cent vingt-huit mille francs.

PÉNURI.

Hein trois millions?... Crétin!

LEMARTOIS, se levant.

Mais, monsieur...

PÉNURI, au notaire.

Pas d'injures! je ne les souffrirais pas!

MONTAUDOIN, au notaire.

Ni moi, monsieur, entendez-vous?

ISIDORE, entrant.

Eh bien, beau-père, et le contrat?

PÉNURI, apercevant Isidore.

Ah! ton gendre! un comptable! nous sommes sauvés!
(Il repousse le notaire et fait asseoir Isidore à sa place. — A Isidore.)
Multipliez trente-sept sous par vingt ans.

ISIDORE.

Hein?

MONTAUDOIN.

Ah çà! ça va finir, ce jeu-là!

PÉNURI.

Il y va de votre dot... Si vous voulez vous marier, multipliez.

ISIDORE, faisant le compte.

De ma dot?

MADAME MONTAUDOIN, entrant de droite.

Eh bien, et le contrat?

PÉNURI.

Attendez! ne le troublez pas!

MADAME MONTAUDOIN.

Que faites-vous?

PÉNURI.

Nous faisons votre compte!

Pendant le compte, l'orchestre joue en sourdine.

ISIDORE.

Voilà, ça fait treize mille cinq cent cinq francs.

SCÈNE VINGT ET UNIÈME.

MONTAUDOIN et MADAME MONTAUDOIN.

Hein?

PÉNURI.

Juste! c'est juste... Comprends-tu, maintenant.

MONTAUDOIN, vivement.

Rien du tout!

PÉNURI.

Ta femme te vol... t'empruntait trente-sept sous par jour, lesquels, multipliés par vingt ans...

MONTAUDOIN.

Est-il possible?... Comment, Nisida!... (Prenant le papier.) Permettez que je fasse la preuve...

Il se met à la table.

PÉNURI.

Oh! tu ne pourras jamais! Sois calme, ne te trouble pas. (Aux autres.) Chut! chut!

MONTAUDOIN.

C'est bien cela, treize mille cinq cent cinq francs.

Fin de la musique.

MADAME MONTAUDOIN, à part.

Il sait tout.

MONTAUDOIN, allant à sa femme.

Madame... je pourrais... je devrais peut-être vous déférer aux tribunaux.

MADAME MONTAUDOIN.

Mon ami...

MONTAUDOIN.

Mais je ne veux pas qu'une presse, toujours avide de scandale... pénètre dans mon foyer domestique... Nisida!... je te pardonne!

MADAME MONTAUDOIN.

Ah! Montaudoin!

FERNANDE.

Papa!

MONTAUDOIN.

Ma fille! (A part, regardant Pénuri.) Décidément elle ne lui ressemble pas du tout. (Haut, embrassant Fernande.) Ah! il est doux d'avoir des enfants dont on est exclusivement le père!

PÉNURI, à part.

Égoïste.

MONTAUDOIN, à sa femme.

Mais pourquoi diable me prenais-tu trente-sept sous?... Pourquoi pas quarante?

MADAME MONTAUDOIN.

Ah! non, tu t'en serais aperçu.

MONTAUDOIN.

C'est juste! que la tendresse des mères est ingénieuse!

JOSÉPHINE, entrant.

Monsieur... c'est une lettre d'Étampes.

MONTAUDOIN, l'ouvrant.

C'est de Champmarteau! des vers! (Lisant.) A mademoiselle Fernande, le jour de son mariage.

« Ce bouquet fut cueilli par l'Amour et sa mère... »

PÉNURI, à part.

Ah! saperlotte!

Il fait un mouvement pour s'esquiver.

MONTAUDOIN, le tirant par son habit.

Dis donc, Pénuri?

PÉNURI.

Mon ami?

SCÈNE VINGT ET UNIÈME.

MONTAUDOIN.

Il paraît que vous n'avez qu'une note à Étampes.

PÉNURI.

Ah! tu sais... les vers... en province, ça sert à tout le monde.

MONTAUDOIN.

Oui... c'est communal.

PÉNURI.

Je l'avoue... ceux-ci sont du brigadier.

MONTAUDOIN.

Vrai?... cher ami!... merci!... Et moi qui t'accusais... moi qui me disposais... A propos... quand tu te mettras à la fenêtre de la chambre jaune... ne t'appuie pas trop fort sur les barreaux.

Tout le monde est remonté, Pénuri et Montaudoin restent à l'avant-scène.

PÉNURI.

Pourquoi donc?

MONTAUDOIN.

Je les ai sciés, dans un moment de mauvaise humeur.

PÉNURI.

Ah! je te remercie toujours de m'en prévenir.

LES INVITÉS, entrant.

Le contrat!...

MONTAUDOIN, au notaire qui a repris sa place.

Mais M. le notaire est peut-être un peu pressé.

Chacun prend place comme à l'entrée.

LEMARTOIS.

Enfin, je reprends du commencement. (Lisant.) « Par-devant maître Lemartois et son collègue, notaires à Paris... »

MONTAUDOIN, interrompant.

Pardon, monsieur le notaire.

TOUS.

Encore!

PÉNURI.

Ah! je vais me coucher.

MONTAUDOIN.

Je ne vous demande qu'une minute, c'est un ami que j'ai oublié d'inviter.

AIR : *En vérité, je vous le dis.*

Par-devant vous, ont comparu...
Messieurs, je passe la formule;
Retarder, serait ridicule,
Nos différends ont disparu.
Tout est prêt... parents et futur,
Contrat où nous signerons tous;
Mais... il manque une signature,
Messieurs, nous la donnerez-vous?

REPRISE DU CHŒUR.

Plus de dispute, etc. (*Deux Aveugles.*

Tout le monde reste en place pour signer le contrat, le rideau baisse sur le chœur.

FIN DU CINQUIÈME VOLUME.

ÉMILE COLIN. — IMPRIMERIE DE LAGNY.

TABLE

LA CAGNOTTE. 1
LA PERLE DE LA CANEBIÈRE 171
LE PREMIER PAS 239
UN GROS MOT. 305
LE CHOIX D'UN GENDRE. 357
LES 37 SOUS DE M. MONTAUDOIN 403

ÉMILE COLIN. — IMPRIMERIE DE LAGNY.

www.ingramcontent.com/pod-product-compliance
Lightning Source LLC
Chambersburg PA
CBHW070203240426
43671CB00007B/533